中学教育师范技能提升系列教材
黔南民族师范学院教材出版基金资助

中学美术
教育与活动指导

ZHONGXUE MEISHU JIAOYU
YU HUODONG ZHIDAO

主　编　黄　玲　马预其
副主编　陈　瑶　陶　然　刘会忠　李永超
　　　　马胜利　杨明军　龙惠敏
参　编　潘瑜豪　杨　梅　代　清

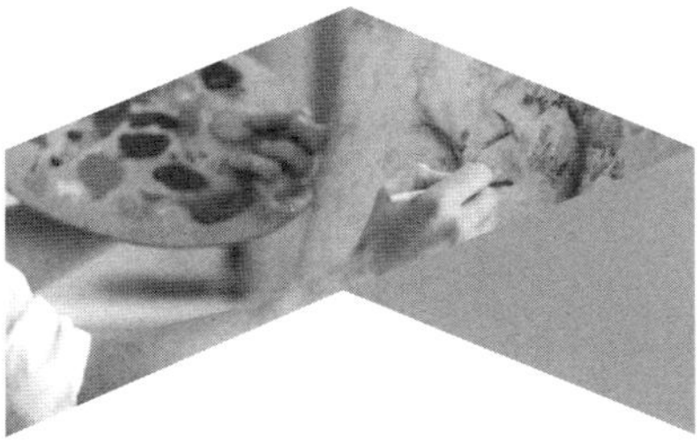

ZHONGXUE JIAOYU SHIFAN
JINENG TISHENG XILIE JIAOCAI

西南大学出版社
国家一级出版社　全国百佳图书出版单位

图书在版编目(CIP)数据

中学美术教育与活动指导/黄玲,马预其主编. --重庆:西南大学出版社,2022.8
ISBN 978-7-5697-1429-6

Ⅰ.①中… Ⅱ.①黄… ②马… Ⅲ.①美术课—教学研究—中学 Ⅳ.①G633.955.2

中国版本图书馆CIP数据核字(2022)第122961号

中学美术教育与活动指导
ZHONGXUE MEISHU JIAOYU YU HUODONG ZHIDAO

黄 玲 马预其 主 编

策　　划:杨 毅 杨景罡 翟腾飞
责任编辑:徐庆兰 邓 慧
责任校对:曹园妹
书籍设计:起源
排　　版:吴秀琴
出版发行:西南大学出版社
地址:重庆市北碚区天生路2号
邮编:400715
市场营销部电话:023-68868624
印　　刷:重庆天旭印务有限责任公司
幅面尺寸:185 mm×260 mm
印　　张:17
字　　数:330千字
版　　次:2022年8月 第1版
印　　次:2022年8月 第1次印刷
书　　号:ISBN 978-7-5697-1429-6

定　　价:49.00元

中学教育师范技能提升系列教材
编委会

总序

ZONG XU

新中国历经了由教育弱国到教育大国的发展之路，而今正处在迈进教育强国的伟大征程中。随着中国特色社会主义进入新时代，我国教育发展的基本矛盾已发生重要转变，即从“人人能上学”转向“人人上好学”的需求，反映出人民群众对发展高质量教育的强烈呼唤。可以说，加快发展中国特色世界先进水平的优质教育，已是迫在眉睫的时代重任。

要建设高质量教育体系，关键在教师。习近平总书记指出，教师是人类灵魂的工程师，是人类文明的传承者，承载着传播知识、传播思想、传播真理，塑造灵魂、塑造生命、塑造新人的时代重任。教师是教育发展的第一资源，是国家富强、民族振兴、人民幸福的重要基石。中共中央、国务院印发的《关于全面深化新时代教师队伍建设改革的意见》提出，到2035年，教师综合素质、专业化水平和创新能力大幅提升，培养造就数以百万计的骨干教师、数以十万计的卓越教师、数以万计的教育家型教师。教育部等八部门联合印发的《新时代基础教育强师计划》也提出，到2035年，适应教育现代化和建成教育强国要求，构建开放、协同、联动的高水平教师教育体系，建立完善的教师专业发展机制，教师数量和质量基本满足基础教育发展需求，教师队伍整体素质和教育教学水平明显提升。

众所周知，高质量教育的核心是人才培养，人才培养的核心是课程，课程体系建设深刻影响着教育质量的发展与走向。因此，教师教育课程关系到未来教师的培养质量，是教师教育改革和发展的关键所在。当前，我国教师教育课程改革的目标和方向，就是要贯彻落实教育部颁布的《教师教育课程标准（试行）》和《师范生教师职业能力标准（试行）》，围绕有理想信念、有道德情操、有扎实学识、有仁爱之心的好老师培养，突出师德师风第一标准，着力培养师范生的师德践行能力、教学实践能力、综合育人能力和自主发展能力，引导广大教师以德立身、以德立学、以德施教、以德育德，坚持教书和育人相统一、言传和身教相统一、潜心问道和关注社会相统一、学术自由和学术规范相统一，全心全意做学生锤炼品格、学习知识、创新思维、奉献祖国的引路人，加快推进教育与现代化相匹配的教书育人能力素质提升。

黔南民族师范学院紧扣教师教育发展的趋势和教师教育课程改革的时代要求，坚持“学生中心、产出导向、持续改进”的师范专业认证理念，突出师范性、民族性、地方性和应用型的办学定位，组织编写了中学教育师范技能提升系列教材，供高等院校中学教育师范生以及中学教师使用。这套教材有不少探索和创新之处，突出了以下几个特点：

第一，坚持育人导向。在教材编写过程中，基于专业课教学逻辑，充分挖掘思想政治教育课程资源，通过名人名言、案例等，有机融入社会主义核心价值观，如中国传统文化、爱国精神、爱岗敬业精神等，培养德智体美劳全面发展的新时代卓越教师，切实贯彻落实立德树人根本任务。

第二，紧扣标准要求。根据教育部颁布的《教师教育课程标准(试行)》和《中学教师专业标准(试行)》，结合新修订的《义务教育课程方案和课程标准(2022年版)》等文件，对教材内容进行整体规划和设计，压实学科基础，体现科学性与先进性，力求符合新时代教师教育的实际需要。

第三，强化实践导向。根据西部地区基础教育的实际情况，对接中学教师职业岗位实际需要，从培养全面发展的学生角度出发，将教材编写的立足点放在中学教育的全过程、职前职后一体化培养，打通理论学习与岗位实践之间的壁垒，着力培养师范生的实践智慧。

第四，突出能力培养。针对传统师范教育普遍存在的重理论、轻实践问题，教材围绕师范生的师德践行能力、教学实践能力、综合育人能力和自主发展能力培养，突出对学生综合实践能力和创新能力的培养，特别是教师口语表达能力、组织管理能力、书写能力以及情绪调节能力等教师岗位必备的基本能力。因此，在编写过程中，特别注意采用最新实践案例，强化技能训练。

第五，注重融合拓展。在教材编写的过程中，编者特别关注不同教材内容之间的连续性、系统性，既有区分，又有融合。与此同时，注意统筹考虑配套数字化课程资源，将教材分析、教案编写、课件制作、示范课录制等数字化资源建设同步推进，丰富教材内容，强化拓展性。

总之，这套系列教材涵盖了语文、数学、政治、英语、历史、地理、物理、化学、生物、美术、音乐等十一个学科，包括教育与活动指导和职业技能训练两大类别，具有一定的开拓性，是教师教育课程改革领域里的可贵探索。

2022年6月12日

靳玉乐，二级教授、博士生导师，西南大学原党委常委、副校长，现任深圳大学教育学部主任，中国教育学会教育学分会副理事长，中国高等教育学会常务理事。

前 言

QIAN YAN

在2018年全国教育大会上，习近平总书记对教育的重要论述为新时代教育改革发展提供了根本遵循，也为深化推进教育现代化指明了方向。讲话指出，教育工作者要深刻理解"立德树人"的根本任务，在教育教学过程中培养德才兼备、德智体美劳全面发展的人，培养合格的社会主义建设者和接班人。新时期的教育战略同样为中学美术教育提出了新的目标和要求。

本书是美术学专业"中学美术教育与活动指导"课程的适用教材，在进入本书内容之前，我们想简略地介绍一下编写本书的初衷。美术学专业的学生，大部分有着毕业后从事中学美术教学的志向，但具备哪些视野、知识与能力才能成为一名合格的中学美术教师呢？面对这一问题很多同学是很茫然的。师范类美术专业的学生在大学毕业后能否胜任基础教育美术教学的工作，与学校专业课程体系、课程设置、教学思路等息息相关，但学生自身对专业的认知与清晰地意识到作为一名准美术教师应该具备怎样的能力同样重要，这对他们毕业后的教学工作有着非常重要的意义和作用。具体而言，一名从事基础教育教学的准美术教师，需要在大学期间有意识地进行以下训练：

1.进行美术教育教学理论的学习与实践

师范类院校美术专业的学生需要掌握的技能包括专业技能和教育教学技能，教学技能包括但不限于美术课堂教学设计的技能、熟练应用多媒体教学设备辅助教学的技能、指导学生进行美术课外活动的技能、美术教学研究的技能等。而这些技能的获得，需要学生在课堂教学实践中着重掌握以下教学技巧：引导学生主动学习的技巧、课堂新知的讲授与交流的技巧、提问的技巧、课堂作业辅导的技巧、教学评价的技巧、控制课堂气氛的技巧。学生要想真正掌握这些技巧，则需要走入中小学美术课堂，实时感受、体验美术课堂的氛围，直面学生在教学过程中的各种反应以及针对美术专业学科知识提出的问题。同时，实习学校的文化氛围、教学环境，指导教师的教学理念、言行、指导方法、态度等，对准美术教师的影响更为直接。这些体验、技巧、感受只能通过学生在教学实践中自行摸索，大学教育只能通过课程设置、办学理念等在一定程度上减少学生摸索的时间，以及保证学生朝着正确的方向摸索。

2.广泛涉猎文化领域的各类知识

在人类漫长的发展史中，不同地区、不同时代的美术在形式与内容上都呈现出复杂、多变的状态，尤其是进入现代社会以后，各种纷繁复杂的艺术现象、美术思潮你方唱罢我登场，要深入理解其内涵、意图，不能仅仅停留在对作品形式、艺术家生平的认识上，还需对哲学、美学、文艺学等领域有一定的了解。因此，作为一名中学美术教师，需要广泛涉猎文化领域的各类知识，对艺术的理解持一种开放的态度，对于自己尚不能接受或理解的美术作品和现象，不要一味地贬低或彻底否定，纯然以个人的趣味与偏好衡量和判断作品的价值，而是应对自己的评判方式、知识结构、态度趣味进行反思，充分认识广泛的艺术现象，进而不断地使自身的美术教育水平达到更为开阔的境界。可以说，美术学科的教师如果没有较高的专业素养和广博的学识，就很难培养出具有创新能力的学生。

3.专业学科知识的理论学习和技能训练

对美术学科知识的理论体系有持续深入的了解，包括与美术学科相关的事实、概念、原理和基本理论，美术史论基础知识、美术作品的多角度赏析方法、研究方法等，同时对美术学科所包含的专业技能包括国画、油画、版画、平面设计、手工艺制作等方面进行长期的训练，才能实现美术学科专业知识与内容的整合。现代社会，基础教育的美术教学应该通过“大概念”将美术学科的理论知识与技能转化为美术学科核心素养，实现以核心素养为本位的美术教学。知识与技能只是解决特定生活环境和事件的手段，并且需要学生通过自主、合作和探究而非教师灌输的方式获取它们。

教师是一个需要终身学习的职业，在从教的道路上，不断地反思自己的教育理念、教学方式和方法，持续地进行教学探索和研究，始终关注自己的教学对象，是成长为优秀教师、卓越教师的基本要求。在获得荣誉与奖励、赢得鲜花和掌声、得到尊重与认可的时候，失落与挫败也会如期而至，因为世界上没有所谓“完美”的教师。正如著名教育哲学家范梅南指出的:“作为教师总是正确地行动(完美地授课,智慧而公平,轻松地解释晦涩的概念,总是留意孩子,总是鼓舞学生,完美理解孩子的需求,帮助学生解决学习困难等),这是不可能的。认识到这一点,我们就得以解脱。我们必须接受我们个人的局限,同时也应该接受我们与孩子的日常生活现实所固有的局限。”①

本书编写人员分工如下:第一章:黄玲、马预其;第二章:潘瑜豪、黄玲;第三章:陶然、杨明军;第四章:黄玲、李永超;第五章:李永超、马胜利、黄玲;第六章:黄玲、龙惠敏;第七章:刘会忠、陈瑶;第八章:马预其、马胜利(部分案例由代清、杨梅提供)。本教材的编写出版得到西南大学出版社(原西南师范大学出版社)有关领导和编辑的大力支持,在此深表感谢!如有错漏之处,敬请学界专家和读者批评指正!

黄　玲

① 范梅南.教学机智——教育智慧的意蕴[M].李树英,译.2版.北京:教育科学出版社,2014:79.

目 录

MU LU

第一章　中学美术教育的基础与理念

艺术教育对我们的教育体系和社会的主要贡献，在于强调个人和自我创作的潜能，尤其在于艺术能和谐地统整成长过程中的一切，造就出身心健全的人。

——罗恩菲尔德

美术教育是人类重要的文化教育活动，在人类社会的发展中，延续着文化传播、情感表达、满足审美需求等方面的职能，只有深入地探寻美术教育理论的内涵，才有可能理解这种理论、观点内部的复杂性，从而在教育教学实践中加以验证或推广。

第一节　中学美术教育的内涵与价值

一、中学美术教育的内涵

著名美术教育研究学者、中学美术课标组组长尹少淳教授将美术教育的内涵比作英文字母“T”，将美术教育拆分成美术和教育，即学科本体和教育功能，将“—”看作教育功能，“I”看作美术学科本体。学科本体是美术教育功能的基础，没有学科本体就不会有美术的教育功能。教育功能是美术教育所产生的结果，如果没有教育功能，那么美术学科就不再具有价值和意义。

从功能取向的角度，尹少淳教授将美术与教育看作人的两只脚，只有两只脚走路才能达成美术学科的育人目的。当两只脚在站立时重心发生偏移就产生了两种取向的美术教育，重心落在美术上时为美术取向的美术教育，而重心落在教育上时为教育取向的美术教育。但当“金鸡独立”般站立时，完全将重心落在美术或者教育上，就不再是美术教育，也就不再产生美术教育的本质功能。

美术取向的美术教育以美术为本位，着眼点侧重于美术知识和技能的传播，教育是美术知识与技能在传播过程中的一种手段和方式，旨在促进美术领域内各门类在美术文化上的发展和专业水准上的提高。美术取向的美术教育最典型的例子就是专业的美术教育，即在美术类专业院校中培养美术工作者的教育。

教育取向的美术教育则是以教育为本位，着眼点在教育，美术是教育的形式和媒介，旨在培养人的道德感、审美能力、创造性等基本素质和能力。教育取向的美术教育被称为基础美术教育或是中小学美术教育。现如今谈论的“以美育人”“以美培元”“大美育”等概念都是以教育取向为出发点，以“美”为内容，达成“美”的育人目标。教育取向的美术教育培养目标的出发点不在美术的知识与技能上面，而是注重发现美、感受美、培养美。

二、中学美术教育的价值

美术对人类有何贡献？学校为何要开展美术教育？不同的教育理论家有不同的观点，主要分为两个类别：一种倾向于美术本体，被称为本质主义的美术教育“Education in Art”；另一种倾向于教育功能，被称为工具主义的美术教育“Education through Art”。

美国当代著名美术教育理论家艾斯纳对两种价值取向的美术教育做出了归纳：

站在工具主义角度，艾斯纳认为艺术对人类经验的贡献是其他活动无法达到的：“美术是人类文化和实践极其特殊的一面，而且美术能为人类实践做出的最可贵的贡献是直接与其特性相关系的。美术能为人类教育作的贡献恰恰是别的学科所不能作的。因而，任何一项将艺术首先作为为其他目的服务工具的教育计划会冲淡美术的意义。美术不应屈尊服务于其他目的。”正是因为美术这种独特的本质特征，美术教育也应该有美术教育独有的价值功能和学科价值。

站在本质主义角度，艾斯纳全面地总结了美术的七大价值和功能：美术能向人类提供视觉形象，能将虚幻的、想象的事物呈现于人们眼前；美术能培养人的感觉能力；美术可以帮助人们发现事物的特殊性；美术能以特有的方式帮助人们批判社会，传递价值观；美术能展现人心灵最隐秘的思想和情感，有利于对潜意识领域的探索；美术能激发人们的想象力和创造力；美术具有强烈的情感力量，能培养人与人之间的亲善关系。

当然，无论是工具主义的价值还是本质主义的价值都是美术教育的价值，若只是单一地选某一价值角度都不能最大化地发挥美术教育的价值，所以需要在总体上保持两种价值取向相对稳定的平衡关系。

不同的国家文化有差异，美术的发展状况也不同。我国中学美术新课程标准中，明确提出美术课程在我国基础教育课程体系中发挥着积极的作用,有着不可替代的作用。高中美术新课程标准明确指出高中美术课程的价值所在:陶冶审美情操,丰富生活情趣;传承文化艺术,弘扬人文精神;激发创新精神,增强实践能力;调节心理状态,促进身心健康;助益人生规划,拓展发展空间。落实到具体的美术教学中,美术教育的功能和目的可以从以下方面进行总结:通过对美术作品的感官体验,加深对他人、世界的认识,激发创造力;运用美术知识与技能,在没有标准答案的情况下创造性地解决问题及进行跨学科思考;通过对不同材料功能、用途的观察、理解和再创造,使之成为丰富生活经历的组成部分;通过美术学习,提高美术鉴赏能力,并从实践中体验创作的乐趣;通过对不同时期、不同地区美术作品的学习,能加深对不同文化、思想的理解,也能够以更为感性、直观的方式了解当今社会。

第二节　中学美术教学的特点与原则

一、中学美术教学的特点

美术是教学体系中较为特殊的一个学科,有其自身的教学特性。把握中学美术教学的特点有利于准美术教师更顺利地开展美术教学。

(一)系统性

美术是人类文化的重要组成部分,关系到社会生活的方方面面。在中学教学体系中,美术属于其中的一个学科,但从另一个角度看,美术课程也是了解人类文化丰富性的方式之一,美术本身也是一个完整的系统,包括纷繁复杂的美术现象和不同文化、国家、类别的美术作品。在中学美术教学内容体系中,各个领域既有交集又有各自独立的形式。不同学段、不同年级的课程都依学生的身心特点和知识经验而有所差异,并且还注重系统之间承上启下的联系。

(二)实践性

毋庸置疑,实践在中学美术教学中有着举足轻重的地位。不论是传统以技法训练为主的美术教学,还是现代以人文素养为要的美术教学,技法实践都是不可或缺的,但实践的目的和方式有本质的差别。重视技法训练的美术教学,临摹是常用的技法实践方式,其目的是增进对某一技法的熟练程度。注重人文素养的美术教学,技法实践的目的则是使学生运用特定的技法表达个人的情感、思想,建立与社会有意义的联系,拓宽他们对世界的理解和对自己的理解。在中学美术课堂教学中,技法实践是区别于其他学科的重要特点,也是美术课堂之所以吸引学生的一个重要因素。不同类别的美术形式有不同的技法表现,如版画的刻、印,国画的勾皴点染等,学生能通过这些技法实践创作出有创造力的作品。

(三)人文性

人文性包括人文教育、人文素养、人文精神等。美术教学的人文性特征,也就是在美术教学过程中,将人作为独立的个体,将其存在价值、生存意义、人格尊严、道德品行等作为关注的对象。在中学美术教育教学中,人文性首先表现在教学观上,也就是将教学对象视为有独立精神、情感的个体,而非美术知识与技能的被动接收者,在教学过程中教师发挥主导作用,创设情境激发学生进行思考。其次表现在教学目标上,中学美术教育的目标是使学生具备人文精神、创新能力、审美品位和美术素养,而不是掌握特定的美术技巧以达到再现物象的目的。高中美术新课标明确提出高中美术课程应该帮助学生传承优秀的美术文化,形成人文素养。最后则表现在教学内容上,人类历史上的大多数美术作品都是艺术家对其生活的时代、社会问题的回应或表现,是艺术家的理想、情感、价值、审美意识的体现,蕴含着丰富的人文内涵。仅从美术的技法角度来理解是不够全面的,甚至根本无法回答一些专业的提问。如都是以自然风景为表现对象,为什么中国的山水画和西方的风景画有如此大的差异?中学美术教学的人文性特征,就教学方法论而言就是跨越美术专业的学科局限,创设文化情境,拓宽艺术视野,鼓励学生独立探索和系统连贯地创造,使学生在学习过程中通过自由表达来实现创造养成,促使学生获得更加全面的发展。

(四)开放性

美术教学的开放性指在弹性灵活的教学活动中,让学生自主探究,在轻松自由的情境中学习,获得审美体验与感悟。这种开放性的前提是中学美术课堂教学没有课业的压力，没有升学考核的负担，因此在美术教学中，课堂气氛往往较为轻松活跃，学生不必一直保持正襟危坐、神经紧绷的学习状态，尤其是小组协作的课堂作业实践环节。这些客观条件在一定程度上促进了中学美术教学氛围的开放性，但这只是开放性的表面，深层次的开放性还在于教师本人不仅是美术教学的组织者，也是引导者与策划者，把部分教学任务交给学生，把课堂纪律、学习方法、评价标准等的设计和制定，与学生一起讨论，在教学过程中，鼓励、启发学生提问、思考和讨论，提出挑战，激励学生用充满想象力的方式解决问题并展示原因和结果，提供给学生不同的解决方案，而不是将答案、结果直接呈现于学生面前，通过感观体验而非知识传授，培养学生的审美感知能力。

（五）愉悦性

在我国基础教育的学科课程中，美术毫无疑问属于副科，学生美术水平的高低对升学并无实质性影响。因此，美术教学如果缺乏创新性，美术教师如果不具备创新的思维，学生对美术学习将失去兴趣，也不会主动参与，教学将变成简单、乏味、毫无意义的知识传播。美术教学中的创新性，体现在教学设计中新的理念、方法和策略。教师应在建构新知、发展能力的同时，培养学生的创新意识，激发学生的创作热情和对美的兴趣。生活是艺术创作的源泉，色彩斑斓的大千世界，波谲云诡的社会万象，博大精深的传统文化，都为美术教学和创作提供了丰富的资源，美术门类中各种形态各异的、千差万别的作品，美术史上数不胜数的个性突出、行事特异的艺术家都是美术教学愉悦性的来源。

二、中学美术教学的原则

（一）审美原则

对中学美术教育而言，审美教育应该贯穿美术教学的全过程，也就是要求教师无论是上课、批改作业、辅导课外美术活动等各个环节，都注重审美观念的确立和认识美、创造美的能力的培养，把审美教育同思想教育、传授知识、技能训练结合起来，充分发挥美术教学在陶冶美的情操和培养高尚品德方面的作用。在中学美术教学中，学生学习美术，并非孤立地专注于美术本身，而是通过美术学会与其他事物建立关联的方式，找到美术作品中呈现出的情感和自我。

（二）兴趣性原则

在学习的过程中，兴趣无疑是最好的老师。在中学美术教学中，美术教师应当遵循学生各阶段的认知规律、美术学习的心理特点来安排教学活动，在教学过程中采用适合学生特点的教学策略和方法，如创设问题情境，使学生通过对已有经验的回忆，得到问题的答案；巧妙地运用视听手段，使学生自然地产生疑问或感性联想；结合学生的兴趣和教学目标安排作业；运用新型的教学媒体和手段，使学生始终带着新奇与期待进入美术课堂；等等。将新的课题与学生的生活经验、已有知识关联起来，诱发学生积极主动学习的兴趣。

（三）直观性原则

美术属于视觉艺术，也可以称其为造型艺术。形象性是造型艺术区别于其他种类艺术的重要特征，而形象性则决定了美术教学中的直观性原则。因为对物象或作品的观察、观看都离不开直观，且技巧、技能等绘画方面的知识是语言难以表述清楚的，必须借助比喻、象征等手段使语言形象化，运用直观的图像、教具、多媒体以及适当的演示等才能使学生对作品和制作方法等获得较明确的认知和理解。如造型艺术的基本要素——形体、比例、结构、空间、明暗、色彩、笔、墨、线条等问题，教师需要在教学中充分把握直观性原则，方能使学生领会其要义。

（四）启发性原则

教与学是教学过程中的两大要素，两者之间存在着永恒的矛盾。教师希望将知识全面、充分地传授给所有学生，但学生的认知结构、知识经验等均存在较大差异。这就必然导致教师的“教”与学生的“学”在程度与成效上的不对等，实则教学过程的本质也并不在于“教”与“学”，而是师生在教学过程中交流、互动、共同提高的过程，是学生主动建构的过程。在中学美术教学中，由于很多学生并没有很浓厚的学习愿望，因此教师必须通过各种方法、方式，不断地启发学生的思维能力、想象力，调动其学习的自觉性、积极性和创造性。

（五）精讲善练原则

中学美术教学尤其是初中阶段的美术教学，技能性的内容居多，四个实践活动中有三个都对技能的实操有要求，而要做到技能的熟练掌握则需要多加练习，每个课时只有

45分钟的时间，要想预留足够的时间让学生练习，则需要在技法理论的部分以精讲的形式进行，不然无法完成教学任务。所谓“精讲”就是要求教师在做好充分准备的情况下，高质量地少讲，把方法论尽可能地讲清楚、准确，同时把重点、难点讲透，以达到指导学习实践的目的。“善练”则是在正确的技法理论、原则、方法的指导下，有明确的训练目标，有严格的训练计划、方法步骤，达到学生在探索中创造性地解决问题的目的。

（六）创造性原则

创造性是美术学科的显著特征，因为美术教育在提高与完善人的整体素质方面有独特的作用，不仅能增强人的视觉意识，而且能提高视觉的灵敏度和活跃性。在科学技术日新月异的当代社会，创造性才能是衡量一个人能力大小最主要的标志，其重要性无须赘言。在中学美术教学中，教师需以信息素养的能力熟练使用现代教育媒体，从而创造性地开发和利用课程资源，提高教学的实效性。在中学美术教学中，学生作业、观点的原创性、独特的反应和不同于其他人的解决方式都是创造性的体现，都应予以强调和鼓励。富有创造力在美术教学中还体现为利用想象力，将一件美术作品中的各种元素以一个全新的主题、独特的方式进行探索与重组，这也是创作的重要环节。

（七）循序渐进原则

循序渐进的教学原则，具体落实到中学美术教学中，是指在教学行为中，教师按照美术学科的知识体系和学生不同年龄阶段的认知和成长规律，对美术课程进行设计和安排，从易到难，从简到繁，使学生在充分掌握和消化所学知识的基础上，更高效地掌握新的美术知识与技能，实现审美能力、观察能力、创造能力的进一步提升。因此，中学美术教学中的循序渐进原则，不仅表现在美术知识与技能上，还表现在美术教学实践、课外学习活动等方面。

（八）感受性原则

美术教育，从现象学理论的视角看，是一种基于个人知识的体验活动，并不是基于理性思维的认识，而体验是与感受密切相关的。那么，关注生活世界、情感体验、自我表现则成为中学美术教学的出发点。这是对传统中学美术教学中，教师过于重视知识与技能的传授，以理性主义的思维和方法训练学生的审美能力的反思。在中学美术教育中，恢复感受与体验的原初性，不仅是针对学生的美术学习，也是对美术教师的一种要求。在教学中，教师应凭借敏锐的直觉和本质直观发现和判断教学中的问题，使美术教学真正成为有意义的对话与交流。

第三节　对中学美术教育教学的整体认识与思考

教育行为取决于教育观念。在美术教学中，教育观念决定了美术专业教师的教学行为、教学思路和教学方法。而如何认识美术教育的本质，如何看待中学美术课程与教学，如何衡量美术专业技能与教育教学技能的关系，都直接影响美术教师的课堂教学与专业成长。因此，在对美术教学展开探讨之前，首先需要重新认识与思考目前我国美术教育教学中的几个问题。

一、美育与美术教育

当前我国美育研究学界普遍认为，“美育”一词最早由18世纪德国著名诗人、哲学家席勒提出。席勒在《论人类的审美教育书简》中提出美育是通过审美教育培养人性，他希冀通过对人的感化使得整个国家达到“理想国”的状态。美育，即通过培养认识美、体验美、感受美、欣赏美和创造美的能力，从而使人们具有美的理想、美的情操、美的品格和美的素养。美育是培养人们健康的审美观，发展学生鉴赏美和创造美的能力的教育，也称审美教育或美感教育。

美术教育不仅仅是使学生学会绘画、手工、设计等美术技能，而且是要通过美术教育，使人的感官、思维接受一种来自艺术力量的润泽。这种力量本质上是感性的，有别于理性的、思辨的认知与判断。在美术教育教学过程中，只有当学生的生活经验、情感记忆被教学内容唤起时，其感知能力、审美经验、思维方式才会在情境体验中得到升华。因此，现代美术教育决不能停留在技术层面对美术表现技巧的单一模仿与训练上。

总体而言，美育不等于美术教育，美育以隐形和显性的方式存在于学校之中，隐性的方式有崇尚“美”的校园文化、美丽的校园环境以及各个学科中渗透的“美”等；显性的方式有美术课程、校园艺术节、美术社团等。而美术教育是学校美育的主要途径，在固定的时间、地点，由美术教师向学生传播美术的知识与技能，培养“美”的情感、态度和价值观。

二、美术专业技能与教育教学技能的关系

在高等师范类美术专业的教学中，由于学习目标与方向的认知偏差，也受功利性因素的影响，很多学生心中都有一个理想的“艺术家梦”或“画家情节”，认为美术学科知识尤其是绘画技能的重要性高于一切，将绘画技能的提升等同于学业的精进。这种观念与认知直接导致了他们对美术史论知识、美术教育理论等的不重视。一名合格的美术教师，应该以育人为己任，通过美术教学，引领学生形成富于想象力的、独特的思维方法，而不是以传授某些美术专业技能为目的。

李力加教授在对我国基础美术教育的现状、改革以及未来的发展进行深入的研究和探讨后指出，师范教育美术专业教师应该具备三个基本素质：教育教学素养、文理知识基础和学科知识能力。在这三个基本素质中，李力加教授将以往师范教育美术专业教学中最重要的专业学科知识排在第三位，而将教育教学的素养作为初任美术教师所应该具备的首要能力和素质。应该说，这是师范类美术专业的教师和学生都应该清楚认知的首要问题。

要成为一名合格的基础教育美术教师，具备广博的美术学科知识和扎实的专业技能固然重要。翻开现如今的中小学美术教科书就不难发现教材中美术门类广泛而齐全，包含了中国书画、油画、版画、素描、速写、设计、工艺、雕塑以及新媒体艺术等。单一的美术技能对美术教师来说多少有点捉襟见肘，“一专多能”甚至“多专多能”的美术教师才能更好地胜任教学任务。《普通高中美术课程标准（2017年版）》中划分了美术鉴赏、绘画、中国书画、雕塑、设计、工艺和现代媒体艺术七个学习模块，要求教师具有胜任三个学习模块的能力。

但作为一名中学美术老师，美术教育科学方面的知识以及美术教育教学的能力应该更为重要。基础教育中美术教育的重心不在美术，而在教育。美术教师需要具备教育学、心理学和美术教育学的知识，以及掌握美术教学设计、美术课程开发、美术教学方法策略使用、美术课程教学、美术教育教学研究等能力。这些要求已经远远超越了“教美术就是教技能”的传统认识，所以在当下成为一名优秀的美术教师绝非易事。

只有教师和学生在这个问题上的认识达成一致，认识到转变这种观念的必要性，才能真正有利于基础教育美术专业教师素质的培养与教学能力的形成。

三、美术教学观念

在美术课堂教学实践中，教师如果遵循以知识灌输为己任、以技能传授为主旨的教学方法，那么在教与学的关系中，学生会逐渐形成对立的心态，从而严重影响学习的有效性。因此，在教育改革的背景之下，每一个教师的教学方法和教育观念都面临着灌输知识向对话理解的转型。在中学美术教育中，很多美术教师尚未转变传统的以知识和技能传授为主的教学观念，仍然将学生视为知识的被动接受者，很多师范院校的美术专业学生在教育实习过程中，依然遵循着以教师为中心传授美术知识与美术技能的课堂教学模式，依然将制作步骤作为课程教学的重心。教学观念主导教学行为，教学行为直指教学目标，因此，教学观念的转变尤为重要。

首先，以学生为中心无疑是我国教育领域倡导的核心教学观念，在中学美术教育教学中当然也不例外。以学生为中心本质上就是关注学生，那么如何关注学生？课堂上又如何有效地引导学生？教师要走进学生的内心，理解学生的真实想法。当学生在课上、课下有意料之外的偶发状况（包括语言、行动）时，第一时间要做的是了解意外状况发生的原因，并从认知心理学的角度去看待这种意外状况的发生，以宽容的态度对待学生，并尝试从情感层面引导学生进行重新认识思考，而不是从此将自己与学生处于情感对立的状态，彻底否定学生。同时，这也要求美术教师面对偶发状况时，有敏锐的观察力、临场应变的能力和开放的心态。

其次，教育要面向未来。在社会发展如此迅猛的当下，面对未知的世界只将现在的知识和技能教给学生，他们能适应未来的社会吗？问题的答案我们未可知晓，但是教给学生直面问题、解决问题的能力或许可以适应他们个人终身发展和社会发展的需要。这意味着教学迎来了从培养学生"知道什么"到"能做什么"，再到"能够解决怎样的问题"的转换。为适应信息时代的需要，美术教学需要培养学生用美术知识、技能、过程以及形式，表达情感与思想、美化生活或解决现实生活情境中复杂问题的必备品格与关键能力。简言之，培养学生在现实情境中用美术的方式提出问题、分析问题、解决问题的综合品质。

教学观念的转变顺应了时代发展的需要，具有不可逆性，一系列教育方针策略的颁布加速了教学观念的转变。美术教学观念也应跟随时代发展的脚步随之改变，不要等待未来的到来，未来是等不来的，未来已来。

四、专业成长

成长是每个人都面临与关注的问题，对准美术教师而言，专业成长应基于教学经验、教学思路、教学理念、教学方法的提升。目前，黔南民族师范学院安排的教育实习实践规定为8周，教师教学实践能力的发展，除了在教育实习期间的锻炼以外，更主要的还是依靠走上教师工作岗位以后。一般新手教师需要4~5年的教学时间来消化学生阶段学习的应用性知识，根据实际教学情况的变化，不断调整自己的教学策略和学习方式，检验自己的认识体会，以适应美术教育观念与实际教学状况之间的差异。而要实现从新手教师到成熟型教师的转变，则需要8~10年的课堂教学实践经验，这期间还需要持续地读书学习，从理论层面解决在具体教学情境中面临的问题，在掌握基本理论和知识的基础上，结合教学体验，形成敏锐的观察力、准确的判断力和有效的教学实践能力，并通过实践、思考、学习、研究、再付诸教学执行的循序渐进的方式，根据学生的生活经验、文化背景、审美接受心理进行课堂教学设计，达到教学效果的最优化。

成熟型教师如今不再是教师专业成长的终点，在教学改革不断推进的当下，更需要"研究型教师"，即能针对教学中的问题，自觉运用先进教育理论，有目的、有计划地开展课程或者教学实验和研究，从中反思、总结教学规律并不断改进后续教学的教师。"研究型教师"并非成熟型教师才可以尝试，事实上新手教师、师范生面对教育教学中的问题更有探索的欲望，面对研究更有锐气和活力。当然，"研究型教师"需要具备批判精神、反思精神、创新意识、问题意识以及研究能力，虽然有一定的难度，但是比起像教学机器一样，或许研究带来的挑战和收获会使你的职业更加有意义。

五、学习与提升

如今，随着多媒体、网络信息技术的飞速发展，很多学生已经不再愿意通过大量的阅读来获取知识，而是选择在手机、电脑上进行快餐式、碎片化的学习。而美术专业的学生，由于本身文化基础相对薄弱，对文化的认知、理解还停留在较为肤浅的层次，进入大学后，在课堂学习中又普遍存在急功近利的倾向，希望教师把考试所需的理论、概念、知识点归纳好，课下不愿意花费时间、精力进行深入的分析与思辨。具体在本课的学习中，很多学生期望通过这一门课程的学习，能一劳永逸地获得从事基础美术教育教学的能力，这种期待必然以失望告终。不论是美术专业技能还是教育教学技能，都不是通过课堂教学可以迅速培养的。一方面需要勤练习，另一方面需要多看书、思考、归纳，在学与思的磨炼中找到适合自己的学习之道。将对教学方法、原则等的理解和领悟内化于心，以终身学习的意识不断地学习教育理论和专业知识，实现知识的更新和能力的提升，师范类美术教育方向的学生可以从以下五个方面开始研究性学习：

（一）参透中小学美术课堂教学模式

选取自己认为最好的一堂中小学美术优质课，归纳总结上课教师的教学模式与教学思路，以图表的形式解析其教学模型，并分析其解决课堂问题的教学方法。

（二）理解美术教学设计

通过优秀教学范例的学习，真正理解何为美术课堂教学设计，并在模仿这些范例的基础上，自己设计教学方案。

（三）发现并解决美术教学中的问题

发现课堂教学中的问题，并结合个人经验和优秀教学中的处理方式进行判断和决策，通过反复的练习与思考，逐步形成基于个人特点的解决课堂教学问题的方法论。

（四）反思课堂教学实践

将自己的课堂教学实践录制成视频，课后对自己的美术课堂教学进行反思，指出自己教学中存在的问题，思考为何会出现这样的问题，出现这样问题的根本原因是什么，以及如何进行有效的修订。在课堂教学中，尤其是在课堂作业的实践环节中，要相信学生有能力把应该完成的任务做好，这不仅有利于激发学生的潜能，同时也能培养他们面对客观物象、视觉图像时的敏感度。

（五）观察记录学生情况

在教育教学实习中养成观察并记录学生学习情况、反应的习惯。不论是学校统一安排的教育实习，还是在校期间的兼职教学，都要有针对性地对学生在课堂上的表现、反应进行及时的记录与整理，在此基础上形成个性化的教学策略，在教学实践中检验自己的判断与决策。

思考与练习

一、中学美术课给你留下怎样的印象？对你有何影响？

二、你认为中学美术教育最重要的是什么？

三、美术教育在一个人的成长教育中到底应该发挥怎样的作用？

四、如果你将来选择美术教师这一职业，你想成为怎样的美术教师？

第二章　美术教育教学理论与模式

在艺术及其教育中，最出色的教师并不是将自己的所知倾囊相授，也不是滴水不漏，而是凭着一个优秀园丁的智慧、观察、判断，在需要的时候，给予帮助。

——阿恩海姆

不同教育流派、教育思潮提出的不同教育观念、教育探索都是对一定历史时期教育实践问题的回应与凝练，虽然有时空的差距，但对我们现今的教育实践仍然有着积极的启示和引领作用。

第一节　美术教育教学理论

对教育、教学的理念和方法的研究，国内外教育领域的学者都极为重视，也有丰硕的研究成果。随着全球化浪潮的推进和我国对美术教育的日益重视，国际各种美术教育思想在我国美术教育界得到了广泛的认同和相互的交流与渗透，并融贯到作为教学指导性文件的美术课程标准之中。理论性研究始终是要在教学实践中贯彻和落实的，如果仅仅停留在理论认识的层面或课标的要求之中，教育教学改革则无法真正深入开展。理论与实践之间的距离并不是那么容易跨越，但了解、理解这些理论的内涵，是改变中学美术教育中过度的知识本位和教师本位意识的前提，也是践行中学美术教育教学改革的基础。

一、多元智能理论

所谓“多元”是与“一元”相对的，一元化教育是指在传统学校教育中，过于注重语言和数理逻辑智力的智力测验的教育。这种教育方式是倡导科学、理性至上的时代，人们狭隘的知识观决定的。加德纳认为人的才能是多元的，一元化教育的衡量标准过于单一，在课堂教学中过于重视结果而忽略过程，忽视学生智力方面的多元化、差异化和发展潜力。他在传统智能理论的基础上，提出多元智能理论，认为人的才能是多元的，即包含九种智能：语言智能、数理逻辑智能、音乐智能、身体运动智能、空间视觉智能、人际交往智能、自然智能、存在智能和自省智能。语言智能主要表现在演讲、辩论、写作、讲故事等与语言相关的方面。这一能力突出的人往往阅读效率比较高，记忆力较强。数理逻辑智能主要表现为善归纳、演绎、辨别及抽象思维、建立因果关系、逻辑缜密地解决问题和发表观点的能力。音乐智能主要体现在对旋律、音调以及各种非语言声响的情感特质的把握。身体运动智能主要表现为运用身体表达思想、情感及解决问题的能力，有较强的身体协调性。人际交往智能则表现为能准确地把握他人的情感、心理、立场等，善于与他人沟通和交流，具备这种智力的人一般性格较为外向。自然智能主要体现在个体与自然世界中的事物（如动物）、现象（天文状态、季节）等和谐共处的能力，能够在自然中辨识各种自然物象不同的物理结构和特征。存在智能具体表现为个体善于对生命、死亡和终极现实提出问题，并思考这些问题的倾向性。自省智能指善于思考对象及进行自我认识和反思的个体，他们往往喜爱独处，对自己的长处和不足有充分的认识。在现实生活中，这九种智能并非独立存在于主体之中，而是以不同方式、不同程度地融合于一体，但往往有一种较为突出。多元智能理论的核心思想是："人的才能是多元的，教育的起点不在于儿童原先智力有多么聪明，而在于教师怎样使儿童变得聪明，在哪些方面聪明。"在这九种智能中，空间视觉智能是与美术学习直接相关的，也就是说，想象力丰富、视觉的感受力敏锐、对空间关系较为敏感的人，往往有艺术方面的潜能。

多元智能理论在我国教育领域被广泛接受，并直接引发了我国中学美术教育的转向。在高中美术的模块教学中，将以往笼统的教学内容分别设置为不同的模块，学生根据自己的兴趣、爱好选择能突出自己才能的模块。教学方式也不再局限于教室内的讲授，而支持美术教师采用多种教学方法和形式，丰富课堂教学。这便体现出多元智能理论的影响。

同时，智力标准的多元化必然导致评价标准的多样化，这也一改以往中学美术教学评价方式的单一化倾向，而强调采用多主体的评价方式、质性评价、表现性评价等。这也表现在我国中学美术课程标准对中学美术教学的建议和要求中，如建立成长档案袋、课堂记录表等，便于教师发现学生的个性差异，充分发掘学生的潜能，拓展教学空间。

二、建构主义理论

建构主义是20世纪兴起于美国而后在全世界迅速传播的一种教育思潮，建构主义理论认为：在教学过程中，学习者并非如一张白纸般被动接受外界传导的知识，而是在已有知识、经验、认知结构的基础上，主动地建构知识，形成自己的理解，获得学习的意义。从这个意义上说，真正意义上的学习是知识的转换而非传递。因此，在教学过程中，教师不能无视学生已有的知识经验和认知结构，将新知识硬性传输给学生，而应当作为课堂的组织者、引导者、合作者，良好学习环境的创造者，重视学生对于问题、现象的思考，进而引导学生丰富或调整自己的理解，帮助学生形成对所学知识的意义建构。建构主义理论的核心要素是"情境""协作""对话""意义建构"，即学习者在一定的社会情境，通过与他人合作、对话、交流进行信息的处理和转化，从而构建起新的知识。

建构主义理论要求课程具备以下几点：教材应综合化、学习情境真实化、教学以学生为主、教师角色偏向"学习的促发者"、学生之间"相互合作"的学习模式、重过程大于重结果。落实到中学美术教学中，建构主义教学观要求教师摒弃课程是教育者、教育行政部门单方面制定的知识、材料这一传统观念。在建构主义的理论视角下，课程不再是教学遵循的文本，而是师生共同建构、相互交流的结果。

在中学美术教学中，很多准美术教师或新任美术教师，尚未意识到建构主义教学理论的意义所在，这反映在一些常见的教学现象中。比如，在技法实践类美术课程教学中，教学的中心围绕技法实践的步骤展开，这种教学方式反映出的依然是以教师为中心，以知识、技能的传授为目的和手段的美术教学观；再如鉴赏课程的教学中，整堂课从始至终都以教师独白式的讲授为主，教师从创作背景讲到画家经历，再进行画面形式分析，最后引出作品评价。在教学过程中，教师是知识的传授者，学生是知识的被动接收者，课堂气氛之沉闷自不待言。对艺术作品或艺术家而言，没有所谓客观存在的、确定不移的本质性意义，意义是不断建构与生成的。面对艺术作品、艺术家，教师应该通过创设情境、问题引导、对话交流等方式，使学生感受经典，建构他们自己对于经典作品、伟大艺术家的理解。

三、学习风格理论

学习风格理论重在研究如何学习，即学习者通过了解自己属于哪种学习风格类型，并运用与之相应的学习方法和学习工具，更好地学习和掌握知识。菲力波扎克根据学习者的偏爱划分了四种学习风格的类型：视觉型、听觉型、触觉型、运动知觉型。视觉型学习风格的特点是偏好视觉的范例和方法，善于用观察和阅读的方式解决问题，如能够准确记起作品的内容和形式，但作品名称却容易忘记；课堂中不容易被其他声音吸引，但某个小动作会让其分心。听觉型学习风格表现为偏好听觉的方式学习，喜欢讨论，容易被声音干扰。触觉型学习风格主要表现为动手能力强，不喜欢长时间静坐的学习，倾向于通过做笔记、画画或涂鸦以学习新的知识或能力。运动知觉型的个体表现为精力充沛，难以安静地坐下来阅读或听课，与触觉型风格相比，运动知觉型更倾向于通过大幅运动的方式学习。每个个体都有自己偏爱的感知及处理信息的方式，而这几种模式几乎涵盖了所有的学习者。但需要指出的是，并不是每一个学习者只能对应一种学习风格，在现实中经常会出现交错和重叠。教学过程中，如果教师是通过学习者偏爱的方式进行教育，那么学习者学习的效率和认知潜力会更大化。那么在中学美术课堂教学中，学习风格理论如何运用呢？调查每一个学生的学习风格显然是不切实际的，但是教师可以通过对学习风格的认识而改变某些教学活动的安排，为多样化的教学活动提供理论支撑。如在课堂练习时，为学生提供多种美术材料，以满足不同学习风格的学生；选择多元化的教学传授方式和考核手段，让不同学习风格的学生能最大限度地施展个人的能力。

四、DBAE理论

DBAE全称为“Discipline-Based Art Education”，指“以学科为本位的美术教育”，也被称为“全面综合性的美术教育”，由美国艺术教育家艾斯纳教授最早提出。以往的美术教育尤其是基础美术教育大多重视美术技能的训练，认为美术批评和美学应该是高等美术教育的领域。艾斯纳则倡导将美术创作、美术批评、美术史和美学这四个方面综合为一套连贯的、严谨的美术课程体系进行教学，强调美术的本质特征和独特价值，美术教育不仅应该注重过程，还应重视结果。这个理论无疑突破了以美术品制作为重心的中学美术教学模式。

在实际的美术教学活动中，美术创作是最基本的环节，但他更加注重美术创作与美术批评、美术史和美学这三个领域的整合与均衡。每个领域都为学生提供了感悟、理解美术作品的视角：美术创作教授学生使用美术材料、感受形体之间的位置与关系、创造空间、把握造型与色彩的技能，学生能使用这些技能独立创作出表现个人情感和思考的美术作品；美术批评能提高学生对美术作品的感受力，能使学生有准确地观察与分析作品的能力，并能表达个人的观点和感受；美术史则能使学生把握美术发展的历史脉络，了解不同美术流派、思潮的艺术特点，理解美术作品的背景、内容、形式与文化价值；美学则使学生了解基本的美学知识和理论，用开阔的视野思考和理解问题。艾斯纳主张，不同的年龄、学段，这四个领域的教学都应该是彼此融汇渗透、缺一不可的，只是要根据不同年龄学生的身心发展特征使用差异化的教学语言和教学方法。

DBAE美术教育理论对我国的基础美术教育产生了巨大的影响。如今，不将美术视为单纯的技术训练在中小学美术教育界已经达成共识。美术也被公认为人文学科，在中小学学科体系中具有自身存在的独立性和价值。在高中美术新课标美术鉴赏模块的教学目标中，要求学生学会描述、分析、解释、评价美术作品和美术现象，了解不同区域美术的文化含义、历史变迁和风格特征，采用多种方法、多种角度探索与美术相关联的问题，这些都与艾斯纳DBAE美术教育理论倡导的四个领域相呼应。

五、人本主义教学理论

人本主义教学理论是当代一个具有广泛且深刻影响的教学论流派，源于20世纪50年代兴起的人本主义心理学的研究，代表人物是美国心理学家马斯洛和罗杰斯。在罗杰斯看来，好的教育应该将学习者培养为能从事自发活动，并对这些活动负责的人；能理性地选择和自定方向的人；批判性的学习者，能评价他人所做贡献；具备相关解决问题的知识的人；能灵活、理智地适应新问题情境的人；能自由地和创造性地运用有关经验，能灵活贯通处理某种问题的人；能在各种活动中有效地和别人合作的人；不是为他人的赞许，而是按照自己的社会化程序目标行动的人。人本主义教学理论主张主要体现在以下方面：首先，学习并非学习者受外部环境刺激后的反应，而是一个主动自觉的、有意义的、受情感因素影响的心理过程，也是学习者自我实现的需要和动力；其次，在学习过程中，学生是教学的主体，教师是教学的设计者、组织者、主导者和促进者，而非传统课堂教学中的控制者，教师应该主动地创设良性的学习环境，积极地与学生建立良好的情感关系，尊重学生的选择和情绪反应，帮助学生走向认识自我、独立创造、实现自我的道路；最后，强调以学生为中心的理念，倡导学生个性化的自我评价，并且自我评价而非外部评价应该作为评价学习效果的手段。

在中学美术教学中，人本主义教学观体现为：认为教师和学生是平等交流的关系。

在教学活动中，教师应该以让人感到温暖、尊重、理解、真诚、信任的态度及非判断性的方式聆听学生的声音，而不是以自己的兴趣为中心或居高临下地将自认为正确的意见、观点灌输给学生；建立融洽的师生关系和学习氛围，学生能通过课堂作业练习和实践，体验学习美术的乐趣，而非学习某种特定的专业技能；在课堂教学中以学生为中心，当学生遇到难以理解的知识点或不容易掌握的技巧、方法时，要通过创设问题情境的方式，引导、激励学生通过高层次的思考找到解决问题的方法，而不是直接告知答案或方法；根据学生的个体差异，制定进行学生自我管理与评价的教学评价办法。

人本主义教学理论在我国同样有极大的影响，并被不断深化。初中美术教育课程标准关于课程基本理念的定义，首先便指出必须坚信每个学生都具有学习美术的潜能，能在他们不同的潜质上获得不同程度的发展；评价建议中强调要采用多种评价方式评价美术作业；高中美术课程标准指出高中美术课程要强调创新精神，培养解决问题的能力；体现多样性与选择性，讲究学习方法和过程……这些都是人本主义教学观的体现。

其实不论以上哪种教育理论，无一例外都强调个体的发展，都认可学习是一个主动建构知识和能力的过程；新知识与技能的掌握和提高，都是在已有社会、生活经验和知识结构的基础上达到的；都主张在发现问题、解决问题的过程中积累经验、知识和能力；都重视美术教育在培养学生的感受力、发展智力和创新能力上的作用。

哈佛大学教授多元智能理论倡导者霍华德·加德纳说："领悟意味着看得更清晰，听得更真切，描绘得更完美，意味着看到了事物之间的联系。反思意味着能够从你的作品和感官印象中跳出，并且问自己：'我在做什么？我为什么要这样做？我在学习什么？我要努力得到什么？我会成功吗？如何用可取的方法改进我的工作？'"①

第二节　美术教育教学模式

一、传统模式

传统模式即在美术教育发展中根据教学规律而生成的固定程式，此为现代美术教育中最常见并且最基础的教学模式。对新教师和准美术教师而言，传统模式是其走上讲台

① 玛琳·加博·林德曼.小学阶段的美术教育[M].李蒙丝，译.长沙：湖南美术出版社，2009：12.

必备的教学能力,熟练掌握传统模式的美术教学设计和实施课题教学是成为合格美术教师的第一步。传统模式的教学实施步骤基本为"新课导入—新课讲授—展示与评价"。

(一)新课导入

新课导入就是在课程开始时通过一定的方式方法来引起学生的学习兴趣、建立知识间的联系和迁移、引出课题明确学习目标。人民教育家于漪先生曾说过:"在课堂教学中要培养学生学习的兴趣,首先应抓住导入环节,开课就要把学生牢牢地吸引住。课的开始好比提琴家上弦,歌唱家定调,第一音定准了,就为演奏歌唱奠定了基础。上课也是如此,第一锤就应敲在学生的心灵上,像磁石一样把学生牢牢地吸引住。"常见的导入方式有问题导入、视频图片导入、游戏导入、故事导入等,可以根据教学需要采取一种或者多种方式相结合的方法,主要目的就是引起学生对学习内容的注意。有效的导入没有固定的模式,教师可根据授课内容、教学设施、学生以及各种客观条件设计导入环节,而想要获得较好的导入效果则需要教师创设教学情境。教学情境是指教师在教学过程中创设的情感氛围。教学情境创设的关键是联系学生,想让学生融入教学情境必须要与学生相关,若脱离学生的生活、认知或者思想,即使教师认为十分有意义的主题都不会得到学生的共鸣而变得毫无意义。美术教学情境是根据美术课程的内容营造出一个适合学生学习的良好氛围,激发学生在学习全过程中的情感体验。美术教学情境的创设可以是学校主题活动、学生生活中真实问题、有意义的主题内容等。例如,校园艺术节需要征集宣传海报,向同学介绍自己上学的路途,当地民间文化的传承与发展等。新教师与准教师在设计导入环节时切忌生搬硬造、照葫芦画瓢,应慢慢尝试探究有效的导入方式,让新课导入环节不流于形式,充分发挥出其自身应有的价值。

(二)新课讲授

新课讲授中教师要在较短的时间内完成一系列的内容,以创作类的美术课程为例,教师在此环节需要完成讲授知识点、示范、提出作业要求等内容。这是落实教学重点突破教学难点的关键环节,也是想要达到有效教学的重点过程。新课讲授考验新教师和准教师的不仅是清晰地讲授知识点、完成教学示范、提出作业要求,而且要简洁明了,尽可能缩短时间,提供更多的时间给学生自主、合作、探究学习。

讲授知识点即为与学生共同合作发现教学内容的基础知识、性质、特点、步骤等,一般过程为观察、讨论、总结。例如在门票设计一课中，师生共同观察门票，确定门票的不同组成部分（活动名称、主题图案、主办单位、时间地点、副券等）的基本位置、门票的制作步骤等。教师示范即为教师展示并讲解制作、创作过程，展示时应分步骤讲解，若步骤较为烦琐应提前准备各步骤的成品，讲解主要内容不必完整展示过程，在学生掌握创作步骤的前提下尽可能缩短时间。新手教师一定切记避免长时间示范，此行为不仅会缩短学生创作的时间，更会大大降低学生创作的兴趣。学生动手创作的欲望会随着教师示范的时间慢慢降低，在焦急的等待中耐心慢慢被消磨。提出作业要求是有效教学的关键，更是展示评价的主要依据。作业要求的设立要依据课程目标，且直接关系到本次课程的有效性，如果作业要求与课程目标不符，结果即为作品偏离课程目标，本次课程没有达成预期目标。作业要求与课程目标并不完全相同，不能直接照抄，而要提取对美术课程作业来说较为关键的部分。作业要求可以起到明确目标的作用，培养学生树立目标意识，根据目标要求达成目标的能力。不明确作业要求的课程看似给予了学生更大的自由度和创作空间，但会导致偏离教学目标，在展示与评价环节没有评价参考的依据，影响评价的有效性。

（三）展示与评价

展示与评价是艺术类课程独有的环节，展示与评价各自有不同的方式方法，创造性地结合可以产生不同的化学反应。美术课堂的展示与评价环节是一个必不可缺的环节，它能直接反映出教师教学目标的达成情况。对学生而言，这也是一个展示自我和表达情感的舞台。正确的展示与评价环节有助于学生树立目标意识，锻炼元认知能力以及发现他人的优缺点和自己的长短处。

展示与评价环节在平时课堂中往往不受重视，容易存在以下问题：第一，展示与评价环节时间短，40分钟的美术课堂给予展评环节少于5分钟的时间，学生的作品没有得到充分展示，作品还未完整讲解，评价还没面面俱到，下课铃声就已响起；第二，展评规模小，学生参与度低，教师在展评环节多要求按小组选出最佳作品或者教师亲自选出最佳作品进行展示并未面向全体学生，评价多为个别学生评价，评价的权利没有普及到全体学生；第三，评价过于主观，没有评价标准，教师与学生的评价都采用主观的表达，只以好看、造型完整、画面丰富作为评价的依据；第四，为了展评而展评，教师在课堂中忽视展评的重要性，把该环节当作任务完成。在考评课中教师们会精心设计展评环节，采用不同的形式进行展评，但是形式与学生不相容，展评最终流于形式。

不合理的展示与评价方式往往会起到相反的作用。首先，学生对他人的评价产生无趣、厌倦、怀疑的情感，扼杀学生对美术的兴趣，不利于学生反思自己的作品。其次，学生丧失了表达的热情，甚至开始不愿意表达自己的真实感受。学生的分享与评价迎合课堂和教师的需要，语言变得程式化。最后，扼杀了学生审美能力的培养，使得学生对于美的标准只停留在好看与否。当今世界处于视觉文化时代，审美能力与识字能力一样重要，通过美术教育摆脱“美盲”是课程的一大需要。而不恰当的展示与评价环节非但不能提高学生的审美能力，反而会片面化其审美标准。

由此可见，首先要在学生创作环节提出作业要求。美的标准是主观的，但是美术课堂作品的标准可以是客观的。美术作品的完成情况与教师教学设计中的三维目标直接挂钩，是学生对教师教学最直接的反馈，判断着教师的教学成效。教学目标的达成与否要看学生的作品情况，对学生作品情况的评价要基于教学目标所设计出的作业要求。在学生创作前提出作业要求便于学生更好地创作作品，也能培养学生的目标意识。让学生在作品的创作过程中不断地对照作业要求进行自我评价，不断地反思和改进。在展评环节学生就能自如地对照作业要求对自己或者同伴的作品进行分析与评价。美术作品的评价可以将学生的主观感受和作业的客观要求相结合，促进学生多方面地评价事物。其次采用多种评价方式和形式。义务教育课程标准中就提出了这个建议，但是新教师容易片面地理解自评、互评和教师评。自评可以采取自我分享作品想法、创作过程、分析作品，也可以采用自我评价表和学习感想等方式。互评可以通过相互比较、分析、研讨甚至辩论，发现别人的优缺点和自己的长短处。在评价形式方面可以根据不同的作业要求和主题采取真实情景中的展评环节，例如作品展、研讨会、舞台秀、拍卖会等各种不同的方式。多种评价方式和形式有助于学生积极参与展评、分享作品、表达想法和取长补短。

传统模式优势在于便于学校、教师实施美术课程，能在短时间内使学生获得更多的知识，因此该模式是眼下多数美术课堂所采用的教学模式。美术教育教学方面的专家、学者和一线美术教师在此基础上还延伸出了更多的教学模式。传统模式已经是美术教学发展过程中产生的一种固定模式，但并不是最终模式。

二、单元化研究型教学模式

（一）单元化研究型教学

研究性学习是指学生在教师指导下，从学生生活和社会生活中选择和确定研究专题，主动获得知识、应用知识、解决问题的学习活动。其目的是在一个特定的教学情境中，围绕某一课题，让学生通过自主、合作、探究性学习的方式去解释信息，师生共同参与知识建构和知识创生，而且认为应尊重每一个人的学习方式的独特性。

单元化是指根据某一主题实施的一系列的课程。研究性学习的主题是来自现实生活中的问题，问题的分析与解决难以在一节课中完成。要想引导学生尝试问题解决的全过程，必然需要更长的时间，所以研究性学习必须通过单元化来解决，二者结合就形成了“单元化研究型教学”。

单元化研究型教学是师生共同就某一专题进行的研究性探究过程，与传统的教学模式有很大的区别。我国中小学教学长期以来是一个课时一个内容，完成一个作业的单课时模式。在美术课中这样“一课一练”的小作业割裂了美术学习的连贯性，对于意义深远的内容难以得到充分的认识。现今的美术教育不仅只是让学生掌握基础的美术技能，更是要培养学生用美术的方式来解决现实生活中的复杂问题。美术学科的学习难以只是用美术的知识来解决，多学科知识共同辅助美术学习也难以用单课时完成。单元化的课程模式或将是未来美术教学的趋势，在传统美术教学模式已经取得不错效果的当下，希望新教师与准教师大胆尝试、探索新的教学模式。

（二）单元化研究型教学设计

1.单元课题/主题

单元课题是指整个单元课程的名称，课题名称可以是开门见山型的，也可以是含蓄深意型的，主要为了引起学生对课程的注意。单元主题的选择关键是要能便于创设问题情境，要关注现实生活，要有一定的意义。例如，从地方资源、学生生活或者社会热门话题中寻找所需要的主题。

2.单元问题

单元问题是指在整个单元课程中所要解决的关键问题，是单元课程的核心内容。伽达默尔说：“我们可以将每一个陈述都当作是对某个问题的反应或回答，而要理解这个陈述，唯一的办法就是抓住这个陈述所要回答的那个问题。”[①]在以往的课程中，学生们得到的都是伽达默尔说的“陈述”，将知识陈述给学生的确是便捷的教学方式，但没有给学生

① 王大根.以“基本问题”探索美术的“大概念”[J].中国美术教育，2018(2)：5.

提供必要的思维训练机会。在单元课程中提出单元问题，师生共同在问题的引导下用美术的方式来解决问题，理解并灵活运用各种知识和方法，可以强化学生的目标意识，培养他们解决问题的能力。单元问题具有开放性，没有标准的答案，具有以下特征：第一，在一生中反复出现的重要问题。例如，什么是美？第二，美术学科的核心思想。例如，是美术影响了文化还是文化影响了美术？第三，能最大限度地吸引学生。单元问题的设定对新教师而言具有一定的难度，较为简单的方式就是将课程最核心关键的陈述性内容转化为问题提出。例如，在案例《走进古老的多元文化瑰宝——敦煌壁画》一课中最核心的内容为理解文化因多样而交流，因交流而互鉴，因互鉴而发展。那么单元问题即为多元文化的交流互鉴能否发展出更加丰富多彩的文化？

3.单元设计思路

单元设计思路用最简洁明了的话表述就是“你为什么这样上课？”。教师要详细分析课程的性质与特征、学生特点与条件，确定教学目标、所借鉴的教学模式，以及采用的策略、方法、手段与评价；引发兴趣，深化思维、学法指导和重难点解决的方法；并阐明理论依据。

4.单元目标

单元目标即整个单元的三维目标，要详细阐述整个单元要达成的“知识与技能”“过程与方法”“情感、态度和价值观”目标。例如，案例《走进古老的多元文化瑰宝——敦煌壁画》单元课程的知识与技能目标为：第一，了解美术与文化的关系，学会从文化的角度观察和理解壁画；第二，认识不同文化的艺术特点，学会辨析之间的差异；第三，识别和解读壁画的类别、题材、造型和装饰纹样等；第四，理解交流互鉴是文明发展的本质——敦煌在中国，敦煌学在世界。

5.单元计划

单元计划指整个单元的教学计划，教师要根据课程需要将单元课程分成若干子课程，明确各子课程的目标、活动和权重。例如，案例《走进古老的多元文化瑰宝——敦煌壁画》单元课程分为四个子课程，分别为：《壁画与文化》《多元文化的交流》《多元文化的互鉴》《多元文化的发展》。四个子课程有着各自不同的目标和活动，但是它们之间具有连贯性。

（三）单元化研究型教学实施

1.设置情境/提出问题

在单元课程开始时，教师需要创设问题情境，提出关键问题，引发学生对课程的兴趣。例如，在案例《走进古老的多元文化瑰宝——敦煌壁画》单元课程开始时，教师播放敦煌壁画的视频（按年代排序的壁画内容视频），提问“为什么不同历史时期的壁画会产生不同的特点？”——文化会影响壁画作品。再次提问“文化是否会影响其他美术作品？哪些方面会导致影响？”“美术作品对文化是否也会产生影响？产生什么影响？”，连续提问引出“美术与文化之间是怎么样的关系”这一关键问题。

2.组织小组/制定计划

教师辅助学生根据不同的探究主题、兴趣、学生关系等，让学生自主分成若干小组。但是学习小组并非“随意”组成的，教师要充分考虑课程需要、学生能力、学生性格等多方面因素，确保学习小组能够顺利开展学习工作，小组人数一般控制在4～6人。根据课程探究任务，小组成员可以进行分工，分工必须要明确，每名成员要明确自己所承担的任务，明确自己在小组中存在的意义，避免出现个别成员承担大量任务、个别成员无所事事的情况。教师要辅助各小组制定出学习计划，并将计划清楚记录下来，各小组根据各自的计划开展学习活动，若计划做出修改，要写下修改原因。

3.调查研究/筛选信息

此环节教师应鼓励学生用多种方式搜集信息或素材，将搜集到的资料进行汇总，并筛选出需要的材料。例如，在案例《走进古老的多元文化瑰宝——敦煌壁画》单元课程中，教师向每个学习小组发放了不同年代的壁画图片，要求各小组搜集、阅读、思考、讨论，对壁画进行断代。

4.比较分析/提出假设

此环节是在上阶段的基础上，根据搜集到的信息，提出解决任务的思路或者关键问题的答案。例如，在案例《走进古老的多元文化瑰宝——敦煌壁画》单元课程中，学生从壁画的题材、类别、造型和装饰纹样等方面进行识别、解读和对比，提出壁画年代的初步假设。

5. 组织材料/思考论证

此环节为整理证据或者厘清解决问题的思路方法，按照一定的逻辑顺序进行编排，成为完整的“证据链”。例如，在案例《走进古老的多元文化瑰宝——敦煌壁画》单元课程中，学生以图文并茂的方式撰写壁画“考古”报告，内容详细完整具有逻辑性，语言文字具有专业性，图片具有丰富性。

6. 克服困难/解决问题

此环节在整个课程中属于机动环节，在研究性学习的过程中出现一定的困难即安排此环节给予重点解决。

7. 展示成果/交流经验

此环节是单元课程的检验环节，学生展示不能只是成果、作品等，更要展示出学习小组解决问题、创作成果等的全过程。教师应创设主题情境，组织形式多样的展示活动，让学生分享学习成果、交流学习经验、讲述学习过程中的策略和方法、谈谈对于单元问题的看法。例如，在案例《走进古老的多元文化瑰宝——敦煌壁画》单元课程中，学生通过小组合作拍摄短视频介绍古老的多元文化——敦煌壁画，以及阐述对“敦煌在中国，敦煌学在世界”的理解。小组合作整理学习档案袋，收集图文资料，用图文排版软件制作介绍敦煌壁画的书刊。将各自小组制作的书刊送给家人与好友，在朋友圈中转发校园公众号中本课程的推送信息，使身边更多的人认识和保护古老的多元文化——敦煌壁画。在朋友圈发表自己对敦煌艺术和文化交融观点的小文章，在生活中记录自己的学习，将所学不断延伸到生活中，致力于中华文化的传播和保护。

案例资料

单元课题（主题）	走进古老的多元文化瑰宝——敦煌壁画			教学对象	高一
大概念	文化因多样而交流，因交流而互鉴，因互鉴而发展。				
基本问题	多元文化的交流互鉴能否发展出更加丰富多彩的文化？				
统整领域	思想品德	语文	数学	外语	历史	地理
	音乐	美术	体育	物理	化学	生物

统整领域	信息技术	社区服务	社会实践	劳动技术	其他：
小问题	美术： 1.美术与文化之间是什么关系？ 2.敦煌各历史时期的多元文化在壁画中如何体现？ 3.哪些细节反映了壁画中多元文化的融合？ 4.如何理解“敦煌在中国，敦煌学在世界”？ 历史： 1.为什么敦煌会融合了多元文化？融合了哪些不同文化？ 2.哪些方面反映了敦煌文化的多元化？ 3如何看待多元文化的交流互鉴？ 4.世界各地的敦煌学者对敦煌文化起到了什么作用？				
知识与技能	美术： 1.了解美术与文化的关系，学会从文化的角度观察和理解壁画。 2.认识不同文化的艺术特点，学会辨析之间的差异。 3.识别和解读壁画的类别、题材、造型和装饰纹样等。 4.理解交流互鉴是文明发展的本质——敦煌在中国，敦煌学在世界。 历史： 1.了解敦煌的地理位置、历史脉络和不同文化的交流、互鉴与发展。 2.认识敦煌文化在种族、宗教、人文和艺术等方面的多元化。 3.理解因文化交流互鉴，敦煌文化更加丰富多彩。 4.世界各地的敦煌学者促进了中华文化与其他文化的交流互鉴和发展。				
评价方法	1.表现性评价：学生分小组合作研究多元文化在敦煌壁画中的体现，并撰写《敦煌壁画“考古”报告》(20%)、绘制《敦煌见闻图》和“玄奘说法”(20%)、拍摄传播敦煌文化的视频(20%)，教师通过这几个方面评价学生的美术核心素养。 2.形成性评价：根据每节课的教学目标设计《小组自我评价表》(10%)；组织各小组进行“玄奘说法”，分享对敦煌壁画的综合认识，开展同伴评价(10%)。 3.学习档案袋评价：在学习过程中，保存学习资料并整理成《走进古老的多元文化瑰宝——敦煌壁画》书刊(20%)。				

评估标准	1. 学生能熟悉敦煌多元文化的相互融合；能区分壁画中不同文化的艺术特点，理解多元文化，并与同学交流自己对壁画的观点。 2. 学生能了解敦煌的地理位置和历史发展脉络及其多元文化的相互融合；能比较、分析壁画在创造题材、类别、造型和装饰纹样等方面的差异，了解壁画中所体现的文化多样性；理解交流互鉴促进了文化发展。 3. 学生能了解敦煌的地理和历史发展脉络，各历史时期多元文化的交流互鉴和发展；能对壁画进行比较、分析，搜集相关材料，从其创作题材、类别、造型和装饰纹样等方面进行识别和解读，理解壁画中所体现的文化多样性；理解交流互鉴是文明发展的本质。
教学指导 活动探索	1. 指导学生发现不同历史时期壁画的差异并探索其原因，画出美术与文化的关系图；讲解敦煌的地理位置和历史脉络，提供线索；指导学生小组合作大胆画出不同文化往敦煌传播的路径，并收集资料进行考证。 2. 以联系、比较的方式，讲解壁画与当时不同文化的艺术特点，归纳各时期壁画的特点；指导各小组以搜集、阅读、思考、讨论等方式，从题材、类别、造型和装饰纹样等方面识别和解读壁画中的多元文化，并以图文并茂的方式撰写“考古”报告。 3. 讲解玄奘取经的故事，让学生绘制《敦煌见闻图》并讲述玄奘在敦煌的所见所闻和对多元文化交流互鉴的看法。 4. 讲解敦煌浩劫和如今全世界都在研究、传播和保护敦煌文化，让学生理解“敦煌在中国，敦煌学在世界”；指导学生拍摄传播敦煌文化的短视频，制作并推广《走进古老的多元文化瑰宝——敦煌壁画》书刊，在朋友圈发表自己对敦煌艺术和文化交融的观点，发布和转发短视频以及电子版书刊，在生活中记录自己的学习，将所学不断延伸到生活中，致力于中华文化的传播和保护。
学习资料	1. 纸质学习资料（以朝代为章节，以类别为主题的壁画图片） 2. 电子学习资料：纪录片《敦煌》《河西走廊》，电影《玄奘》，电子图书《中国敦煌壁画全集》《大唐西域记》，短视频软件及制作教程，图文排版软件资源和制作教程。

单元计划表

子课题	教学目标	教师活动	学生活动	学习单	权重
壁画与文化	理解美术与文化的关系和敦煌汇集了多元文化的原因,画出美术与文化的关系图;大胆画出不同文化往敦煌传播的路径。	1.指导学生使用《学习单》和认真执行《小组自我评价表》的要求。 2.欣赏敦煌壁画图片视频,引出古老的多元文化;引出小问题“美术与文化之间是什么关系?”。 3.以地域为切入点,讲解敦煌的地理和历史。引出小问题“为什么敦煌会融合了多元文化?融合了哪些多元文化?”。 4.分发《文化传播路径图》,要求小组合作画出路径图。 5.引导各小组分享路线图和绘制缘由,产生分歧时要求各小组课后查阅资料,证实猜想。	1.认真使用《学习单》《小组自我评价表》进行学习。 2.欣赏壁画,发现不同时期壁画的差异;讨论美术与文化的关系,在《学习单》上画出关系图。 3.了解敦煌是丝绸之路贸易的大都会,大胆画出不同文化往敦煌传播的路径。 4.查阅资料证实:中国(中原、西域)、印度、伊斯兰(波斯)文化在敦煌汇集。 5.填写《小组自我评价表》,将《学习单》归入学习档案袋。	1.回答“为什么不同历史时期的壁画会产生不同的特点?” 2.画出美术与文化的关系图 3.画出《文化传播路径图》(以敦煌为中心的欧亚地理地图) 4.《小组自我评价表》	10%

续表

子课题	教学目标	教师活动	学生活动	学习单	权重
多元文化的交流	认识不同文化在壁画中的体现，以联系、比较的方式，对壁画进行分析、思考和探究，能解读不同时期壁画的特点；以搜集、阅读、思考、讨论等方式，从题材、类别、造型和装饰纹样等方面识别和解读壁画中的多元文化；通过语言、文字和图像等方式，详细撰写“考古”报告；认识敦煌壁画的多元文化内涵及独特的艺术魅力，理解敦煌壁画所体现的文化多样性。	1. 播放敦煌中外贸易往来的场景，引出小问题：“不同文化在壁画中如何体现？” 2. 讲解本课程，主要学习北朝、隋、唐和五代的壁画作品与当时不同文化的特点。 3. 讲解以联系、比较的方式研究壁画，指导学生在《学习资料》中圈画与记录其中的文字、图像等证据。 4. 下发壁画图片，指导各小组从题材、类别、造型和装饰纹样等方面识别和解读壁画中的多元文化，并判断壁画的年代。	1. 认真听讲解，思考小问题。 2. 知道北朝壁画受西域(龟兹)文化影响较大，龟兹文化受印度与波斯文化影响；隋代壁画中中原文化与其他文化的交流互鉴；唐代壁画受中原文化的影响较大；五代壁画走向程式化。 3. 各小组搜集、阅读、思考、讨论，识别和解读壁画中的多元文化。 4. 课后小组分工完成壁画“考古”报告。 5. 填写《小组自我评价表》，将《学习单》归入学习档案袋。	1. 壁画“考古”报告 2.《小组自我评价表》	30%
多元文化的互鉴	了解玄奘取经的故事，感受玄奘的取经精神；能清晰讲述玄奘在敦煌和莫高窟的所见所闻；理解敦煌文化在种族、宗教、人文和艺术等方面的多元化；理解多元文化的交流互鉴，发展文化。	1. 讲解玄奘东归途经敦煌，提问“玄奘看到了怎么样的敦煌？”引发小问题“哪些方面反映了敦煌文化的多元化？如何看待多元文化的交流互鉴？” 2. 各组根据小问题的结论，要求小组合作在KT展板上绘出《敦煌见闻图》。	1. 学生认真听玄奘取经的故事，感受玄奘的精神。通过小组讨论，将小问题结果以思维导图的方式记录在《学习单》上。 2. 小组合作以故事的方式绘出敦煌中外商贾云集、莫高窟内前代的壁画和画师们正在绘制壁画等场景。	1. 回答小问题“哪些方面反映了敦煌文化的多元化？如何看待多元文化的交流互鉴？”	30%

续表

子课题	教学目标	教师活动	学生活动	学习单	权重
多元文化的互鉴		3. 要求各组派一名“玄奘”上讲台“说法”，述说《敦煌见闻图》中的所见所闻和对多元文化交流互鉴的看法。 4. 指导各小组按照《“玄奘说法”互评表》的要求进行评价。	3. 各小组派一名“玄奘”，将《敦煌见闻图》以讲述的方式向大家介绍在种族、宗教、人文和艺术等方面多元化的敦煌；阐述对多元文化交流互鉴的看法。 4. 按照《“玄奘说法”互评表》的要求对其他小组进行评价。填写《小组自我评价表》，将《学习单》归入学习档案袋。	2.《小组自我评价表》	30%
多元文化的发展	了解敦煌曾经的浩劫和如今全世界对敦煌文化的研究、传播和保护；理解文化因多样而交流，因交流而互鉴，因互鉴而发展；理解多元文化的交流互鉴能发展出更加丰富多彩的文化。	1. 讲解1900年的敦煌浩劫。 2. 讲解如今全世界都在研究敦煌，引导出小问题：“世界各地的敦煌学者对敦煌文化起到了什么作用?” 3. 展示莫高窟高清全景图；要求小组成员合作，扮演不同国家的敦煌学者和国内专家拍摄短视频；向自己的国家介绍敦煌，采访专家，探究“如何理解敦煌在中国，敦煌学在世界?”这一问题。 4. 指导小组合作整理学习档案袋中的材料(文字、图片、活动照片)，用 Indesgin 或者任何图文排版软件制作《走进古老的多元文化瑰宝——敦煌壁画》书刊。	1. 认真听讲敦煌浩劫的故事。 2. 小组讨论，在《学习单》上记录下敦煌学者在全世界传播着敦煌文化。 3. 小组合作扮演不同角色拍摄短视频介绍古老的多元文化——敦煌壁画，对“敦煌在中国，敦煌学在世界”有自己独特的理解。 4. 小组合作整理学习档案袋，收集图文资料；用图文排版软件制作书刊。	《小组自我评价表》	30%

续表

子课题	教学目标	教师活动	学生活动	学习单	权重
多元文化的发展		5. 打印各小组的书刊存进学校图书馆并分发给学生进行推广，电子版在校园公众号中展示，让更多的人了解敦煌壁画。 6. 要求学生在朋友圈写下自己对敦煌艺术和文化交融观点的小文章。	5. 将各自小组制作的书刊送给家人与好友，在朋友圈中转发校园公众号中本课程的推送，使身边更多的人认识和保护古老的多元文化——敦煌壁画。 6. 在朋友圈发表自己对敦煌艺术和文化交融观点的小文章，在生活中记录自己的学习，将所学不断延伸到生活中，致力于中华文化的传播和保护。		30%

案例来源：黔南民族师范学院美术学院研究生潘瑜豪

三、“像美术家一样创作”教学模式

进入21世纪，世界各国面对“如何为未知社会培养人”的教育难题，提出了核心素养的观点。2016年，我国提出了中国学生发展核心素养，并将核心素养定义为：“学生在接受相应学段的教育过程中，逐步形成的适应个人终身发展和社会发展需要的必备品格和关键能力。”[①]核心素养具体为：人文底蕴、科学精神、学会学习、健康生活、责任担当和实践创新。

美术学科按“像专家一样去思考”的原则，根据美术家的工作和思维特点，提炼出图像识读、美术表现、审美判断、创意实践和文化理解五大核心素养。王大根教授将美术核心素养定义为：“学生为适应信息时代的需要，用美术的知识、技能与态度，以及美术的方

① 本刊编辑部，林崇德．核心素养的构建：回到原点的教育追问和反思——访北京师范大学林崇德教授[J]．基础教育课程，2016(9)：8.

式，表达情感与思想、美化生活或解决现实生活复杂问题情境的必备品格和关键能力。”[①] 王大根教授根据“像专家一样去思考”的原则和“真实性学习”理念，将美术家的创作过程转换成师生共同探究的教学过程，提出了核心素养本位的美术教学——“像美术家一样创作”，具体表现为主题—鉴赏—技法—构思—创作—展评。该教学模式转变了以往“一课一练”的传统教学模式，让学生体验完整的美术创作过程，在作品赏析中学会图像识读，在临摹作品学习技法以及创作中学会美术表现，在构思作品中学会创意实践，在全过程中学会审美判断和文化理解。

（一）“像美术家一样创作”教学设计

“像美术家一样创作”的教学设计与“单元化研究型教学”有大部分的相似之处，教学设计包括：单元课题、基本问题（单元问题）、小问题、关键词、学科领域、单元设计思路、单元目标、单元计划。

1. 基本问题

基本问题即为单元问题，是宏观层面引领整个单元的核心问题，较为宽泛，不适合在各个子课题中操作，只能在完成单元课程后再对单元问题进行思考和理解。

2. 小问题

小问题是指每个子课题中的关键问题，其目的是通过具体主题和学科特征来进一步地揭示基本问题。小问题也是没有正确答案的，主要目的是引发学生思考，深入理解基本问题。

3. 关键词

关键词即本单元课程中的核心词汇。

4. 学科领域

学科领域是指单元课程内容知识中所涉及的学科科目。美术课程知识内容丰富，经历“像美术家一样创作”的过程会涉及采用不同学科的知识。美术学科就像是黏合剂，与任何课程都能很好地融合，各学科的学习也都要用到美术的方式。

① 王大根．双基、三维目标与核心素养之异同[J]．中国美术教育，2017(5)：7.

5.单元设计思路

单元设计思路与“单元化研究型教学”的单元设计思路写法相一致，主要通过分析本课性质和特点，分析学生知识与技能现状，提出总体教学思路、真实性学习任务、评价机制和教学策略与方法等，阐明“为什么要这么教?”。

6.单元目标

单元目标为整个单元课程的“三维目标”，知识与技能为必须掌握的知识和技能、对学科大概念的思考与理解和要完成的真实性成果；过程与方法为主题—鉴赏—技法—构思—创作—展评中各环节的过程与方法；情感、态度和价值观为与美术创作相关的审美情感、工作态度和创作观念等内在品格的变化。

7.单元计划

“像美术家一样创作”单元计划为相对固定的，第一阶段，设置情境，生成主题：创设真实而有意义的主题；第二阶段，鉴赏名作，研究大师：研究大师的人生和艺术观；第三阶段，借鉴经典，学习技法：熟悉工具材料，临作品，学技法；第四阶段，收集素材，构思构图：调研采风、筛选信息、创意构想；第五阶段，寻找材料，动手创作：运用材料、工具和技法不断尝试探索，改进完善；第六阶段，完成作品，展示反思：展示美术作品，以及过程性、文字性作业。设计出每个子课题的教学目标、教师活动、学生活动、学习工具与权重。学习工具是指教师在各个学习阶段指导学生自主学习的工具，如针对整个单元主题的“学习任务书”、针对具体学习任务或者学习阶段的“学习单”、各个学习阶段的“评价表”以及贯穿学习全过程的“学习档案袋”等。权重是指每个学习阶段在整个学习单元中所占的比重，教师要按课程的特点和需要设计每个环节的课时量，或压缩、增加、重复、细化某环节，或按实际情况设计、调整前后顺序。

（二）“像美术家一样创作”教学实施

1.主题

活动一，意向：根据教师给出的创作命题，联系自己的生活经历、情感思想或社会需求，写下若干觉得有意义的创作主题意向。

活动二，创想：在同学之间交流创作意向，开展“头脑风暴”，打开思路。在“选定创作主题学习单”上记下三个感兴趣的选题，画出草图，写出创想思路(20字以内)。

活动三，分析：比较三个草图的材质、造型、动态和色彩，分析其艺术表现力；分析形式与主题的相关性；分析三者的优点或缺点之后，确定某一主题，然后再进一步改进和优化。

2.欣赏

活动一，选定美术家：从教材或网上选择你喜爱的美术风格及其美术家，寻找书籍或网络信息进行深入研究。

①写出你喜爱的美术家的籍贯、时代、成长历程、社会背景和艺术思潮等。

②描述该美术家作品的风格与特点。

③他的作品中，选一件你最喜欢的作品，写出理由。

活动二，名作欣赏。

①描述（你看到了什么）。能区分作品所属的种类，描述作品的造型、色彩、尺寸、材质、肌理、风格等造型元素，以及作品所产生的审美感受。

②分析（各要素如何组合）。分析作者是如何运用主次、对称、均衡、节奏、韵律等形式原理组织这些造型元素的，更好地表达作品的主题、内容或情节。

③解释（作者想表达什么）。解释作者的种族、国家、时代、经历、社会背景和艺术思潮等因素对其作品所产生的影响；解释作品主题背后作者想表达的情感或思想。

④评价（你认为作品如何）。通过上述欣赏，从历史、文化、艺术的角度评价这件作品，并有见地地阐明自己的观点和理由。

3.技法

临摹与练习：参照所选美术作品的特点及其创作观念，学习并掌握基本的操作技能和方法步骤，根据操作的要求，完成一个临摹作业或尝试性创作练习。必要时可以继续练习多次，以巩固所学的技能与方法。

4.构思

活动一，确定主题：命题创作的主题。根据教师给出的命题，联系自己的生活经历、思想情感或社会需求，确定具体且有意义的创作主题。关注国际国内、城市社区、学校家庭等所发生的事件，如战争、自然灾害、物种灭绝、环境污染、文物破坏等，拟定发人深省的主题。

①创想。先在同学之间开展“头脑风暴”，打开思路，迅速记下三个感兴趣的主题，借鉴所选的美术作品的材料与风格，想象有代表性的形象和动态，分别画出草图（必要时可

用彩铅着色)，写出创想思路(20字以内)。

②分析。比较三个主题的立意、价值、新颖性；比较三个草图的造型、动态和色彩，分析其艺术表现力；分析形式与主题的相关性；并分别写出三者的优点或缺点，在听取其他同学的意见之后，确定某一主题。然后再进一步改进和优化所选主题。

活动二，收集素材：当要进一步细化草图时，需要收集更多的素材。需要创建一个图片文件夹，以你的“学号-美术”命名。把收集到的图片放进文件夹，要记下图片出处。这些图片可以从网上搜索、下载，也可以直接在生活中拍摄。

活动三，构思构图：根据所确定的主题和草图，借鉴收集的种种图片，改进草图，增加具体细节，使之更加丰富完善。

①画出草图2、草图3等，不断修改原草图中主体形象的形式风格、美术语言，使之更有表现性，更有利于表达主题。

②围绕主题和形式特征，进一步细化、完善主体形象的造型、结构和动态等，使之更加生动。

5.创作

活动一，制作步骤：需要做一个计划，按照所选美术样式的操作要求写出制作步骤和所需时间。

活动二，工作日志：尽量按照制作步骤创作，如果没有按计划做，要说明如何改变和改变的原因。

6.展评

活动一，全面反思。

①你是否学会用“描述、分析、解释、评价”的方法欣赏美术作品？你的欣赏报告是否有见地地评价该作品？

②你是否认真地学会了想学的美术技法？

③比较你的作品与最早的草图，说出有哪些改变。是否很好地使用了材质的特征？是否很好地模仿了所选的风格并使用了它的技法？是否比草图更好地表现了主题？你认为你的作品是成功的吗？为什么？你的作品将展示于什么地方？能与环境融为一体吗？

④是否恰当或有创意地展示你的作品？收集3位以上不同身份的观众(同学、教师、家长、被表现的对象、社区居民等)对你作品的评价，然后写出对自己作品的改进思考。

⑤说说你在整个美术创作过程中每个阶段(主题、鉴赏、技法、构思、创作、展评)的表现。

活动二,回顾流程。

回顾在美术创作过程中每个阶段使用的策略和方式方法,展示交流创作的全过程。

活动三,理解基本问题。

完成整个“像美术家一样创作”的过程后,阐述对基本问题的理解。

思考与练习

一、了解教育教学理论对中学美术教学的意义。

二、你是如何理解“智力”的?

第三章　美术课程标准解读

凡是儿童自己能够做的,应当让他自己做;凡是儿童自己能够想的,应当让他自己想。

——陈鹤琴

最有效的教育方法不是告诉人们答案,而是向他们提问。

——苏格拉底

从"教师中心"转向"学习者中心"、从"知识本位"转向"素养本位",是我国新一轮课程教育改革的方向。课程标准以指导性文件的形式,为教材编写、教师教学、考核评价、管理监督等方面提供依据。

《义务教育艺术课程标准(2022年版)》解读

第一节　初中美术课程

伴随《关于全面加强和改进新时代学校美育工作的意见》《关于进一步减轻义务教育阶段学生作业负担和校外培训负担的意见》等政策文件的颁布,《义务教育艺术课程标准(2022年版)》于2022年4月正式发布,将音乐、美术、舞蹈、戏剧、影视整合为艺术课程,通过艺术教育来实施美育,促进学生的审美和人文素养的提升,其核心在于弘扬真善美,塑造美好心灵。本书将针对《义务教育艺术课程标准(2022年版)》中的美术课程内容进行分析与解读。

一、初中美术课程的性质

初中教育属于义务教育的第二至三阶段，学生的年龄一般在11~15岁之间。在这一阶段，学生开始能够深入自己的内心世界，支配和调节自己的行为，身体的迅速成长，使他们感到“自己已经长大成人了”，思维活动由具体向抽象过渡，是学习知识技能、接受新事物、从事脑力活动的“黄金时期”。通常，在这一“黄金时期”里，绝大部分人会将注意力放在应试科目上，而忽视“情商教育”。

《全日制义务教育美术课程标准（实验稿）》首次将美术课程定性为人文性质，“美术是人类文化最早和最重要的载体之一，运用美术形式传递情感和思想是整个人类历史中的一种重要文化行为”和“通过对美术课程的学习，有助于学生熟悉美术的媒材和形式，理解和运用视觉语言，更多地介入信息交流，共享人类社会的文化资源，积极参与文化的传承，并对文化的发展做出自己的贡献”的理念，使得美术课程从单纯的学习技能层面上升到了文化层面。在美术教育的理念上强调了“在广泛的文化情境中认识美术”，提出“美术是人类文化的一个重要组成部分，与社会生活的方方面面有着千丝万缕的联系，因此美术学习绝不仅仅是一种单纯的技能技巧的训练，而应视为一种文化学习。应通过美术学习，使学生认识人的情感、态度、价值观的差异性，人类社会的丰富性，并在一种广泛的文化情境中，认识美术的特征、美术表现的多样性以及美术对社会生活的独特贡献。同时，培养学生对祖国优秀美术传统的热爱，对世界多元文化的宽容和尊重”。在教学建议中更是明确提出：“美术学习应当从单纯的技能、技巧学习层面提高到美术文化学习的层面。美术教学要创设一定的文化情境，增加文化含量，使学生通过美术学习，加深对文化和历史的认识，加深对艺术的社会作用的认识，树立正确的文化价值观，涵养人文精神。”这些都表明《全日制义务教育美术课程标准（实验稿）》对美术课程的教学指导进行了宏观的规定，完成了一次重要拓展。

《义务教育艺术课程标准（2022年版）》对艺术类课程设置进行了改革，将原有的美术、音乐课程以及新增加的舞蹈、戏剧、影视等内容进行整合。在课程性质的定义上从艺术课程角度出发，定义为：“以立德树人为根本任务，培育和践行社会主义核心价值观，着力加强社会主义先进文化、革命文化、中华优秀传统文化的教育；坚持以美育人、以美化人、以美润心、以美培元，引领学生在健康向上的审美实践中感知、体验与理解艺术，逐步提高感受美、欣赏美、表现美、创造美的能力，抵制低俗、庸俗、媚俗倾向；引导学生树立正确的历史观、民族观、国家观、文化观，增强爱党、爱国、爱社会主义的情感，坚定文化自信，提升人文素养，树立人类命运共同体意识，为实现中华民族伟大复兴而不懈奋斗。”对美术课程而言，课程性质从微观的视觉形象，走向宏观的审美和人文素养，着重弘扬真善美，构建人格精神，塑造美好心灵。美术课程逐渐美育化，通过美术教育对学生进行审美教育、情操教育、心灵教育，培养想象力和创新思维，具有了审美性、情感性、实践性、创造性、人文性等特点。在美术课程中，应在培养学生对自然美、社会美、艺术美的感受、欣赏、表现、创造能力的同时，加强对社会主义先进文化、革命文化、中华优秀传统文化中“美”的理解，从而树立正确的人生观和价值观，提升学生的人文素养。

二、初中美术课程的基本理念

（一）坚持以美育人

“坚持以美育人”是从美术课程标准转向艺术课程标准最主要的改变，其最终追求是培养学生的审美和人文素养。美术课程的基本理念开始上升到美育的高度，站在美育的角度追求以美启智、以美促德、以美强体、以美促劳，发展人的精神，构建人的品格，培养学生美好和谐完善的心灵，以此推进人类社会的和谐发展，从而实现中华民族伟大复兴。

美育的“美”不仅仅指美术，也不是单纯的甜美，更不是简单的好闻、好看、好听，而是世间万物美的集合体。“美”没有维度，世间的美往往都展现着生命的执着、坚定和不屈不挠，以美育人就是要培养学生的审美素养，通过发现美的眼睛，让隐性的美不再被视而不见、充耳不闻、触而无感，努力去感受美的多彩多样，让生命的体验更加多元和丰富，从而促进学生人文素养的提升。

（二）重视艺术体验

美术课程从关注美术知识与技能、学生审美和创造能力的小圈子中走了出来，开始重视学生的艺术体验。艺术体验是美术学习的最终感受，当然也是学习美术的动力来源。在体验的感受作用下，能激发学生美术学习的兴趣和热情，从而使学生能够在美术活动中明确知道自己想要做什么，并全情投入。一件作品的成功，创意受到同学、老师的认可，这些成功的喜悦是他们对这门课程保持期待的重要因素。当然，学生不可能对所有美术学习都有丰富的体验，这就需要通过美术课程性质中的愉悦性和教师的灵活变通，让更多的学生能在一个没有负担的氛围当中去尽情地抒发心中所思，没有美与丑，没有像与不像。

重视艺术体验可使美术课程的目标追求更加具有深度。学生的艺术体验是一个多角度甚至多维度的情感表达。对美术课程而言,不能仅仅关注美术知识与技能的学习、学生个性和创造力的培养,而应关注综合性的学习。在真实性的主题情境下,通过感受美、欣赏美、表现美和创造美的过程,提升学生的艺术核心素养,达成良好的艺术体验。在美术教学中,想要学生达到良好的艺术体验需要老师从课程的开始到结束都精心设计,思考怎么样的学习情境能激发起学生的学习兴趣,怎么样的真实性问题能驱动学生的学习内驱力,怎么样的活动能达成更好的学习体验等。

(三)关注文化与生活

当前的人类社会已经进入一个高度信息化、智能化、个性化的大数据时代,生产力和生活方式的变化越来越超乎我们的想象,而真实世界和现实生活中出现的实际问题也越来越复杂化。单一的学科知识已经很难有效地解决真实问题,课程综合或将成为未来教育的大趋势。

"美"的概念是难以狭义界定的,"美"的维度是难以确定的,美的事物围绕着每个人的生活,缺少的只是发现美的眼睛。因而美术课程以"美"为内容,可以与艺术类学科紧密融合,可以与不同的学科协同育人,可以融入不同的真实性问题和社会热点发挥美育功能。美术课程内容需要汲取丰富的审美元素,来传递人与自然和谐共生理念,传承社会主义先进文化、革命文化、中华优秀传统文化,树立正确的历史观、民族观、国家观、文化观,增强爱党、爱国、爱社会主义的情感。

人类文化发展到今天,美术早已渗透进了我们生活中的每个角落。例如田自秉老师在《中国工艺美术史》中介绍的《长信宫灯》:"造型优美,一个仕女手提灯盏,灯体既有罩板能调节光照面,又考虑了吸烟设施以防止空气污染,它是一件生活用品,又是一件装饰品。"书中还提到:"从商周时期的青铜材料,战国汉代的漆,六朝以后的瓷,以至近代的塑料、钢管等,不同的材料,产生不同的技术,又直接影响着艺术风格的变化。新兴材料和现代技术的发展,给工艺美术增添了新的艺术表现手段……学习中国工艺美术史,还可从古代工艺美术的发展中,了解各个历史时期的时代特点和民族特点,从而使我们能创造出具有时代特色和民族风格的新的工艺美术。"虽然工艺美术只是美术世界里的冰山一角,却道出了美术、文化与生活三者之间密不可分的关系。

每一个国家都有自己的民族、文化与传统,上万年的文化历史沉淀与生活环境形成了国与国之间的区别,是一个国家的自立、自强、自信根基。这些经过历史长河洗礼的文化是人类智慧的结晶，值得每一个人尊敬并学习。因此，美术作为美育的重要组成部分，课程综合是美术教育的趋势。

一件冷冰冰的青铜器物之所以会变得有温度，那是因为有人的存在。周朝崇尚礼制，夫礼，天之经也，地之义也，民之行也，大克鼎不仅承载了克的荣耀，在地下沉睡千年记录着岁月，还在出土之后，为当代人解锁了周朝的礼制。总之，美术是人类文化的一个重要组成部分，我们在看待每一件美术作品的时候，只有正确地认识和理解作品背后的文化，才能真正了解那些美术作品存在的意义。美术作品与社会生活的方方面面有着千丝万缕的联系，通过美术课程，学生了解人类文化的丰富性，在广泛的文化情境中认识美术的特征、美术表现的多样性以及美术对社会生活的独特贡献，并逐步形成热爱祖国优秀文化传统和尊重世界文化多样性的价值观。

三、初中美术课程的设计思路

（一）适应学生发展，分段设计课程

正常情况下，每一个年龄段的学生对知识与周边的事物都有不同的领悟能力，所以根据学生的身心发展水平和实际情况来设计课程内容是每一门学科的基本工作。《义务教育艺术课程标准（2022年版）》将美术学习分成三个阶段：第一阶段（1～2年级）以艺术综合为主，体现从幼儿园综合活动到小学分科课程的过渡与衔接；第二阶段（3～7年级）以音乐和美术为主，有机融入姊妹艺术，为学生掌握较为全面的艺术基础知识和基本技能奠定基础；第三阶段（8～9年级）开设艺术选项，帮助学生掌握1～2项艺术特长，与高中模块化教学相衔接。初中属于义务教育的第二至三学段，也是义务教育的关键阶段，将各实践活动的知识与这一阶段学生的心理特点相结合，分别设计课程内容与学习活动，是上好一门美术课程的基本途径。

（二）聚焦核心素养，组织课程内容

《义务教育艺术课程标准（2022年版）》提出了审美感知、艺术表现、创意实践、文化理解四大艺术核心素养，美术学习围绕欣赏（欣赏·评述）、表现（造型·表现）、创造（设计·应用）和联系/融合（综合·探索）四类艺术实践活动。

在组织课程内容方面，《义务教育艺术课程标准（2022年版）》明确提出了以任务驱动的方式选择和组织课程内容，任务驱动是激发学生学习内驱力的有效方式，是让学生达

成良好艺术体验的关键手段，是培养学生艺术核心素养的重要路径。在课程内容的选择上坚持以中华优秀传统文化为主体，讲好中国故事，吸收、借鉴人类文明优秀文化成果，追求精神高度、文化内涵、艺术价值相统一。

（三）体现艺术学习特点，优化评价机制

《关于全面加强和改进新时代学校美育工作的意见》中提出了推进评价改革，把美术课程纳入初、高中学业水平考试范围，美术成了教育评价的"常驻居民"。为了落实评价改革要求，《义务教育艺术课程标准（2022年版）》根据美术学习具有实践性、体验性、创造性等特点，明确评价依据，改革创新评价的任务设计、题目命制、评价方式，强调评价的统一要求，重视美术学习的过程性、基础性考核与评价，尊重学生美术学习的选择性，以学定考，根据学生的选择进行专项考核，体现教、学、评一致性。

第二节　初中美术课程的目标

一、核心素养内涵

核心素养是适应学生个人终身发展和社会发展需要的正确价值观、必备品格和关键能力。艺术课程根据艺术学习的特点提炼出审美感知、艺术表现、创意实践、文化理解四个艺术核心素养。

（一）审美感知

审美感知是对自然世界、社会生活和艺术作品中美的特征及其意义与作用的发现、感受、认识和反应能力。审美感知具体指向审美对象富有意味的表现特征，以及艺术活动与作品中的艺术语言、艺术形象、风格意蕴、情感表达等。审美感知的培育，有助于学生发现美、感知美，丰富审美体验，提升审美情趣。

在美术课程中，审美感知培养学生通过对各种美的事物，如自然美、社会美、艺术美、科技美等的注意力、理解力和评价力，能运用多种感官敏锐地感受美的事物，能理解美的语言、形象、情感等，能用专业术语进行较为全面的审美评价。

（二）艺术表现

艺术表现是在艺术活动中创造艺术形象、表达思想感情、展现艺术美感的实践能力。艺术表现包括艺术活动中联想和想象的发挥，表现手段与方法的选择，媒介、技术和艺术语言的运用，以及情感的沟通和思想的交流。艺术表现的培育，有助于学生掌握艺术表现的技能，认识艺术与生活的广泛联系，增强形象思维能力，涵养热爱生命和生活的态度。

在美术课程中，艺术表现即为运用美术语言创造视觉形式，用美术的方式解决现实生活中的复杂问题。首先，思考完成任务需要哪些美术知识与技能；其次，构建所需要的美术知识与技能；然后，观察、想象、构思如何将美术知识与技能创造性地运用在实际问题中；最后，根据构思构图创作出视觉形象或解决真实性问题。

（三）创意实践

创意实践是综合运用多学科知识，紧密联系现实生活，进行艺术创新和实际应用的能力。创意实践包括营造氛围，激发灵感，对创作的过程和方法进行探究与实验，生成独特的想法并转化为艺术成果。创意实践的培育，有助于学生形成创新意识，提高艺术实践能力和创造能力，增强团队精神。

创意实践是指学生在美术活动中形成创新意识，运用创意思维和创造方法。学生在学习任务的驱动下联系现实生活，大胆地把想法和感情融进表象，形成较清楚的审美意象，并采用多元化的表现方式和手段，将审美意象转换成视觉形象。

（四）文化理解

文化理解是对特定文化情境中艺术作品人文内涵的感悟、领会、阐释能力。文化理解包括感悟艺术活动、艺术作品所反映的文化内涵，领会艺术对文化发展的贡献和价值，阐释艺术与文化之间的关系。文化理解的培育，有助于学生在艺术活动中形成正确的历史观、民族观、国家观、文化观，尊重文化多样性，增强文化自信。

文化理解即为从文化的角度观察和理解美术作品、美术现象和观念。美术与文化相互之间是多元动态发展的：一方面，不同时期的美术反映了当时的文化；另一方面，美术也在不断地丰富、更新和创造文化。反过来，不同时期的文化对美术都产生了巨大的影响。理解美术与文化的联系，有利于学生树立人类命运共同体意识，坚守中华文化立场，坚定文化自信。

二、初中美术课程的总目标

1.感知、发现、体验和欣赏艺术美、自然美、生活美、社会美，提升审美感知能力。美术课程不能仅局限于艺术美，更要面向世间万物之美，经历感知、欣赏、表现、创造美的过程，培养审美素养，进而提升人文素养。

2.丰富想象力，运用媒介、技术和独特的艺术语言进行表达与交流，运用形象思维创作情景生动、意蕴健康的艺术作品，提高艺术表现能力。学生根据学习任务构建相应的美术知识和技能，并达到熟练的程度，运用美术知识和技能表达美术语言，最终完成视觉形象。

3.发展创新思维，积极参与创作、表演、展示、制作等艺术实践活动，学会发现并解决问题，提升创意实践能力。在美术学习过程中，分享、讨论、交流个人或者小组的创意想法和构思，群策群力，在交流过程中迸发出新的创想思路，并能将创意构思用各种媒材工具进行创造和实现。

4.感受和理解我国深厚的文化底蕴和党的百年奋斗重大成就，传承和弘扬中华优秀传统文化、革命文化、社会主义先进文化，坚定文化自信，铸牢中华民族共同体意识。美术反映、丰富、更新和创造文化，通过美术课程传播思政，可以达到一加一大于二的效果。

5.了解不同地区、民族和国家的历史与文化传统，理解文化与构建人类命运共同体的关系，学会尊重、理解和包容。在美术课程内容中涉及中外美术作品，美术作品的背后反映了不同地区、民族和国家的文化，也能反映出不同文化之间的传播、交流和碰撞并产生出新的文化，从而正确地认识多元文化，尊重文化间的差异，理解文化的多样性。

三、初中美术课程的分目标

在美术课程总目标的引领下，细化了不同学段的分目标。在学段划分上将第二阶段（3~7年级）划分为两个学段，进而形成四个学段，分别是：第一学段1~2年级，第二学段3~5年级，第三学段6~7年级，第四学段8~9年级。本书基于初中美术课程对第三学段和第四学段进行解析。

（一）第三学段（6~7年级）

1.能运用造型元素、形式原理和欣赏方法，欣赏、评述世界不同国家和地区的美术作品，领略世界美术的多样性和差异性，养成尊重、理解和包容的态度。美术鉴赏是对视觉形象进行审美解析，深入的鉴赏还要建立在美术在不同国家和地区的差异性上，发现美术作品的差异性，形成包容多元文化的态度。

2. 能运用传统与现代的工具、材料和媒介，以及习得的美术知识、技能和思维方式，创作平面、立体或动态等表现形式的美术作品，提升创意表达能力。学生需要了解不同媒材工具的特点和使用方法，学习美术的知识和技能，运用像美术家一样创作的思维方式，创作出属于自己的美术作品，通过美术作品来表达自己的情感或解决生活中的问题。

3. 能根据“人与自然和谐共生”的设计原则，对学校或社区进行环境规划，增强社会责任意识。“人与自然和谐共生”旨在进一步唤醒学生保护生物多样性的意识，树立尊重自然、保护自然的理念。将此原则与环境设计联系在一起更为贴近学生的现实生活，让学生在对学校或社区环境进行改造和规划时发现真实问题、分析问题的缘由，进而用美术的方式来解决问题，让学生用实际行动践行“人与自然和谐共生”的理念。

4. 能利用不同的工具和材料，制作或创作工艺品，体会传统工艺“守正创新”的内涵与意义。学生在工艺学习过程中感受传统工艺背后的故事、体验材料的特性、尝试制作的流程，用自己的双手感受“工匠精神”。

5. 能结合校园现实生活创编校园微电影，将不同学科的知识融为一体，增强综合探索与学习迁移的能力。短视频成为视觉文化时代传播较快、受众较广的一种形式，男女老少都开始尝试微视频拍摄和制作。创编校园微电影不仅符合学生的学习兴趣，还能传播校园文化，分享学生自己的学习生活。

（二）第四学段（8～9年级）

1. 了解美术产生的背景及不同时代、地区、民族和国家的美术特征，知道中国古代经典美术作品，以及近现代反映中华民族追求独立解放和党团结带领人民进行革命、建设、改革的美术作品，增强对伟大祖国、中华民族的情感，传承红色基因，坚定文化自信，形成开放包容的心态和人类命运共同体意识。此学段在上一学段的基础上，侧重中华优秀传统文化、革命文化、红色文化、民族文化等的理解，透过美术作品解析其背后的历史与文化。例如《美术经典中的党史》，通过美术作品的视觉形象传播党史内容，达成美术与思政协同育人的目标。

2. 能创作平面、立体或动态等表现形式的美术作品，创造性地表达对自然与社会的感受、思考和认识，发展创造性思维能力。美术课程内容逐步走进学生生活，学生的学习任务和作品围绕自然与社会,学生能用美术的方式关注自然与社会。

3. 了解“设计满足实用功能与审美价值,传递社会责任”的设计原则,能为学校或社区的学习与生活需求设计作品,形成设计意识,增强社会责任感。学习和生活用品设计包含设计与审美、生活、消费、功能、工艺等内容,学生要经历设计定位、设计概念、设计方案、设计实施等像设计师一样设计的过程,体验用自己的思维创想美化生活。

4. 了解非物质文化遗产的含义,制作传统工艺品或文创产品,认识继承与发展文化遗产是我们的责任。美术课程承担了活态传承非物质文化遗产的责任,美术课堂是非遗传承的大舞台,向一代代的学生撒下了解非遗、体验非遗、传承非遗的种子,非遗的大树或将在未来硕果累累。

5. 理解美术对个人发展、社会进步及构建人类命运共同体具有独特的作用,进一步提升综合探索与学习迁移的能力。学生能将美术课程中学习的方式运用到类似的真实情境或者现实问题中,能用美术的方式来美化生活、解决生活中的问题以及丰富创造文化。

第三节 初中美术课程的内容

在《义务教育艺术课程标准(2022年版)》中,初中阶段教学内容围绕欣赏(欣赏·评述)、表现(造型·表现)、创造(设计·应用)和联系/融合(综合·探索)四类艺术实践活动,以任务驱动的方式进行遴选和组织,以学段为框架对四类活动分别加以陈述。

前面我们提过,我国疆域辽阔,民族众多,各地都有不同的文化和传统,所以学习活动建议中的学习内容和学习方式应具备弹性,可以选择和采纳其中的建议,根据所处地区的文化传统与实际情况来调节学习内容和学习方式,因材施教,促进学生向目标发展。评价要点是检测目标达成度,可以帮助教师明确课程内容是否贴合美术课程目标的要点。

下面我们针对初中对各类实践活动及课程内容的学习活动建议及学业质量评价要点进行全面解读。新版义务教育艺术课程包括音乐、美术、舞蹈、戏剧(含戏曲)、影视(含数字媒体艺术),鉴于篇幅所限,本节解读主要聚焦于美术这个与本课程直接关联的学科。

一、课程内容

新课标要求，美术学科课程内容应包括欣赏（欣赏·评述）、表现（造型·表现）、创造（设计·应用）和联系/融合（综合·探索）四类艺术实践活动，涵盖十六项具体学习内容，应根据学生认知特点，分学段设置不同的学习任务，课程内容应嵌入学习任务中。每一学段均设置五项学习活动，造型元素和形式原理贯穿学习活动始终。

（一）6～7年级学习任务

6～7年级学习任务包括：领略世界美术的多样性、传递我们的创意、营造环境、传承传统工艺、创编校园微电影。针对这些学习任务，新课标遵循聚焦核心素养、组织课程内容的思路，明确了不同学段相应的学业要求和内容要求。

"领略世界美术的多样性"这一学习任务，主要着眼点在于欣赏与评述，对象主要包括造型艺术、民间美术、建筑等。造型艺术涉及绘画、雕塑、书法、篆刻、摄影、设计、媒体艺术。民间美术主要包含不同国家的剪纸、皮影、面具、泥塑、刺绣、蜡染等门类，重点在于了解其所使用的材料、用途和特点。建筑同样应涵盖不同国家、不同民族，着重于形状、色彩、空间等造型元素以及对称、节奏、比例、变化、统一等形式原理。不仅要求学生能独立运用美术语言和感悟、讨论、分析、比较等方法欣赏、评述美术作品，还要能与同学分享、交流自己的看法。

"传递我们的创意"这一学习活动，主要引导学生运用传统与现代的工具、材料和媒介，创作美术作品。这里所指的美术作品，包括平面、立体或动态等表现形式。这就要求美术教师在进行教学设计时，教学内容的设计不能仅仅停留在国画、版画、粉画等平面性造型艺术的范围之内，还应包括雕塑、动画等；技法不仅包括透视法、白描、写意、写实、夸张、变形，还包括数码相机、摄像设备拍摄以及计算机动画软件制作；同时，色彩知识和构图知识是各种表现形式都需涉及的共通性知识。需要强调的是，新课标中明确指出，创作这些不同表现形式的美术作品，目的在于提升创意表达能力。也就是说，材料、技法和媒介等美术学科知识与技能是创意表达能力的载体而非目的。除此之外，还对学生的学习态度和学习习惯有明确要求，如学生在创作中遇到问题时，能主动探寻解决方案；在活动前做好准备，活动后主动收拾、整理工具和材料等。

"营造环境"这一学习任务，主要引导学生根据"人与自然和谐共生"的设计原则，对学校或社区进行环境规划。课程内容包括环境设计的定义、类别、要素、方法和原则，任务形式主要有海报、请柬、封面、书籍装帧或统计图表的设计，以及调研报告和模型制作与展示交流。这一学习任务着重强调了“人与自然和谐共生”这一主题，并要求任务的范围对象限定于班级、学校、社区等公共空间。相比2011版课标“设计·应用”的目标、内容和建议而言，新课标中这一学习任务的要求，使初中美术课堂教学更有针对性和现实性。

“传承传统工艺”这一学习任务，主要引导学生学会利用不同的工具和材料，学习制作或创作工艺品，与“传递我们的创意”学习任务一样，制作或创作工艺品，目的在于体会传统工艺“守正创新”的内涵与意义，而非掌握这些工艺所需的知识与技能。这一学习任务中的中国传统工艺主要包括剪纸、编织、刺绣、印染、陶艺等，制作方法包括但不限于剪、刻、折、叠、编、卷曲、捏塑、磨制。要求学生不仅能知道中国传统工艺代代相传的优良传统，能制作或创作工艺作品，还能用口头表达的方式分享关于保护传统工艺的看法与建议。

“创编校园微电影”主要是通过创编校园微电影，将不同学科知识融为一体，旨在增强综合探索与学习迁移的能力。根据这一学习任务的要求，创编微电影主要包括以下步骤：编写脚本、分配角色、布置场景、拍摄、后期制作。微电影的表现对象是校园中的人物、事物和景物，表现手法包括长镜头、特写镜头等，后期制作则是使用制作软件对画面、对白和声音进行处理。要求学生能通过“创编校园微电影”这一学习任务，参与校园文化建设，形成团队协作意识和探究能力。

（二）8～9年级学习任务

8～9年级学习任务包括：概览中外美术史、表现无限创意、我们与设计同行、继承与发展文化遗产、理解美术的贡献。

“概览中外美术史”这一学习任务，主要是使学生了解美术产生的背景，以及不同时代、地区、民族和国家美术的特征，旨在增强对伟大祖国、中华民族的情感，传承红色基因，坚定文化自信，形成开放包容的心态和人类命运共同体意识。作品范围涉及古今中外，中国美术作品主要包括中国古代经典美术作品和近现代反映中华民族追求独立解放和党团结带领人们进行革命、建设、改革的美术作品。外国美术作品则包含古典主义、浪漫主义、现实主义、现代主义等世界主要流派。要求学生能了解中国美术发展的历史以及中国美术为世界美术做出的贡献，结合造型元素和形式原理，解析世界美术作品，尊重美术多样性。特别需要指出的是，这一学习任务中明确强调了对知识产权的尊重和保护。

“表现无限创意”这一学习任务主要引导学生运用传统与现代的工具、材料和媒介，创作美术作品。这一学习任务是在6~7年级“传递我们的创意”学习任务的基础上，增加了一些更具体、专业性更强的知识，如构图增加了对角线、“十”字形等构图形式；中国画则增加了神似、三远法等概念和术语；在手绘动画这一表现艺术形式中，增加了编写脚本的具体要求。在学业要求上，则体现出对学生高阶能力的要求，如理解中国传统绘画在世界美术中自成体系、独树一帜的创作观念和方式，以及运用现代媒体艺术的工具和手段创作动态、多维的美术作品。同时强调了美术课堂教学中特定活动习惯的养成，如安全使用工具、活动前准备、活动后收拾、整理工具等。

“我们与设计同行”这一学习任务主要引导学生了解“设计满足实用功能与审美价值，传递社会责任”的设计原则，形成设计意识。也即教师在进行这一学习任务的教学设计时，应以满足学校或社区的学习与生活需求为导向，逆向设计具体的课堂学习任务。设计的形式包括标识、海报、统计图表、手绘地图、书籍装帧、校服，或拍摄动画、微电影等。学习任务的成果呈现方式包括调研报告、手绘草图或立体模型，并将成果进行展示与交流。调研对象首选所居住地区的革命遗址、古建筑或古村落。

“继承与发展文化遗产”这一学习任务，主要引导学生通过制作传统工艺品或文创产品，深化“继承与发展文化遗产是我们的责任”这一认识。学习内容主要包括中国非物质文化遗产的基本概念和情况、传统工艺的制作方法、文创产品及识别系统的设计等。要求学生能表达对继承与发展文化遗产的认识、运用传统工艺的制作方法制作工艺品、设计具有中华优秀传统文化特色的文创产品，并能对作品进行反思和改进，同时强调安全习惯和细致认真等态度的养成。

“理解美术的贡献”这一学习任务主要是探究美术在过去、现在和未来对推动社会发展所起的作用，理解美术对个人发展、社会进步及构建人类命运共同体的独特作用。这一学习任务在2011版课标“综合·探索”教学目标的基础上，强调对学生综合探索与学习迁移能力的提升。学习内容主要包括美术在推动政治、文化、经济、科技发展方面的作用，学习任务的成果呈现方式较为多元，可以是绘画作品、雕塑作品、图画书、视觉笔记，也可以是立体模型、动画、微电影等，主题则需明确为“美术的贡献”。要求学生能综合运用美术与其他学科的知识、技能和思维方式策划展示方案，并进行校内外展示与交流。

二、教学建议

（一）6～7年级学习任务的教学建议

五个学习任务既各有侧重，又互相联系。教学以“领略世界美术的多样性”为起点，学习美术家、设计师、工艺师的思维方式与表现技巧，并将其运用于其他四个学习任务中，也即融通理论与实践、欣赏与创作的界限。

1.“领略世界美术的多样性”的教学中，建议教师设计单元教学活动，指导学生以视觉笔记、学习体会、报告、角色扮演等方式，领会作品所表达的思想、情感和创意，理解“世界各国的美术作品是不同文化的重要载体”这一观念。在教学过程中，教师要鼓励学生以拍摄、文字记录、手绘与文字结合的方式，以及网络等手段，进行课后拓展学习。

2.“传递我们的创意”的教学中，建议教师运用讲授、演示、练习、探究、合作等方法，帮助学生提炼创作主题，创作有创意的美术作品。重点在于引导学生学习美术家的思维方式和表现方法，而非掌握特定的美术技能。目的在于促进学生理解“美术是认识与表现自我、他人和周围世界的重要方式”的观念。

3.“营造环境”的教学中，教师要帮助学生发现班级、学校、社区环境中的问题，并根据问题，提出设计构想。重点在于引导学生学习设计师的思维方式和工作程序，并运用到具体的设计过程中。如有条件，则可实施班级、学习、社区改造项目，使学生能够体验真实的设计过程。目的在于引导学生理解“设计能美化并改造我们的生活环境，同时让我们的生活融入艺术”的观念。

4.“传承传统工艺”的教学中，建议教师安排实地考察、问卷调查、网络搜索等学习活动，设计自主学习和合作学习的学习方法，引导学生发现、分析家乡和其他地区传统工艺发展中的问题，并提出解决方案。指导学生创造性地制作传统工艺品及文创产品，并以线上或线下的方式进行展示。目的在于引导学生理解“继承与创新是传统工艺创作的重要原则”这一观念。

5.“创编校园微电影”的教学中，建议教师按照主题提炼、脚本创作、微电影拍摄、后期制作、策划电影发布与传播方案这一流程，指导学生创编校园题材的微电影。目的在于引导学生理解“现代媒体艺术是丰富人们认识世界和表现世界的方式”这一观念。

（二）8～9年级学习任务的教学建议

1.“概览中外美术史”的教学中，建议教师在单元教学活动中，设计调查报告、活动记录、文献资料、报告、自我反思、他人评价等作业形式，并将这些作业以文本、表格、图像、视频等多种形式装入学习档案袋。目的在于引导学生理解“美术反映不同时代、国家和地区的历史与文化传统”的观念。

2.“表现无限创意”的教学中，建议教师设计单元教学活动，引导学生学习美术家观察、思考和表现的方法，帮助学生提炼主题，并运用工具、材料和媒介，创作表达学生个人想法和观念及情感的、富有创意的美术作品，并将作品用于文创设计、班级布置和校园展示，进行分享与交流。也就是说，在这一学习任务中，学生的学习活动包括：聚焦于美术家的创作方法的作品欣赏，主题提炼，围绕主题进行创作以及展示、分享和交流等。目的在于理解“美术可以表达思想与情感，并发展创意能力”的观念。

3.“我们与设计同行”的教学中，建议教师运用项目式学习的方式，引导学生学习设计师的思考和工作方式。在学习过程中，教师可以按照发现问题、分析问题、解决问题的思路设计教学流程。具体步骤包括：安排实地考察、访谈等学习方式，观察和记录相关设计问题—对需求进行分析和讨论—制定设计方案—以手绘草图、实物模型等方式呈现设计成果—在班级、学校或社区进行展示、交流与评价。目的在于引导学生理解“设计满足实用功能与审美功能，传递社会责任”这一观念。

4.“继承与发展文化遗产”的教学中，建议教师采用的教学方式有：调查地方工艺、参观历史和民俗博物馆、考察历史遗址和遗迹、邀请民间艺人进课堂、组织课堂讨论或辩论会等。学习作业则可设置为以非物质文化遗产元素为主题的文创产品设计与制作，以及传播中华优秀传统文化的拓展活动。目的在于引导学生理解“中华优秀传统文化需要创造性转化、创新性发展”的观念。

5.“理解美术的贡献”的教学中，建议教师整合不同学科知识，组织单元教学，并利用多种工具、材料和媒介，及综合性技能和表现方式，表达对美术所做贡献的感悟和理解。目的在于引导学生理解“美术对推动人类文明发展做出重要贡献”这一观念。

《普通高中美术课程标准(2017年版)》解读

第四节　课程性质与基本理念

一、高中美术课程的性质

人的发展与社会的发展是息息相关的,随着社会的发展,社会对人的发展也提出了新的要求。近十几年来,我们的生活发生着翻天覆地的变化,先进的技术与交流手段、迅猛的经济发展与激烈的竞争、日益加剧的全球性挑战,等等,这些变化促使社会对人的价值观、知识和能力的要求也相对发生变化。从教育的角度来说,课程与教学应如何去回应这些全球化的未来趋势,以及国情的诉求,培养具备"21世纪"国民和世界公民的知识、技能和态度尤为重要。

世界正在急速地变化与发展,教育已不是学习知识那么简单,针对经济、科技、文化的发展,教育必须改变以往知识灌输、死记硬背、书本式学习的方式,倡导以自主、合作、探究的方式进行学习。高中阶段的美术课程是义务教育阶段美术课程的继承与延续,是艺术实践活动的必修课程,在当今经济高速发展、科技再攀高峰的社会背景之下,美术课程重视学生核心素养的培养,帮助他们在全球化和信息化的时代背景下,适应未来社会的生活要求,为其接受高等教育、职业发展做准备,促进终身学习和发展。

二、普通高中美术课程的基本理念

立德树人是高中美术课程的根本任务,以美育人是美术学科的特点。所谓理念是新课程标准对教师、学生的主观要求,既是一种观念,也是一种行动,普通高中美术课程的基本理念是编制者在对美术教育现状进行分析和对其未来进行展望的基础上形成的,具有时代性和前瞻性,是课程的灵魂和指点。《普通高中美术课程标准(2017年版)》的基本理念从原有的五点,精炼成了四点,主要突出了核心素养的培养。

（一）培养美术学科核心素养，促进全面发展

美术学科核心素养是统整课程内容、学习方法、评价方式、教科书编写和教学资源开发等课程要素的关键内容。针对中国学生发展的核心素养，不同学科从各自的学科角度对核心素养做出了自己独有的贡献。其中，美术学科提出了五个核心素养，即图像识读、美术表现、审美判断、创意实践和文化理解。通过这五个核心素养的培养，可以帮助学生在现实中通过图像识读获得美术知识和有益信息，联系生活进行美术表现，形成良好的审美判断能力，发展创新意识和创造能力，认识丰富的文化现象，坚定文化自信，主动适应丰富且复杂的现代生活，更好地全面发展。

（二）强调基础性和选择性，满足个性需求

美术学科由美术和育人两部分组成，一方面涉及美术的基础知识与基本技能的学习，另一方面需要根据时代的特征，调动各方面资源，使课程内容多样化。这里体现了普通高中学习过程中两个最重要的追求——基础性与选择性，它们是不可分的，有了美术的基础才有更广泛的自由来选择自己感兴趣的学习方向。通过增强课程内容与其他学科及社会生活、高等教育和职业生涯的关联，满足学生在快速发展的时代里全面而有个性的发展需求。

（三）创设问题情境，倡导探究式美术学习

学会“解决问题”是美术学科自义务教育以来就有的标志性特征。创设问题情境，引导学生开展确定主题、观察感受、搜集素材、学习借鉴、构思创意、选择材料和技法、探索表现方法、创作作品、展示交流以及描述、分析、解释和评价等美术学习活动，能促进学生产生学习的动力。在问题的驱动下，鼓励学生使用美术及跨学科的方式解决学习、生活和工作中的问题。

（四）运用质性评价，着眼美术学科核心素养

评价是一种反馈机制，是教师能够合理判断学生学习状态的有利导向之一，但不能只看学生的学习方法和成果，更要关心学生在美术学科的学习过程中的学习态度，帮助学生养成不断自我反思和评价的习惯和能力。

第五节　学科核心素养与课程目标

一、学科核心素养

学科核心素养是学科育人价值的集中体现，是学生通过学科学习而逐步形成的正确价值观念、必备品格和关键能力。美术学科的核心素养主要包括图像识读、美术表现、审美判断、创意实践和文化理解五个方面。

素养1：图像识读

人是图像的生产者，同时，又是辨认图像的消费者。进入“互联网+”时代的学生们，对于在生活里跳出的、映入眼帘的视频、图像等视觉信息已习以为常，这些视觉事物全面地刺激着他们的视觉感官。所以核心素养1突出了此特点，在读图时代，能够分辨、判断、选择和解读生活中的视觉文化现象和信息，是新时代学生的必备技能之一。

素养2：美术表现

美术的学习是从视觉开始的，是一个从“眼睛”到“双手”的过程，在欣赏作品的同时，需要引导学生对作品的技法、材料、美术语言等有一个具体的认识，然后在此基础上，学生有意识地选取不同的媒材、技术和美术语言来表现其所见所闻、所感所想，创作视觉形象。

素养3：审美判断

在义务教育阶段，学生已经对“美”有了认识和理解，有了基本的审美能力，对美也有了自己的判断。高中生经过义务教育阶段的学习，对“美”的认识更加深入，但是义务教育阶段强调得更多的是感受，而高中阶段则需要引导学生感受和认识美的独特性和多样性，用形式美原理和其他美术知识对艺术作品进行评价，对其分析和评价能力有了进一步的要求。

素养4：创意实践

创新是每个学科发展的不竭动力，在新时代快速发展的推动下，拥有创新精神已是现代学生必备的技能之一。创新不是凭空而来的，著名学者陶行知先生说过：“处处是创造之地，天天是创造之时，人人是创造之人。”创新不一定需要大天才，关键在于找出新的改进方法。而找出创新之法的关键在于实践，实践是创新之源，实践能让学生将所想所思转化为实体，增强运用理论知识解决实际问题的能力，而美术课程则是培养学生创新精神和实践能力的重要途径。

素养5:文化理解

在义务教育阶段,美术学科就被定性为人文性质,不同国家、不同民族都有自身优秀的文化与传统,艺术家在创作艺术作品时会从背景、政治、文化等方面入手进行创作。在欣赏艺术作品时,就需要学生从文化角度去理解与观察美术作品、美术现象和观念,能正确认识多元文化,包容异文化,并且深刻认识我国优秀的传统美术的文化内涵及其独特的艺术魅力,坚守中华文化立场,坚定文化自信。

二、课程目标

普通高中美术课程以立德树人为根本任务,通过以美育人,引导学生以自主、合作、探究的方式参与美术学习,学会在现实生活情境中发现、提出和分析问题,综合运用美术学科及跨学科知识与技能解决问题,增强社会责任感,形成高中生必备的图像识读、美术表现、审美判断、创意实践和文化理解等美术学科核心素养。但需要注意的是,五个学科核心素养各有各的表现,却也相辅相成,缺一不可。例如,在让学生进行一次鉴赏活动时,主要指向是图像识读素养,但也不可避免地涉及审美判断素养和文化理解素养,五个学科核心素养之间构成一个整体,却在不同的学习行为中各有指向和重点,这是理解和把握学科核心素养的关键之一。

第六节　课程结构

一、设计依据

高中阶段又称“青年初期”(也有人称之为“青年中期”)。这一阶段的学生,在生理上,身体发育已经成熟;在智力发展方面,理论型的抽象逻辑思维能力已经形成,并向辩证逻辑思维能力发展;感知、记忆和想象能力均达到成熟水平,观察力、记忆力和想象力都进入最佳时期。

因此,在课程内容的选择上应综合考虑,结合高中生的心理、生理以及美术发展方面来考量，可以从面向所有学生的普及课程内容、面向部分对美术有兴趣的学生的专业发展课程内容和将美术作为终身爱好甚至是今后的社会职业的课程内容三个方面考虑。

在上述考量的基础上，普通高中美术课程标准在内容的选择和组织方面采取了以下措施：

①依据党的教育方针和立德树人根本任务，构建学科核心素养本位的美术课程体系。本课程设置了体现美术学科核心素养的课程目标，确定了适应高中生身心特征和发展需求的课程内容，提出了适合美术学科核心素养培养的教学与评价方式以及相应的支持方式，以期构建新时代中国特色普通高中美术课程体系。

②依据美术学科媒材特性和技法特点划分学习内容，帮助学生更好地形成美术学科核心素养。本课程在综合考量美术通行的分类方式、教师的专业背景以及普通高中美术课程实施效果的基础上，按照美术门类将学习内容划分为美术鉴赏、绘画、中国书画、雕塑、设计、工艺和现代媒体艺术七个学习模块。

③依据普通高中课程方案的要求，采用必修课程、选择性必修课程与选修课程相结合的课程组织形式，增强课程的选择性。选修课程是根据学生需求与升学考试要求设置的课程。

④依据当代课程发展方向和普通高中课程方案中课程内容确定的关联性原则，本课程将“电脑绘画/电脑设计”“摄影/摄像”整合为“现代媒体艺术”，将“中国画”“书法”“篆刻”整合为“中国书画”，以凸显内容之间的关联，引导学生在综合的状态中进行学习，方便学生认知和应用。

二、课程结构

《普通高中美术课程标准（2017年版）》的必修课程、选择性必修课程与选修课程结构关系及教学事实如表3-1所示。

表3-1 高中美术课程结构

<table>
<tr><th>课程性质</th><th>学习系列</th><th>学习模块</th><th>组织形式</th><th>教学时段</th></tr>
<tr><td>必修（1学分）</td><td>美术鉴赏内容系列（1学分）</td><td>美术鉴赏</td><td>可采用班级、跨班级或跨年级形式组织教学。</td><td>建议安排在第一学年的第一或第二学期。</td></tr>
<tr><td rowspan="6">选择性必修（2学分）</td><td rowspan="6">美术表现内容系列（每个模块1学分，选择修习其中两个模块获得2学分，与美术鉴赏内容系列的1学分共同构成高中美术必修的3学分）</td><td>绘画</td><td rowspan="6">根据学校开设模块的情况，建议学生学习其中的两个模块（也可连续学习其中的一个模块）。可采用班级、跨班级或跨年级形式组织教学。</td><td rowspan="6">可安排在第一学年的第二学期、第二学年的第一或第二学期、第三学年的第一学期。</td></tr>
<tr><td>中国书画</td></tr>
<tr><td>雕塑</td></tr>
<tr><td>设计</td></tr>
<tr><td>工艺</td></tr>
<tr><td>现代媒体艺术</td></tr>
<tr><td colspan="2" rowspan="5">选修（9学分）</td><td>美术史论基础</td><td rowspan="5">根据学校的统一安排和学生的发展意愿，采用跨班级或跨年级的形式组织教学。</td><td rowspan="5">学校可根据情况，安排在高中阶段的任何一个学期。</td></tr>
<tr><td>速写基础</td></tr>
<tr><td>素描基础</td></tr>
<tr><td>色彩基础</td></tr>
<tr><td>创作与设计基础</td></tr>
</table>

美术具有鲜明的地域性、时代性和个性特征，因此形成了艺术特有的丰富性，面对这种丰富性，课程标准只控制了其难度，其广度是由教材、教师来加以控制的。我国地域广阔，南北差异、城乡差异巨大，如果在课程标准中不将所有内容列出来，可能部分课程内容将永远不被开设，而一旦将所有可能性列出，则可能被部分学校开设。例如雕塑，并非所有学校都有条件开设雕塑课程，但不能因为部分学校不能开设，而将雕塑课程排除在课程内容之外。

三、学分与选课

高中美术课程的选修主要针对高考和个人发展需求而设计，美术表现系列内容最为丰富，包含美术的各个方面，但学生的学时是有限的，所以建议学生根据兴趣和特殊的发展需求来选择学习。

第七节　课程内容

一、必修课程

美术鉴赏内容系列

“鉴赏”在《辞海》(第六版)中的定义是:“人们通过特定媒介与艺术形式,逐步进入对作品的具体感受、体验、欣赏和鉴别的精神活动。”高中美术鉴赏是义务教育阶段美术欣赏的延续,比起初中时期的感性感悟更注重理性的理解,活动过程是完全不同的。在进行美术鉴赏时,人们总是不自觉地根据自身的审美经验,从作品中获得对艺术形象的具体感受和体验,同时展开联想和想象,并伴随一系列的情感反应,从而对作品做出某种审美评价,得到精神上的满足,即审美享受。因此,在以培养学生的“核心素养”为目的的课程改革中,美术鉴赏课所担负的美育功能更加明确,高中的美术鉴赏课程对学生的美术知识与技能、审美判断能力、艺术感受能力的教育比初中阶段更加深入。

美术鉴赏模块的学习内容由鉴赏基础和鉴赏内容两部分组成。

(一)美术鉴赏基础部分

随着社会不断发展进步,艺术作品的创作在传统分类的基础上不断被突破,出现了许多新的材料、艺术媒介等。新工具的出现也意味着新的创作方式的诞生,因此,在美术鉴赏课程中依据材料、工具、技法或题材的分类联系现代艺术现象进行因材施教是很有必要的。

另外,在了解创作材料、工具的同时,熟识中外美术史的基本脉络、重要风格、流派代表人物及代表作也是美术鉴赏课的根本,能为以后自由鉴赏艺术作品打下坚实的基础。

美术造型的元素是指点、线、形状、形体、空间、光影、色彩、肌理等,艺术家运用这些美术造型元素能创造出不同风格的艺术作品。形式原理是指对称、均衡、重复、节奏、对比、变化、统一等。在义务教育阶段,学生对造型元素与形式原理都有了初步的了解,在高中阶段,就要求学生能在一幅艺术作品中将这些元素整合起来,分析作品。只有在艺术作品中将其中要素都联系起来,艺术性地组成一件完整的艺术作品,才能体味出其中的形式感,从而实现艺术的创作与表达。这就是之前提过的“整体观念”教学,是审美素养教育的基础,对提高学生的审美观察力与艺术效果判断力起重要作用。

美术鉴赏主要包括感悟鉴赏、社会学鉴赏、比较式鉴赏和形式鉴赏四种形式。教师可以根据课堂实际需要来介绍，选择重点来讲述，使学生能掌握2~3种美术鉴赏的基本方法。在对理论知识有了一定了解之后，学生才能对作品进行比较专业的术语解读、评价和交流。

（二）美术鉴赏内容部分

美术内容的鉴赏主要围绕中外经典艺术作品、艺术家、艺术现象、艺术流派与风格进行鉴赏学习。从古至今，美术渗透到日常生活的方方面面，满足着人们的物质生活与精神生活的需要。艺术家的社会角色与文化责任，美术创作与现实生活的关系等问题是高中美术课程标准新加入的内容，既能让学生认识到当代美术的社会功能，也能为教师的课程设计开阔新的视野。

图像是与口语、文字等不同的交流方式，交流是美术鉴赏内容的重要部分，在鉴赏课程中，学生不仅要学会如何欣赏、评鉴，还要学会如何将自己的所思所想传达给其他人。

（三）美术鉴赏模块的教学提示

美术鉴赏模块教学要教授学生鉴赏的方法，培养学生美术鉴赏的能力。首先，激发学生的学习兴趣；其次，根据学生的认知能力从历史、文化、地域等多角度来进行美术鉴赏；然后，采用多种学习方式丰富美术鉴赏教学；再次，不断反复美术鉴赏的基本问题，深化学生对美术的理解；最后，展开合作学习并分享交流，尊重每个人的不同观点。

在美术鉴赏学习中，要求学生做好学习档案袋，保留学习过程中的资料，为课后反思和综合评价提供必要的证据。

二、选择性必修课程

美术表现内容系列

《普通高中美术课程标准（2017年版）》由五大系列九大模块变成了必修一个模块、选择性必修六个模块、选修五个模块。选修课程又分为选择性必修课程和选修课程。美术表现内容系列属于选择性必修课程，现分别从绘画、中国书画、雕塑、设计、工艺、现代媒体艺术六个方面入手，对其内容要求和教学提示进行分析。

模块一:绘画

(一)绘画模块内容要求

绘画是一种艺术形式,也是一种传达信息的方式,早在远古时期,人们就开始在墙壁上用绘画来记录生活。绘画是运用线条、明暗、色彩等手段进行描绘,创造出不同形态的艺术形象,以反映和表达作者的思想、情感和审美理想的美术门类,是所有美术创作的根本。不论是雕塑、设计还是工艺制作,很大程度上都要借助于绘画手段来实施。学习绘画能够锻炼学生的造型能力、表现能力、设计能力等。

为了使学生更好地学习绘画技巧与知识,课程标准提出了临摹、写生、创作训练三种有效的学习形式。

绘画模块的内容由速写、素描、油画、丙烯画、水彩画和版画等组成,从整个中学美术教学的完整过程来看,除油画外的其他课程在初中阶段都已有涉猎。需要注意的是,高中美术课程面对的是全体学生,而不是美术专业学生,其内容和要求都是建立在普通高中生应该掌握的美术技能之上,目的在于培养学生在今后的生活以及工作中应该具备的基本的美术知识、技能以及艺术修养。

(二)绘画模块的教学提示

相对于理论而言,绘画更是一门实践课程,要科学地掌握训练方法,找到艺术表现的规律,并投入一定的时间训练才能达到教学目的。绘画是一种能力,不论是什么能力的习得,都要依靠一定时间的训练,经过质变到量变的过程,才能掌握基本的绘画技法。

在绘画学习的过程中,要经常开展互评、自评活动,来帮助学生发现自身、他人作品的不同特点。通过对自己作品的诠释、别人对自己作品的分析和评价,能加深学生对绘画创作规律的理解,开阔眼界,提高绘画鉴赏和创作水平,形成创造性思维,为其他模块的学习做好铺垫。

模块二:中国书画

(一)中国书画模块内容要求

中国书画是中国画与中国书法的合称,其内容不仅有大家所熟知的水墨山水,还有书法、篆刻等技能与知识。本模块的学习内容由中国书画材料、工具及形式特点、中国画基础知识与技法、书法和篆刻的基础知识与技法、中国传统书论和画论基础知识等组成。

中国书画模块并不仅仅是鉴赏经典作品，了解工具和材料的使用方法，而且是为体验与创作做好准备。掌握中国书画基础知识和熟悉中国书画技法，是学生进行创作体验的先决条件。教师可以引导学生选择合适的题材和主题，选择或综合运用绘画、书法、篆刻等知识和技法，结合中国文化中的诗词意境来进行中国书画的创作，并运用中国书画的独特装裱方法，完整体验中国书画的创作过程。

此外，还可以将学生的作品在校内外进行展示，可以选择专题展览、校园艺术节、网络展示等形式，并让学生对自己以及他人的作品进行诠释与评价，进一步激发学生的学习兴趣，加深其对中国书画的理解。

（二）中国书画模块的教学提示

中国书画的教学提倡以临摹与创作相结合的方式进行，从临摹某种字体、某类中国画作为学习中国书画的起点，帮助学生从“线条表现性”入手理解中国书画。在学习的过程中，逐渐让学生理解中国书画与中国文化传统，体验生活，从生活情境中认识中国书画艺术的综合性特征。通过鉴赏和临摹等学习活动，让学生能体验从基础知识、技法习得到创作、装裱一系列完整的创作过程，并适当引导学生对照经典作品，不断改进和完善自己的作品。

模块三：雕塑

（一）雕塑模块内容要求

人类社会自原始社会装饰萌芽发生以来，就有了雕塑，在源远流长的历史长河中，雕塑的历史地位虽一直在变换，但雕塑创作却从未间断，形成了丰富多样的形态和风格，有了思想与情感。

雕塑是利用一定的物质材料，通过雕、刻、塑、敲击、焊接、装配和编织等手段，创造出具有实在体积的艺术形象，借以反映社会生活、表达情感和思想的艺术门类。

本模块的学习内容主要由认识雕塑、鉴赏雕塑、创作雕塑、评价总结四个部分组成。

（二）雕塑模块的教学提示

雕塑在学生的生活中并不遥远，如广场中心的标志性雕塑，公园里形形色色的雕塑等。在学习“雕塑概述”时，可以让学生回忆身边所见过的雕塑，联系生活，描述其类型、所处场合、材质等，是否属于民间艺术或“非物质文化遗产”项目，需不需要进行传承与保护等。让学生进入生活情境，与日常生活连接起来，感性认识身边的雕塑及其作用，然后通过课堂学习，归纳雕塑的艺术特点、种类、发展脉络和社会价值，让雕塑走出课本，与学生、与地方文化、与现实生活相联系，理解雕塑与环境的关系，形成真实性的学习成果。

雕塑的创作要求学生学会用合作、探究的方式去学习，让学生联系生活资源、社会资源，以书本、网络等方式进行自主学习，但由于网络资源信息过于庞杂，雕塑门类繁多，学生很容易在探究的过程中迷失，不知道该从何处下手。这时，就要求教师从材料、技法、可实现程度等多方面为学生解惑，并进行技法示范。因此，雕塑课程要求教师要有扎实的基本功，才能对学生进行有效指导和示范，让学生通过模仿、初步尝试创作和练习来对雕塑技法进行有效学习。

毫无疑问，学校教育已经进入了评价时代，没有评价，就没有课程，也没有教育。美术核心素养本位的学习评价也需要一种嵌入学习全过程的真实性评价。

模块四：设计

（一）设计模块内容要求

设计是一种创造行为，“创造一种更为合理的生存（使用）方式”，创造人类未来（发明新技术、善用技术，以带来人类视野和能力维度的改变），设计提供了人与外部世界交互的可能性，是一种改变生存方式的提案和蕴含在其中的某种创造性态度。《普通高中美术课程标准（2017年版）》将设计模块定义为：“设计是在造物活动中，根据一定的功能和审美要求进行创意性构想、计划的艺术门类。设计效果一般通过图样或模型的方式加以呈现。”

因此，高中阶段的设计模块，要求学生能够鉴赏与客观评价设计作品；从课程中体验设计，学会创意的思维方式；能够联系生活经验进行视觉传达设计、产品设计和环境设计等，进而形成设计意识，对丰富且复杂的现代生活产生美好的憧憬，更好地全面发展。

（二）设计模块的教学提示

高中美术的设计模块主要是培养学生的思维和制作能力，让学生的创新能力得到发挥，同时也巩固加强学生的动手能力。创意与制作相互紧密地联系在一起，在课程教学中应以系统综合的方式组织教学。

设计的完整流程是思考—表达—制作。首先应该通过阅读与鉴赏活动，促使学生了解设计的功用，了解设计的相关知识；然后通过文化情境创设的方法，认识设计活动以生活体验中的问题为导向，遵循发现问题、分析问题、解决问题的过程，帮助学生鉴别“好的设计”的概念和标准。

设计源于生活，却又高于生活，也许不经意的设计会带来压抑，也许不经意的设计会带来能源浪费，也许不经意的设计会给人带来身体乃至心理上的伤害……但更多的设计美化了生活环境，优化了生活质量。设计，是要更多地去读懂生活，为别人创造出更好的生活。教师应清晰地认识到，思维是设计的根本，设计思维通过图样表达形成方案，并最终借由材料与工艺的抉择及制作的产品实现其价值。在教学过程中，要注意启迪学生创意思维的艺术性，可以让学生选择自己感兴趣的主题进行手绘练习，熟悉相应的绘图工具的使用，在充分尊重学生创意思维的同时也要注意引导学生注意选材与实施可能性，明确要求合理地运用材料与制作工艺的科学性，尽可能选择当地可利用的资源材料来实现创意，始终强调从思维到表达一体化的系统性教学。

模块五：工艺

（一）工艺模块内容要求

工艺模块的内容，是以美术学科核心素养“立德树人”的教学目标为导向，参照设计学手工艺设计专业方向知识领域的内容，根据基础教育美术课程教学需要，将设计创意物化，即将原材料或半成品加工成产品的方法和技术。

工艺品的制作是建立在生活的基础上的，工艺史记录的是人类逐步掌握工具、材料、制作工艺的成长史。人们在进行手工艺创作的同时，不断地提高自身审美标准和鉴赏能力，并通过造型、色彩、材质等物质载体表现出来。

不同的手工艺品根据地区以及手工艺人的不同，会有不同的选材及制作方法。这就要求学生从工艺与科学、工艺与艺术、工艺与生活方式、工艺与经济等方面出发，结合工艺发展历史，对工艺品的材质、造型、色彩和制作方法进行分析和总结，探索手工艺品的材料的视觉特点、造型的艺术表现及色彩特征与现代生活的关系。

手工艺品是一种生活方式，记录着各地区人们的生活习惯，尤其是少数民族地区的手工艺品更是一种祖祖辈辈的信仰。鼓励学生以搜索和调查的方式，去探索本地或其他地区不同手工艺品的艺术风格、适用功能，建议采访一些本地的民间艺人，梳理手工艺品的发展历史、民间艺人事迹、地域民俗，整理形成文字、图片记录，认知手工艺品与民俗文化的关系，探索其象征和历史意义。

（二）工艺模块的教学提示

工艺模块是设计模块的延续，更注重将构想、计划付诸实践制作。因此，工艺模块的教学更多地围绕制作来进行，指将原材料或半成品加工成产品的方法和技术。目的是让学生了解创意与制作之间的紧密联系，应以系统综合的观念组织教学。

工艺史就是一部精神文化和物质文化的发展史，从原始社会时期的“使用价值”优先于“审美价值”，到后期在满足“使用价值”的同时发展“审美价值”，工艺品在漫长的岁月中不断成长、革新。工艺设计也是设计中的一环，工艺品不单单具有“审美功能”，还应具有“使用功能”，是为了他人的美好生活而创造的。因此，工艺课程中应该强调知识和技能在美好生活方面的作用，使学生在实际生活中领悟工艺的独特价值，形成用工艺的方法解决生活和学习中的问题的能力。

在工艺教学活动中，创意实践始终是这一模块的重心，除了以上建议，还要注重教学形式的综合运用，增强教学方法、教学手段的形象化、多样化和现代化，积极运用实物、挂图、幻灯片、投影、录音、录像、纪录片等进行直观教学，并努力创造条件，开发和制作相关课件，利用多媒体、网络开展教学。

模块六：现代媒体艺术

（一）现代媒体艺术模块内容要求

作为高中基础课程之一，现代媒体艺术受学时与学生接受能力的限制，其主要有三个基础部分：影像设备与技术、计算机设备与技术、互联网传播设备与技术。

现代媒体艺术是综合运用各种现代媒体、高科技手段与现代设计语言来进行艺术创造的文化创意形式。高中阶段的美术教育仍具有基础教育性质，因此，首先要让学生对现代媒体艺术的发展有所了解，知晓现代媒体艺术的内涵及主要表现手段（摄影、摄像、数码绘画和数码设计），对学习内容有整体的认识。然后，学生需要重点掌握科技、艺术和人文理念相结合的特征，而不是仅仅知道媒体，如相机、摄影机的技能学习，学生既需要掌握现代数码媒体技术，又需要艺术感悟、造型和设计能力，还需要深度的人文思考和社会关注。在课程中，教师应选择一些不同表现形式、不同风格的优秀作品让学生欣赏，从中了解现代媒体艺术的观念、表现与意图，并通过临摹、借鉴来对媒体艺术有初步认识，打开创作思路。在此基础上，教师可以进一步对不同的媒介类型进行比较和判断，认知其各自的技术特点，了解现代媒体艺术创作所需的基本知识。

现代媒体艺术除了以上几个基本方面之外，还有装置艺术、影像装置/录像装置互动媒体等，教师在教学过程中，应搜集相关优秀作品，通过现有优秀作品来分析作品中运用到的技术及观念表达方式，分析其创意的来源及特殊的造型手段和方式。

多媒体艺术设计实际上就是现代科技与艺术设计的完美结合，可以帮助学生开阔思维，让学生知道当下最新的科学技术以及设计如何将这些技术运用到生活中，在感叹科技创新的同时，享受科技带来的美好与便利。

（二）现代媒体艺术模块的教学提示

教师可以选择一些不同种类的现代媒体艺术作品，运用小组讨论或合作交流的方式，对其进行分析、归类，正确感知作品的风格与艺术形式，指导学生深入发掘作品的内涵、形式创意和技巧，从文化理解层面思考现代媒体艺术与生活的密切关系，并尽可能用专业术语进行分析和评判，发表自己的观点和见解。

当学生对创作的热情被充分地调动起来，教师可以与学生一起来进行媒体体验，尝试新的艺术创作，进行美术表现和创意实践，但要注意避免学生眼高手低的情况出现。

指导学生开展基于主题的学习活动，选择贴近自身生活经验的表现主题（如健康、环保、家庭、校园生活等），利用相机、摄影机或计算机技术制作带有情节性的作品，积极尝试并运用新颖的艺术形式来表达自己的观点、思想和情感。

现代媒体艺术是一门融合了很多学科知识的艺术种类，其创作路径至少是离不开计算机信息交互的。教师在教学过程中，要注意引领学生积极关注在信息化环境下社会生活及信息科技等领域内的最新知识与表现技能，学生可以从摄影、摄像、平面设计、广告、动漫等多个领域进行综合探索，强化跨界探究过程，在学习过程中融会造型艺术计算机语言和网络技术等手段和方法。与义务教育阶段的“综合·探索”实践活动不同，高中阶段的“综合·探索”强调理解科学、艺术与人文理念的综合，有一定的研究性和专业性。

三、选修课程

选修课程是根据学生的专业发展倾向和个性发展需要而设置，由美术史论基础、速写基础、素描基础、色彩基础、创作与设计基础五个模块构成，主要供报考高等学校美术或设计专业的学生选修，也可以满足其他对美术有兴趣的同学的发展需求。

第八节　学业质量

一、学业质量内涵

学业质量是学生在完成本学科课程学习后的学业成就表现。学业质量标准是以图像识读、美术表现、审美判断、创意实践、文化理解五个美术学科核心素养及其表现水平为主要维度，结合课程内容，对学生学业成就表现的总体刻画。依据不同水平学业成就表现的关键特征，学业质量标准明确将学业质量划分为不同水平，并描述了不同水平学习结果的具体表现。

二、学业质量水平

《普通高中美术课程标准（2017年版）》将学习内容划分为美术鉴赏、绘画、中国书画、雕塑、设计、工艺和现代媒体艺术七个学习模块，并针对各学习模块，制定出了学业质量的评价标准。各学习模块的学业质量评价标准，始终以美术学科核心素养为提纲，将学业质量标准进行等级划分。因此，在对学生的学业质量进行评价时，教师应该对教学目标有准确的把握，让学生知道在课程中需要掌握什么知识、习得什么样的技能等，并进行水平划分，形成基于美术学科核心素养的学业质量评价标准。

学业质量评价标准对学生的学习要求进行了三个水平的划分，三个水平从低到高，虽有差异性，却联系紧密，可以帮助教师把握学生的培养要求，明确培养目的，掌握教学的深度和广度，提高教学的设计水平和实施水平。

（一）必修课程的学业质量水平划分

学业质量水平1是普通高中学生应该达到的最基本要求；学业质量水平2是在达到学业质量水平1基本要求的基础上对学生的进一步要求；学业质量水平3是普通高中生在美术各模块可以达到的最高层级的学习要求。

（二）选修课程的学业质量水平划分

选修课程并不是针对所有高中生的一般课程，而是在必修课程基础上的提高和拓展，选修的基础更深层次地对美术学科进行技术的钻研和理论的研究，是针对即将面临高考的艺术生而言，也满足了喜欢美术的学生的需求。因此，选修课程的学业质量水平的划分去掉了学业质量水平1，保留了针对性比较强、更深层次的水平2与水平3。

三、学业质量水平与考试评价的关系

学业质量水平是阶段性评价、考试和高考命题的重要依据，其始终围绕着学科核心素养来进行。学业质量水平的划分，一方面是为了明确学生核心素养养成过程中的各阶段特征，教师可以根据其特征来选择课程内容和资源、设计教学等；另一方面是为了让学科核心素养有可评、可测的依据。

美术核心素养的培养是落实立德树人根本任务的关键，学业质量水平的划分是为了让教师准确把握每个学习模块的学成目标，而考试评价是为了让教师能够把握学生美术学科核心素养的养成情况，学业质量水平与考试对在美术教学中真正做到教、学、评的统一有着重大影响，也将给我国美术教育带来变革。学业质量水平是阶段性评价、考试和高考命题的重要依据。

第九节　实施建议

实施建议部分从“教学与评价、学业水平考试、教科书编写以及地方和学校实施本课程”等方面提出一般性的建议，以帮助相关部门和教师更加有效地实施美术课程。

一、教学与评价建议

（一）教学建议

核心素养本位的美术教学，实际上是从以前的脱离生活的知识与技能，转变为现在联系现实生活情境的实际经验，更关注学生在不可预测的真实生活中解决问题的能力，学习“像艺术家一样创作”，强调“真实性学习”。

在生活中每个人所处环境不同，想法不同，使得学习结果也不会与教师预想结果完

全一致。教师应将关注点放在学生成果的多样性与个体性上，以“知识与技能”“过程与方法”以及“情感、态度和价值观”三个维度为衡量标准，同时融入美术学科核心素养进行教学，形成真实的学习结果。

当学生面对真实的创作主题时，教师将艺术家的思维和创作过程转化为教与学的方式，通过师生合作探究与“做中学”，能有效发展学生的美术学科核心素养。

如图3-1所示，教师要创设问题情境，指导学生关注现实生活，生成有意义的创作主题（文化理解）；研究艺术家的生平、风格与创作观，鉴赏并借鉴经典作品（图像识读、审美判断）；熟悉材料与工具，学习艺术家的表现技法（美术表现）；搜集创作素材，构思构图（创意实践）；寻找媒材与工具，动手创作（设计、制作），不断克服困难，解决问题，修改完善（美术表现、审美判断）；最终完成作品，展示交流，学习总结等。

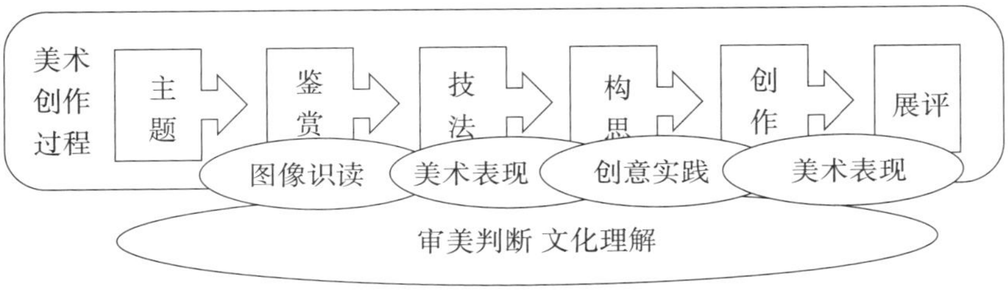

图3-1　“像艺术家一样创作”的过程

这一过程就是美术学科研究型学习活动的过程，同样适用于各种跨学科的研究项目。

美术并不是独立存在的一门学科，艺术家的创作是与生活有紧密联系的，是多方面的，为了解决问题，艺术家们可以进行其他学科或跨学科研究。在学生以自主、合作和探究的方式进行研究性学习的过程中，教师还可以积极联系其他学科教师，指导学生运用美术的视觉感知、形象思维和图像表达等特长，参与各种跨学科的研究性学习。落实了美术学科过程与方法目标，能全面发展五大美术学科核心素养，提升学业质量水平。

（二）评价建议

“美术核心素养本位的教学”是一种“真实性学习”，同理，“美术核心素养本位的学习评价”也需要一种贯穿学习全过程的过程性评价，即“真实性评价”。真实性评价最早是由美国课程论专家格兰特·威金斯提出，他认为真实性评价是“学生运用自己所学的知识和掌握的技能，来解决生活中的或与现实情境相似的真实性任务，以便通过自己的创造性劳动，培养、展示和证明自己的知识、才能以及解决问题过程中的策略”[①]。

“真实性评价力图纠正标准化纸笔考试的弊端，通过复杂的、不良结构的现实任务，检验学生适应未来生活和专业领域发展的能力。”而且，按建构驱动的真实性评价观，“不仅要关注评价任务的现实性，更要关注这些任务是否指向对学生真实的、有现实价值的学业成就的考查”[②]。推行真实性评价就要改变教师权威打分的评价方式，真实全面地揭示学生学习全过程的特质。

真实性评价主要由评价标准、评价任务和评价量规构成。评价标准是对学生应该知道什么和能做什么的具体陈述，是教师对学生学习结果的期望。评价标准需要区分不同层级，明确表述出不同等级，将评价标准在课程开始前展示并发放给学生，引导学生树立目标意识，不断地对照评价标准进行“元认知”级的反思，在自我反思和调整中完成学习过程。“评价任务即‘真实性任务’，是发生于真实世界、现实生活的，根据评价标准设计的一系列学习任务或作业，学生在执行或完成任务的过程中建构自己的行为，展示自己创造性地运用所学知识和技能解决问题的能力。”[③]评价任务是与教学整合在一起的，既是评价过程，也是学习过程，又含教学过程。评价任务是一段时期内教学活动的综合性表达，它与教学的整合体现在它是为推进教学而进行的。对学生来说，完成评价任务即是完成学习任务。对教师来说，评价任务就是进行教学的过程。评价量规是指一套有效、公平的任务表现标准和评分等级，包括评价方案、评价指标、表现水平、权衡分配和评价方法。

运用学习档案袋评价，美术学习过程中会产生各种学习资料，完整保存学习资料，在回顾学习资料的同时美术学习全过程也得到了充分展现。学习资料是指在学习过程中经计划、搜集、讨论、构思等产生的图文材料，包括学习计划、研究方案、艺术家资料、作品图文资料、构思的草图、修改的草图、评价表、创作日志等。在展示与评价环节，将学习档案袋中的内容完整呈现，再结合各阶段作业、表现水平、理论测试和教师评语等，最终得出的终结性评价才更具科学性。

在信息时代，充分运用现代信息技术进行教学，引导学生开展自主、合作和探究的学习是新时代的教学方式，能有效提高学习效率。通过网络，学生可以与教师以外的外界人士进行交流与互动，从中获取资源，让思维跳出课堂的界限，借助科技的力量，合作完成学习任务。

---

① 王大根.美术核心素养本位的教学与评价[J].中国美术教育，2017(2)：14.

② 杨向东.“真实性评价”之辨[J].全球教育展望，2015(5)：46.

③ 王大根.美术核心素养本位的教学与评价[J].中国美术教育，2017(2)：14.

二、学业水平考试命题建议

（一）实施学业水平考试

实施学业水平考试有利于提高学生学习美术的动力，让教师准确把握学生美术学科核心素养的培养程度，可以根据学生对美术学习情况的掌握来改变教学与管理，有利于高校科学选拔适合学校特色和专业要求的学生，促进高中与高校人才培养的互相衔接。

普通高中美术课程采用必修课程、选择性必修课程和选修课程相结合的课程组织形式，其中学业水平合格性考试以必修课程和选择性必修课程要求为准，一般针对三个模块的学习内容。高考或计入高校招生录取总成绩的学业水平等级性考试以选修课程要求为参考。

（二）以学业质量标准作为考试依据

必修课程、选择性必修课程和选修课程的学业质量水平均分为三级（选修课程的学业质量水平仅列出二、三级），学业水平考试内容应以本课程标准中的学业质量标准为依据。

（三）重点考查学生的能力

学业水平考试重点考查学生对美术的审美感受、理解、鉴赏和表现能力，并注重考查学生分析问题、解决问题的能力及学习能力。

（四）运用不同考试形式和题型

学业水平考试形式分为两种。一种是笔试，主要用于美术鉴赏模块或其他模块中有关美术理论知识类的考试。试题设置客观题型与主观题型，客观题型一般不超过试卷总分的50%。另一种是学习档案袋（作品集），主要用于绘画、中国书画、雕塑、设计、工艺和现代媒体艺术等模块的考试。教师要求学生在递交艺术作品的同时还应提交创作过程的文档，包括画稿、草图和照片等图像，以及创作中的调查、探索、反思等。

（五）以等级计分的方式记录考试结果

学业水平考试实行等级计分，必修课程和选择性必修课程考试等级分为合格、不合格，选修课程考试等级分为优秀、合格、不合格，以便于高校的选拔。

（六）确定合适的考试时间

学业水平考试的时间，应放在每个模块学习结束后进行，考试的结果必须予以公示。

第十节　教材编写建议

一、教科书的编写

教科书是教师进行学习活动设计的重要依据。学习活动的设计，既要符合设定的教学目标，又要尽可能结合现实生活和学生生活经验，能激发学生的学习兴趣和主动探究的欲望，并具有可操作性。作业的布置应具有开放性，以培养学生自主学习、主动探究的学习态度与能力为主，帮助学生学会学习，养成良好的学习习惯和批判性思维能力，但要注意作业量和难易度。

美术学科教科书与其他学科教科书的区别在于图版。对美术学科来说，图与文字说明一样重要，视情况而言，甚至比文字更为重要。因此，不管是用于美术鉴赏的美术作品，还是作为美术表现技能示范的美术作品，应具有典型性和多样性。古今中外美术作品应保持适当比例，对于作品的类别、尺寸、作者、国别、创作年代、现藏于何处等信息均应统一标注清楚，给学生提供作品原作所在地的线索，以便今后有机会参观原件。

目前，美术教科书在文字表述方面比较薄弱，应使用规范语言，做到叙述流畅，语句完整通顺，用词准确规范，简明易懂。

在版式设计方面，应充分发挥美术学科的优势，做到新颖活泼、美观明了，有利于激发学生的学习兴趣。在符合国家相关出版规定的前提下，所选开本应注意突出美术学科的特点，同时，纸质、纸张颜色、字体和字号的选择应有利于学生身心健康，做到装帧精良。

二、美术教科书与信息技术的应用及教辅材料的开发

美术教科书应根据教学内容为学生搭建与内容相关的信息资源平台，充分利用与美术学科相关的资源网站、计算机软件和移动终端应用软件，以帮助学生充分利用社会的优质美术教学资源，更好地开展自主学习和研究性学习。

在考虑必要性和适用性的同时，根据教科书编写指导思想编写教师教学用书和学生课外自学材料，以配合教科书的使用。可以根据地方或学校资源，为学生提供多种选择，满足当地或本校学生美术学习、职业发展的需要，编写既体现美术学科核心素养又具有鲜明地域特色的地方或校本美术教材。

三、地方和学校实施本课程的建议

在教学改革的进程中，课程的实施需要强有力的支持系统，这个系统主要由地方教育行政部门、教研部门和学校三方构成。从课程专业队伍建设方面来说，他们在研究、指导、推进和服务课程改革的实施，参与制定地方课程方案，开发课程资源，开展课程改革试验，加强对学校实施新课程的指导等方面，都起着引领、指导和服务的作用。各方应充分认识美育在基础教育中的重要地位和美术课程的独特育人功能，各司其职，通力合作，共同营造良好的环境，确保本课程顺利有效地实施。

思考与练习

一、你如何理解美术的基本素养？

二、为什么说美术课程要追求人文性？

第四章　中学美术教学活动设计与实施

活动、活动、活动，我请你把这个思想当作关键和指南。作为关键，它给你指示了儿童发展的秘密；作为指南，它给你指出应该遵循的道路。

——蒙台梭利

不断推进的基础教育课程改革对教师提出了更高的要求，改革中倡导的新理念、新课程标准中强调的美术核心素养的落实，都需要在课程教学中体现。

第一节　中学美术教学活动设计

一、中学美术教学设计

何为教学设计？不同的教育研究学者有不同的定义。本书采用美国学者肯普给教学设计下的定义："教学设计是运用系统方法分析研究教学过程中相互联系的各部分的问题和需求，在连续模式中确立解决它们的方法步骤，然后评价教学成果的系统计划过程。"也就是说，教学设计是基于课程标准与教学对象特点对教学过程诸要素进行系统性的设想与计划。这里有必要明确教学设计与教案之间的差异，虽然二者都是根据课程标准与教学特点而设定的，都有对教材、教学目标、教学程序的计划与安排，但教案更偏向于围绕教学大纲而展开的、以教学内容与活动为中心的教学实施步骤；而教学设计则更倾向于系统性地考虑教学诸要素之间的联系，并在这种连续性中明确预期结果与实现方法，注重对学生掌握知识、能力的情况做出准确适时的评价。总之，教学设计需明确预期要实现的教学结果，应该培养学习者的哪些核心素养，在教学中学习者应该做什么以及教师需要做什么。

教师是课堂的主导者，对中学美术教学而言，教师准备充分地进入教室，在很大程度上决定了学生能否认真听讲、理解教学内容。准备充分，包括对很多细节的准备，如对专业词汇与概念的定义、搜集相关教学资料、制作课件、教学场地与教学材料和工具的安排以及教学活动的设计，等等，这当然需要花费很多的时间。开始课堂教学后，学生应该知道这节课的目标与任务，以及与已学知识的联系，在教学过程中，教师要不断地反馈和辅导，使学生深入理解所学内容。熟练掌握教学程序并非一蹴而就，往往需要几年时间的学习、实践与思考。从某种角度上说，教师和运动员一样，需要经过多年的反复练习，才能有效地掌握技巧并凭经验与直觉处理具体情况。

二、中学美术教学设计常见问题

刚进入中学美术课堂实习的师范生及新手教师，由于美术视野的局限、教学经验的缺乏、对教学的评价标准难以把握，往往处于盲目或无所适从的境地。那么在这些问题短时间内无法彻底解决的情况之下，这些实习教师、新手教师该怎么办？首先需要确保自己走的是一条安全且方向正确的道路，即自己的教学是朝着正确的方向前行的。可以先行规避、排除一些效果较为消极负面的教学现象，同时在教学中不断思考哪些因素可以作为教学评价的标准。那么，在中学美术课堂教学中，有哪些负面的教学现象是教育实习的师范生和新手教师需要反思和避免的呢？

第一，缺乏组织能力和控制力，这主要表现为课堂纪律混乱，学生不遵守正常的教学秩序，教师无法进行正常教学。

第二，教学导入不合理，既没有引导学生进入学习状态，也缺乏吸引学生注意力和学习兴趣的切入点。

第三，教学环节的设计对学生缺乏吸引力，学生没有兴趣按照教师的教学步骤和要求进行学习。

第四，教师语言表达不清晰、思维不具有条理性。

第五，教学目的不明确，教学内容安排不合理，重点不突出，三维目标未达成，既没有让学生学到特定的美术知识、掌握相关的美术技能，也没有引发学生情感、态度、价值观的变化。

第六，教师在教学中存在知识性的错误和方法的误导。

第七，教学方法单一，教学过程完全以教师为中心，课堂缺乏互动，没有启发学生的想象力，没有激发学生情感、态度的变化或升华。

第八，教学流于形式，播放视频、开展游戏、讨论合作等没有基于教学的实际需要，仅仅是表面上的热闹。

在中学美术课堂教学中，教学目标明确而有价值、学生能够理解基于教学目标而设置的任务及原理，教师提供了示范，有明确的学生能准确检测自己完成任务情况的评价标准，任务难度适中、学生需要付出一定努力才能完成，有真实的问题情境、有价值的教学反馈以及基于反馈对课堂教学的调整，如此，才能够最大限度地保证学生学习的有效性。

第二节　中学美术课堂管理

为避免以上八种情况的出现，教师尤其是新任教师在教学之初就要建立良性的课堂管理方式，因为良性的课堂管理方式是创造良好学习环境的基础。课堂管理并不等于维持纪律以及奖惩的方式，而是设计能积极促进教学有序进行的环境：这对于很多新任教师或准教师而言，不太容易理解也难以做到，甚至很多有多年教学经验的教师也未必能真正领会其中的深意。也许举一个例子能够更好地说明这个问题：如何培养孩子的阅读习惯？很多人首先想到的便是使用奖惩的方式，比如看一本书奖励孩子吃一次喜爱的食物，或买孩子中意已久的玩具；反之，在规定的时间内没有看完，则进行相应的惩罚。但研究表明，不论是奖励还是惩罚，对于培养孩子的阅读习惯并没有实质性的作用，甚至反而会使孩子形成对阅读的逆反心理。如今很多教育领域的学者都认可这个观点：真正有益于培养孩子学习习惯的，是给他们设计与创造一个鼓励思想交流、尊重他人和大胆尝试的学习环境，而不是一系列的奖惩手段。明确了这一点，我们也就能理解营造课堂氛围对于教学的重要性。营造良好的课堂氛围首先需要建立良性的课堂管理方式，然后在此基础上形成积极的学习环境。

课堂环境管理涉及教室布置、教学程序、课堂纪律、奖惩手段等一系列方式方法。很多准美术教师或新任教师往往以为只需精心设计教学方案便可使课堂按着预定的轨道秩序井然地进行：学生们在课堂中不需要教师的督促便能齐心协力或自主完成教师布置的任务，积极回答教师的提问，虚心听取他人的意见。但实际情况并非如此，课堂教学中教师一个细节没有管理得当，便可能造成整堂课失序的状态。如教学材料的分发和领取，在日常教学中，如果教师没有事先设置好分发和领取材料的方式与程序，结果无疑是所有学生一起拥挤于材料存放处而造成混乱。在中学美术课堂教学中，由于涉及的美术材料较多，制作程序相对复杂，还有不同活动之间的转换，因此，教师需要制定一些行之有效的课堂管理制度，建立常规的课堂活动程序，以形成成效显著的教学环境。下面探讨建立有效中学美术课堂管理方式需注意的几个方面：

一、教室的布置

由于美术课堂有授课、示范、创作实践、展示评价等多项美术活动，会使用多种尺寸、性能各异的美术材料。因此中学美术课堂往往需要有专用的美术教室，那么美术教室的布置应注意哪些方面的问题呢？总体而言，美术教室的布局应遵循以下原则：

首先，要有一个畅通无阻的区域，既便于教师的巡视指导，也适合学生领取、分发材料时通行。

其次，要有一个存放工具、材料的区域。

再次，讲台的设置应保证所有学生能看清楚教师的演示，以及所有学生都在教师的视线范围之内。

最后，在教室的整体色调上，要着意营造轻松愉悦的视觉感受，避免室内过于沉闷、单调。

在课桌的摆放方式上并无固定要求，教师可以根据课堂的需要，更改学生课桌摆放的方式。中学美术课堂最常见的课桌摆放方式是小组摆放式，这种摆放方式适合学生以小组为单位完成教师布置的作业，但小组摆放的方式势必会使部分学生背对讲台，教师在传授新知的环节，应该提醒学生转过身，面对讲台和教师。如果授课方式以讲授为主，课堂作业要求学生单独、自主完成，则课桌摆放的方式需要重新布置。

二、课堂纪律的维持

对中学美术教学而言，课堂纪律的维持非常重要，良好的课堂纪律既是教学成功的前提，也是良性课堂的表现。好的课堂纪律并非学生完全遵照教师的指示进行学习、练习，而是一种轻松融洽的课堂氛围，使课堂成为学生学习知识、交流思想、创作练习的好地方。在我国中学美术课堂中，最普遍的课堂管理方式是与班主任合作管理，选拔管理能力强、有责任心的学生负责课前准备工作，并要求值日生对课堂表现进行记录。但这样的方法对于课堂秩序的维持作用有限。要保证良好的课堂教学环境，制定相关的课堂纪律非常重要。这对中学美术教师而言同样必要，实习教师则需要考虑是沿袭指导教师的课堂纪律还是自行制定。在课堂纪律的制定上，一般有以下要求：

首先是纪律数量不宜太多，以不超过六条为宜，超过六条学生记不住且易使人产生条文繁缛之感；

其次是要遵循引导的原则，即制定纪律是以引导学生形成好的行为习惯为目的，比如“注意保持教室干净整洁”比“不要乱扔垃圾”更适合；

最后是纪律不宜过于全面和细化，美术课堂的特殊性使很多细节问题不可避免，如在使用颜料、墨的过程中，很容易因使用不当而造成学生之间的争执或影响教室的整体环境，如果将“不要把颜料泼洒在他人身上”作为纪律，那么类似的纪律问题将不可胜数，这就背离了制定课堂纪律的初衷，且学生很容易抠字眼，如“老师，我没有把颜料泼洒在她身上，只是不小心滴到她衣服上而已”等。

在制定课堂纪律时，不妨让学生一起参与，这样有助于学生形成主人翁意识，以及对班级、对个人负责的态度。制定的课堂纪律和程序要正式地传达给学生，课堂纪律是有效学习的保障之一，教学程序则保证了学生进入教室之后非常清楚地知道自己在特定的时间里需要做的特定的事情，而不是在等待中闲聊或走神。教师在教学之初就有必要讲解课堂纪律和教学程序及其执行的方式，并确保能严格地实施，而不要因为教师个人的好恶、心情的好坏而反复。纪律执行不严格会失去纪律的约束力，而约束力就如同教师个人的信用，一旦丧失，再重建就极为困难了。

三、奖惩方式的制定与执行

处理学生问题不仅仅是班主任的职责，在美术教学过程中或课堂外，教师也会面临需要解决学生行为失当或存在问题的情况。因此，制定适宜的奖惩方式对实现良性课堂管理同样是必不可少的。奖惩当然包括奖励与惩罚，对新任教师而言，制定奖惩方式及把握奖惩的度并不容易。在中学美术课堂教学中，奖励可以包括语言上的表扬，也可以是诸如美术材料、作品一类的物质性奖赏。

美国教育家卡姆拉斯的奖励方式就别出心裁：“我在课堂上虽然不给学生发糖果之类的东西，但我会在上课的途中拿出我的手机，给某个学生的家长打电话，无论他是上班还是在家，把他孩子在课堂上刚刚做的一件漂亮事告诉他，知道吗？这是孩子们最想从我这里得到的奖励，他们会为之高兴得忘乎所以。”惩罚的目的是回到正常的教学秩序上，而不是受情绪影响后采取的报复学生的手段。那么在中学美术教学中，如何把握奖惩的方式及合适度呢?

首先,了解所教年龄段学生的普遍心理,不要孤立地表扬某一个学生,而贬低其他学生,如“只有某某同学的态度是认真的,也只有他的画是最好的,其他同学都应该向他学习”。这样的表扬只会使被表扬的学生遭到其他同学的孤立甚至讪笑,很少有学生能够不受这种嘲笑的影响而继续保持认真的课堂学习态度。因而对某位学生的表扬不应与对其他学生的责备并行,且表扬应该具体,如“这位同学的画展现了他敏锐的观察能力和丰富的想象力”“天空的颜色画得很有层次感”等,而不是笼统地说“你真棒”“你画得很好”之类。物质性的奖赏可以是某种美术课堂上未使用过的美术材料或教师事先准备的小作品,等等。奖励是一种积极的管理手段,能使教师和学生把关注点放在优点而非过失上。

其次,保持客观冷静的态度,谨慎地使用惩罚方式。最好不要用惩罚来威胁学生,尤其是当脱口而出的惩罚很多时候难以实施,如“再出现这种情况,所有同学下课后绕操场跑10圈”。教师这种反应往往是因为被学生的失当行为激怒,无法使自己保持冷静,也无法客观地、依制定的纪律条例来处理问题。而且这种惩罚是无法真正落实的,一旦类似的情况再次出现,教师往往别无他法。一旦确定学生违反了课堂纪律的条例,那么务必保证严格地执行惩罚的措施,但需让学生清楚,惩罚的原则是公平公正、对事不对人。惩罚有轻度、中度和重度之分。

一般而言,教师常用的是轻度惩罚,在课堂上,常用的轻度惩罚有无声对视、走近处于走神状态或正在做与教学无关之事的学生身边或就课堂教学内容对其进行提问等,这种方式通常能使学生意识到自己的失当行为进而专注于课堂学习。如果这些方式无效,那么教师可以通过调换学生座位或将学生带出教室进行谈话的方式使教学有序进行。不论哪种方式,都应该注意尊重学生,尤其不要令学生难堪。中等程度的惩罚则包括借助班主任或学校领导的力量解决问题,这在常规教学中应该是极少的,但在一个中学美术教师的执教生涯中也是在所难免的。当需要诉诸他人的力量时,往往可能是学生出现了冒犯教师的言行。这时教师更需要保持冷静,不要被学生的情绪控制而使教学秩序彻底失控。如果要将问题学生送至学校领导办公室,教师务必按照学校规定的流程进行。对新任教师而言,了解教师与学校领导在教学问题上的沟通方式也是必要的,同时养成记录的习惯,将问题出现的日期、细节、教师本人处理问题的方式以及学生的回应与态度等记录下来,这有利于问题的尽快解决和减轻教师的压力。重度惩罚包括记过、停学、退学等,这一般需要学校领导层的共同决议。

四、对课堂的观察与应对

美术新课标要求教师应该作为教学的主导者，掌控教学程序的设置与实施。要做到真正地主导课堂教学，需要对学生的举动和学习情况有准确的观察和判断。如学生是否真正理解了美术作品所传达的思想，学生提问的目的是引起注意还是真的不懂以及学生练习时是否需要辅导等。对这些情况的敏锐观察与合理应对是教师真正主导课堂的表现。很多新任美术教师和准美术教师在教学过程中，遇到为数不少的学生提问、举手示意或学生活动异常活跃的局面时，往往会不知所措，甚至原本的教学思路完全被打乱，使教学无法正常进行。这时候需要教师冷静观察和判断，是否有些学生的问题是相同或相似的，将这些问题归纳后逐一解答是较为合理的应对方式。实际上这种情况并不少见。在一次中学美术优质课的课堂上，学生对教师安排的光影实验热情极高，以至于教师反复提醒学生实验时间已结束，大多数学生依然在津津有味地做着实验。其实教师在设计教学程序时，就应该考虑可能出现的状况，并想好应对之法。另外，当一个教学知识点结束后，有些教师为了检验学生是否真正领会和掌握，会问"大家都明白了吗"，这种提问往往得不到准确真实的回答，因为对中学生而言，大方地承认自己没有真正理解和掌握老师教授的内容，即便不是完全没有也是极少见的，尤其是当其他同学都没有任何意见的时候，因为这无疑会让他觉得自己比较笨。在中学美术课堂教学中，教师要全面地观察课堂，清楚地知道什么时候该出现在什么地方：讲课的时候站在讲台上；学生练习需要辅导时应该在教室内来回巡视指导；无须辅导时，则需要在一个能看清楚所有学生情况的地方进行观察，随时看学生练习是否有疑问或可能发生的意外情况，如颜料桶倾倒、墨汁泼洒等。仔细观察是为了形成良性的判断和应对方式，如判断问题是否紧急，是仅涉及个别学生的小问题还是与多数学生有关的大问题，是需要马上做出应对的问题还是可以课后处理的问题，等等。总而言之，对课堂的观察与应对是课堂管理的一部分，也是创设积极学习环境的有效手段。

虽然上文探讨了建立课堂管理方式需要注意的诸多事项，但作为中学教师，应该明白积极有效的课堂管理方式以及建基于此的卓有成效的学习环境并没有唯一正确的方式，每个教师应该根据自身的教学风格、教学特点、行事方式制定有效的教学管理方式，而不应盲目地照搬。一个优秀的教师，一定是一个优秀的课堂管理者。

教学流程是中学美术教学最基本的常识，但教学设计要求设计出有创造性的教学活动，这并不容易，甚至可以说很难。因为有创造性的教学设计能够有效组织教学活动，激发教师和学生的灵感，使学生一直保持精神集中的状态。

第三节　中学美术课程与教材

一、中学美术课程与教材的关系

课程与教材是教学活动的基本要素，在中学美术教学中，教材是教学大纲的进一步展开和细化，是教与学的中介，在中学美术教学中有着非常重要的意义。

何为教材？很多教师误以为教材就是教科书，广义上而言，教材应该是教学材料的统称，包括但不限于教科书。主要的教材种类有：文字教材（教科书、教辅材料、教参、讲义）、图像教材（美术作品原作、仿真迹复制品、画册、挂图等）、实物教材（实物原作、模型、专用教具等）、视听教材（教学视频、幻灯片等）、计算机信息教材（设计软件、图像资料库软件、计算机辅助教学软件等）。狭义上的教材专指教科书。在中学美术教学中，教学大纲由国家组织相关专家制定编写，各地则根据教学大纲编写不同版本的教材，以供教学使用。很多实习教师、新任教师在教学过程中过于倚重教科书，认为教科书是教学实施的唯一依据，这种观念是没有理解教材与教科书以及大纲的关系所致。从根本上来说，教科书是教学用书，与其他教学材料一样，都是教师进行教学的主要参考。国家鼓励并制定一定的措施推动中小学美术教师自编教材，以推动美术教学的多元化和灵活性。

正因为教材在教学中的重要性，教学设计、教案中都要求对教材进行恰当合理的分析。本书教材分析的对象是狭义的教材，即教科书。教师在进行教学设计之前，需要反复、仔细地研究教材，揣摩、理解编者的编写意图、方向以及各单元结构之间的关系，并结合学期设定教学目标。那么在中学美术教学设计中，如何合理、全面地分析教材呢？首先需要明确教材信息，包括使用教材的版本、本课所属的学段、年级、单元、实践活动或教学模块以及具体的课时数；其次是简要概括所授课或单元的主要教学内容，这些信息为教学设计划定了清晰的范围和边界；最后是指出本课在本单元或教材中的地位与意义。对初学教学设计的学生而言，前面两点相对容易把握，理解并掌握第三点有一定的难度，但其是合理分析教材的关键。那么，如何体会并把握教材分析中"本课在本单元或教材中的地位与意义呢"？重要的是要理解编者的编写意图，具体而言，编者的编写意图可以通过以下几个问题进行明确：本课与前后教学内容之间如何衔接？教材是如何通过教学内容的编排体现出循序渐进性与连贯性的？本课对于培养学生的美术学科核心素养有何意义？这几个问题也是研究教材、进行教材分析的出发点，如能够很好地回答这几个问题，自然能够对教材进行合理恰当的分析。

范例资料

范例1:本课选自七年级上册,第二单元《多彩的校园生活》第一课内容《小伙伴》,属于"造型·表现"实践活动。本课的主要学习任务为脸部比例和脸型,以及人物头像的写生方法等,有助于学生了解人物头像要素及其特点,通过名作欣赏、讨论、交流,感受线造型艺术的独特和不同线条表现方式所产生的不同感染力。

范例2:《插花》是人民美术出版社《美术》教科书八年级下册第三单元第1课内容,属于"造型·表现"实践活动,本教学活动安排1课时。本课的主要教学内容是通过熟悉插花类型和花材、花具以及各种不同的插花样式,使学生能够运用高低错落、疏密有致等相关知识来进行艺术表达,装点生活。采用讨论的方法,以小组合作的方式组织学生进行插花。本课旨在引导学生认识设计艺术所运用的空间语言及表达方式,激发学生的探究欲望与学习动力,培养学生的设计能力、创新能力,倡导学生形成关注人与自然的生活方式。

案例来源:黔南民族师范学院美术学院19级美术学专业李永萍、陈佩婷

二、中学美术教材的使用

在中学美术教学中,对于美术教科书,教师应抱持一种正确态度。美术课标组组长尹少淳教授指出:"美术教科书不仅仅是美术知识和技能的载体,而更应该是教师与学生互动的平台,是师生进行交流的共同'话题',因而教科书不是教师必须服从的'圣经',不是思想的樊笼,而应该是活动的、可发挥的。"也就是说,教师可以在教材分析、学情分析的基础上,对课堂进行设计与重构,对课程进行开发,而不是完全遵循教科书中的教学步骤进行教学,将现成的美术知识和技能传递给学生。不拘泥于教材,也不彻底否定教材,而是依据教师的学科背景和文化基础重新思考如何运用教材,结合当地文化、学习内容、学情进行重新设计,重构适合本校学生的教学内容。同进思考每一课时该容纳多少知识量,选取哪些教学内容,美术学科知识是否与美术文化有密切的关联。

第四节　中学美术教学中的学生

因材施教是不同国家、不同学科教育工作者都认可并提倡的教学原则，其前提是教师要认识、了解自己的教学对象。在教学中，学生并非被动的知识传授的对象，而是有其主动性、创造性和独立性的。中学是人身心发展的重要阶段，中学生也是处于发展状态的人，其思维方式、身心发展水平都处于变化之中，因此教师要尤为注意教学内容与教学方法。如前所述，本书中学美术教育包括初中美术教育和高中美术教育。这两个阶段的学生有着不同的心理特点和情感倾向，在绘画发展规律上也不尽相同。关于儿童年龄特点和绘画发展规律的认识，国内外美术教育家都有翔实的介绍，由于本书重在发展和提升中学美术教师教学方面的理论知识和实践能力，因此此处不再赘述。但教学设计中需要针对不同学段的学生做学情分析，这里做简单介绍，以便于预备从事中学美术教育的学生了解或复习。

一、初中阶段学生学情

初中阶段的学生，兴趣广泛，思维活跃，知觉和表达的准确性都有了较大发展，能够精确地感受和分辨不同色相、不同明度、不同纯度在视觉呈现上的细微差异，对物体的形状、体积、明暗、空间关系等都有较好的感知力和判断力，具备了一定的审美体验和情感体验。初中阶段是培养学生审美感知能力、鉴赏力、创造力的重要时期，这一阶段的美术教学着重于培养学生手部的灵巧性和反应的灵敏性，以及心手相应的协调和操作能力。罗恩菲尔德认为12~14岁的孩子在绘画发展阶段中处于拟写实阶段，在情绪上相较小学生而言更为理性，且有着很强的自我意识，能够认识到自己绘画中存在的问题，已很少有学生会自发性地从事绘画活动。素描创作方面，具备准确描绘人物形象的能力，对于人物面部表情、身体动态及各部分的连接等也能进行更深入的表现。罗恩菲尔德认为12岁是青少年美术发展的分化期，是美术教育的危机阶段，如果缺乏良好的美术教育与引导，很多学生的绘画能力将止步于此。处于这个阶段的学生审美意识已经逐渐形成，逻辑思维能力逐渐提高，普遍倾向于写实性的作品，主观上希望客观、真实地描绘物象，但由于缺乏相应美术表现能力，而呈现出在美术上的不自信。

二、高中阶段学生学情

高中阶段的学生处于个性发展的青年期,各方面都接近于成人水平。情绪上倾向于自己做决定,自我意识较强,对自己、他人及社会的认识也更加理性和客观。身心发展上已趋向于成熟,注意力范围较之前更广,具备有目的地表达和控制表达的能力。抽象逻辑思维能力进一步加强,观察力、想象力、记忆力等均进入较佳状态。个体如对美术产生兴趣,会有意识地进行自主探索以培养美术的技巧。他们往往乐于参观美术作品展览,能够进行一定深度的美术欣赏和美术评论。大多数学生能够通过美术活动获得审美愉悦和创作快感,因此高中的美术教学比初中更加注重全面性和多元化,很多高中都增设了各种选修课、美术社团活动以满足学生的需要。"高中生不再囿于具体操作,喜欢有机会从事抽象思维。他的协调和精力这类巨大的进步能在其艺术作品中看见。但有时这些技巧被错误地引导,学生可能模仿和摹画他们认为伟大的艺术品。他的鉴别能力可能达到顶峰,尽管各人差异很大,但可能这是研究审美问题的最好年龄。"①

学情分析同样是教学设计的主要出发点之一,只有在对学生情况有了清晰全面的把握之后,才能针对学情进行有的放矢的教学设计。那么,教学设计中的学情分析需要分析哪些要素呢?主要是两个方面:一是所授班级学生的心理、品质特征;二是针对所授课或单元,分析学生在美术专业知识与技能方面的基础及其不足,并简要介绍针对这些不足采取的措施。

范例资料

范例1:八年级的学生对美术有一定的基础认识,有着丰富的想象力和一定的审美能力和创造能力,学生通过七年级的美术课程学习,了解了纹样的诸多样式,所以学生接受起来比较容易,但是针对单独纹样的创作方法并没有系统的认知。所以这节课在教学过程中更加注重学生的实际操作,采用小组合作探究、操作的方式,开发学生的思维。让学生敢于表达自己的想法,同时通过设计纹样的活动激发了他们积极动手动脑的主动性、懂得团结协作的重要性。

范例2:八年级的学生,兴趣广泛,思维活跃,知觉和表达的准确性都有了较大发展,能够精确地感受和分辨不同色相、不同明度、不同纯度在视觉呈现上的细微差异,对物体的形状、体积、明暗、空间关系等有较好的感知力和判断力。

① [美]V.罗恩菲尔德,[美]朗伯特·布里顿.创造性与心理发展(续)[J].尹少谆,节译.中国美术教育.1991(1):30.

这一阶段的美术教学着重于培养学生在空间上的色彩搭配。本课通过组织学生讨论、交流等活动，使学生积极主动地、大胆自由地设计出独特的、和谐的温馨空间。

案例来源：黔南民族师范学院美术学院19级美术学专业申婕、陈佩婷

第五节　教学目标的设定

一、关于美术课程目标与三维教学目标的设置

课程标准是规定某一学科的课程性质、课程目标、课程内容、实施建议和评价的教学指导性文件，实际上反映了国家对学生学习结果的期望。美术课程目标则是美术教育理想、美术教育目的的具体体现。在我国第八次基础教育课程改革运动中，针对义务教育阶段的美术教育，用“美术课程目标”的概念代替了“美术教学目标”的概念。与美术教学目标相比，美术课程目标要求全面体现素质教育的精神，从知识目标的一维表述，发展成为“知识与技能”“过程与方法”“情感、态度和价值观”的三维表述。《普通高中美术课程标准(2017年版)》中明确指出：“普通高中美术课程是艺术学习领域中的必修课程之一，既与义务教育阶段的美术课程相衔接，又具有自身的特点。”该版课程标准在描述普通高中课程目标时依然涉及了这三个维度：“知识与技能”“过程与方法”“情感、态度和价值观”。

二、教学目标

教学目标是教学设计的关键环节，既是教学设计的起点，也是教学实施的依据，还是学生学习结果完成度的评价指标。在很多中学美术教师的教学设计中，教学目标与教学方法、教学过程的脱节是常见的现象。这种现象具体体现如下：教师从固定的教材、擅长的教法、常规的学生活动开始思考自己的教学设计，注重如何根据教学内容、按照一定的流程完成整堂课的教学，其结果便是教师只关注自己的“教”，而忽略学生的“学”。至此，也许有些教师会有疑问：我在教学设计中穿插了提问与讨论，安排了学生实践活动并进行了巡回指导，怎么就忽略学生的“学”了呢？需要指出的是，这里所谓忽略学生的“学”

并非不安排学生活动之意，而是指教师在课堂、单元、课程的教学中不以预期学习结果而以内容为导向实施教学，教学内容、方法和活动也并非围绕预期学习结果而展开。这样的教学方式往往很难回答以下问题：学生为何要学习这些知识与技能？这些课堂实践能够帮助学生获得什么能力？学生如何证明自己已经理解和掌握了课堂所学的知识与技能？教学中使用的媒介与方法是否有助于教学目标的实现？基于此，格兰特·威金斯和杰伊·麦克泰格在其《追求理解的教学设计》一书中提出了"逆向设计"的教学设计方法，即在开始教学设计时，首先思考并阐明预期教学目标，然后确定合适的评价依据，最后再根据教学目标所要求的表现性行为来设计课程，如为了达到教学目标，教师需要教哪些内容、使用哪些教学材料，学生需要什么、应该做什么，哪些教学方法、材料、媒介、学生活动是最适合达到预期学习目标的。在中学美术教学设计中，这种逆向设计的方法无疑为教师提供了清晰的设计思路，在给定一个明确的目标后，教师给学生提供完成任务所需的最佳装备，并设置学生任务完成度的评估标准。

很多新任美术教师和准美术教师在设定教学目标时，往往忽略了目标是否具体和可落实，而偏爱使用一些看似很有专业深度其实大而空泛的表述，如"提高学生的审美能力""培养学生的人文精神"等。要通过一节课实现这样宏大的目标是不切实际的，而且无法落实与检测。那么如何使教学设计中的学习目标具体化、可评价？教育家布鲁姆1956年提出的"教学目标分类法"可以为我们提供一些参考。布鲁姆将教育者的教学目标分成几个大类和不同的层次，认知范畴的具体分类由低到高依次为：记忆、领会、应用、分析、评价和综合。记忆即对某些具体知识如概念、特点、专业词汇、艺术家、艺术流派等的识记。虽然记忆是最低层次的，但也是其他层次得以实现的基础。在中学美术教学设计教学目标的设定中，体现记忆能力水平的行为动词还包括知道、识别、定义、陈述等，如知道剪纸的概念与分类；能够识别出给定图片中的国画、油画与版画。领会也即浅层次的理解，包括对事物的转化、解释、推断等，描述、解释、归纳、比较等能力都属于领会的层面，如能够描述马王堆一号墓《"T"形帛画》中的题材、内容与画面形式；能够比较工笔画与写意画的差异。应用则表示对所学概念、理论、方法等的初步运用，相关词汇包括举例说明、运用、实践等，如能够运用社会学式的鉴赏、形式鉴赏、感悟式鉴赏、对比鉴赏中的一种对某幅作品进行初步的鉴赏；能够运用构图学知识拍摄一组遵循摄影构图基本原则的人物摄影作品。分析指分解整体的各组成要素、组织结构，详细地阐明对应阶段美术学科中的基础理论和基本原理，分析、辨别、区分、阐述等都属于分析层面的词汇，如能够指出给定山水画中高远、平远、深远在画作中的具体呈现；能够阐述印象派在西方绘画史上的转折性意义。评价要求理性、深刻地对对象的本质做出有价值的判断，评价、评论、判断、鉴定、证明等都属于评价层面的词汇，如对当代具有重要影响力、有较大争议的美术作品或美术领域内发生的重要事件，根据课堂所学理论知识对其价值做出综合判断。综合是认知领域里教学目标的最高层次，综合即将所学零散知识整合为整体，以便综合地、创造性地解决问题，如针对某地因包装简陋而导致农产品滞销的问题，设计出满足实用、认知和审美需求的、有创意的农产品包装；作为学校代言人，设计一件文创产品来传播校园文化。布鲁姆的“教学目标分类法”能够使教学目标和教学方法更具有内在逻辑，以具体化、可操作、可评估的方式设定学生对课堂所学知识、技能等的掌握程度，也能够使教师迅速判断学生的学习层级，从而思考是否应该或如何调整自己的教学目标和方法。

在我国的义务教育阶段美术课程标准中，教学目标经历了一个从一维到三维的转变，即从单一地强调学生对特定美术技能的获得到“知识与技能”“过程与方法”以及“情感、态度和价值观”三维目标的变化。而把“过程与方法”确定为重要的目标维度，与“知识与技能”“情感、态度和价值观”并列，表明在中学美术的学习过程中，过程与方法不仅仅是一种学习手段，其本身就具有目的性的价值。而随着我国美术学科核心素养的提出，我国基础美术教育已经进入核心素养时代。这意味着基础美术教育将要面临由知识本位向核心素养本位的再次转变。也就是说，美术学科核心素养下的基础教育美术教学，需要将知识与技能作为实现美术学科核心素养的途径，而非作为目的本身，美术学科核心素养是美术学科教学“三维目标”的上位概念，是对三维目标的超越。以美术学科核心素养为本位的美术教学，提倡从现实情境出发，培养学生将美术及其他学科的知识与技能灵活地迁移到新情境中解决复杂现实问题的能力。因为在人工智能迅速普及的当代社会，知识与技能的教学变得越来越不重要，学生在学习中形成独立的综合思维能力才能适应未来社会的发展需要。总体而言，“‘三维目标’的美术教学应该是：学生能欣赏、学习并运用某一风格（含创作观）的美术语言（知识与技能），围绕有意义的主题，运用各种媒材、工具和方法，经历‘像美术家一样创作’的过程（过程与方法），在创作出属于自己作品的同时，获得对美术的持久兴趣，建构基本美术素养；表达自己的情感与思想，改善环境与生活（情感、态度和价值观）”[①]。

在设定教学目标尤其是一堂课的教学目标时，除了目标表述过于空泛的问题外，还需特别注意的是：教学目标的条目不宜设定过多，因为一堂课的时间毕竟有限，学生没有

① 王大根.双基、三维目标与核心素养之异同[J].美术教育研究.2017(5):6.

足够的时间来学习，教学目标设置过大过多显然都无法达成。下面两则范例就显示出两位教学设计者对教学目标设定的两种不同倾向。

范例资料

范例1：引导学生欣赏以《曹全碑》为代表的汉隶碑刻的整体风格，在认识隶书笔画的典型特征的同时，能按照点画的书写要求临写例字，感受隶书的点画之美，以及书法所表现的精神内涵。

范例2：通过师生互动了解剪纸的定义、历史、应用、风格、方法等；通过游戏分析剪纸中最为古老的团花样式，从而掌握团花的折叠规律、造型特点和艺术特色；通过教师示范和大量优秀团花作品的欣赏来解决团花图案的设计问题；通过设计制作团花作品，感受剪纸中蕴含的民间文化。

在范例2中，教师需要完成的知识目标有“了解剪纸的定义、历史、应用、风格、方法等”“掌握团花的折叠规律、造型特点和艺术特色”，技能目标则是设计制作团花作品。难以想象在讲授新课的20分钟左右的时间里能够完成如此之多的目标。因为我国剪纸有着极为久远的历史，不同地域、不同时期，剪纸的风格、应用也截然不同，此教学目标显示出该教师对于教学内容并未按照优先次序进行合理的取舍。此外，暂且不论教师能否在有限的时间内讲授如此零散、庞杂的剪纸知识，就学生的学习效果而言，大量的知识灌输对学生实现知识的内化并无益处。范例1中的教师则较好地把握了教学目标设定的度，“欣赏汉隶碑刻的整体风格、认识隶书笔画的典型特征、按照点画的书写要求临写例字”都属于具体、可操作、可评估的知识与技能目标，“感受隶书的点画之美，以及书法所表现的精神内涵”则属于情感、态度和价值观目标，是学生在学习、体验过程中情感的自然升华。

范例资料

范例1：《有创意的字》

知识与技能：学生观察所展示的生活中有创意的字，感受文字设计的创意，说出不同文字的使用场所，再针对对象的字体本身的词义来加以修饰、变形，学会文字的设计，并进一步体现个性。

过程与方法：学生观察所展示的生活中有创意的字，感受文字设计的创意，思考它的创意所在，并与大家一起分享。利用马克笔、白纸等工具，通过书写与绘画的方法，知道字体设计主要从字形、结构、字义等方面考虑变化，从一个字的变化到组合文字的变化，并创作出独特的字体设计作品。

情感、态度和价值观：学生在关注字体设计的字形、结构、字义的过程中，感受中华文化的字形、结构与字义之美，提高对国家语言文字的兴趣。

范例2：《装饰画》

知识与技能：学生能够描述和辨识什么是装饰画，掌握装饰画的制作步骤，并用叶子制作出一幅简单的装饰画。

过程与方法：教学中，学生通过欣赏对比，归纳出装饰画的特点，知道什么是装饰画；通过观看微视频总结出装饰画的制作步骤；通过展示与评价环节，提升自我观察、动手以及大胆评价的能力。

情感、态度和价值观：学生养成了热爱生活、观察生活的情感态度，锻炼了观察力与手脑合作能力，获得了审美体验，树立了积极、健康的审美观。

案例来源：黔南民族师范学院美术学院19级美术学专业彭颖、聂倩文、谭艳、柳琳

三、教学重难点

教学重点是教学内容中最基本、最主要的部分，是学生需要重点强调和掌握的知识或基本技能，对课堂学习有着决定性作用，如概念、特点、解决问题的方法等。教学难点则是教学内容中难以理解或掌握的部分，之所以难大多是因为对学生而言，其过于抽象难以理解、过于深奥难以把握、过于复杂难以短时间内实现等。很多新任中学美术教师、刚接触教学设计的美术学专业师范生在进行教学设计时，往往难以把握教学目标与重难点之间的关系。常见问题有教学重难点脱离教学目标、教学重点与难点完全重合、教学难点没有体现出其“难”之所在等。教学重难点是教师在进行教学设计中必须面对和解决的，而合理确定教学重难点对于课堂教学质量的提高有着不可或缺的作用。因此，我们首先需要明确三者之间的关系。教学重难点的根本依据是教学目标，也就是说教学重难点应该是包含在教学目标之内的，不能脱离教学目标的范围。其次是正确认识教学重点与教学难点的关系。教学重点是相对于课程的知识体系而言的，教学难点是相对于学生的能力而言的。教学重点是知识体系中较为重要的、对后续学习有基础作用的知识，对于一个学科知识体系而言，重点是基本不变的；教学难点则会因学生学习基础的变化、

学习能力的提升、跨学科的融合等而产生变化。教学重点是基于分析产生的，即分析哪些知识在学科知识体系中属于基础的、核心的，便可作为教学重点；而教学难点是基于调研而确定的，即在结合学生知识储备、性格特点、兴趣爱好等基础上进行调查研究以确定难点。教学重点在教学过程中需要在时间上进行突出强化使其得以解决，教学难点则需要教师设计教学支架、铺垫教学基础、开拓学生思维使其得以突破。

对中学美术教学而言，怎样的教学重难点才是合理的呢？我们可以通过分析以下几个范例来把握。

范例资料

范例1:《校园海报》

教学重点:运用海报的组成元素，根据主题设计并制作出一幅校园海报。

教学难点:能巧妙运用同一主题的图形元素，创意性地表现校园海报。

范例2:《入场券设计》

教学重点:了解入场券的组成及表现形式，用学过的知识和技能设计精美的入场券。

教学难点:图案、文字、色彩协调统一，版面设计有创意。

范例3:《民间彩塑》

教学重点:用陶泥制作泥塑动物并上色。

教学难点:动物造型具有鲜明的特征，色彩的搭配(陶泥干透后再上色)，具有民间彩塑的特色。

在范例中，我们可以非常清晰地看出教学重难点是根据教学目标设定的，是从属于教学目标的。在《校园海报》范例中，海报的组成元素属于知识目标，根据主题设计并制作出一幅海报则属于技能目标。教学难点“能巧妙运用同一主题的图形元素，创意性地表现校园海报”则是基于大部分中学生对海报设计较为陌生以及对海报主题元素认识和理解的基础设定的，相对于图形、文字、色彩的组成元素和活动、竞赛、公益等主题类型而言，感受海报设计的创意无疑更具挑战性。

第六节 美术教学策略和教学方法的选择和确定

“教学策略是在特定的教学任务中，为了提高教学的实效性，在某种教学观念、理念和原则的指导下，根据教学条件的特点，对教学任务的诸要素进行的系统谋划，以及根据谋划在执行过程中所采取的具体措施。”“既包括对教学任务开始执行之前的系统谋划，也包括教学任务执行过程中的具体措施。”[①]具体来说，教学策略就是针对课堂教学中的一些问题，思考从哪个角度入手、涉及哪些因素、教学实施的先后顺序以及在实施过程中所采取的方式方法等。也可以说教学策略是对教学实施各环节的全局性谋划，需要充分考虑与教学相关的各个环节和要素，如预见每一种教学方法使用之后学生可能做出的反应、某一种教学方式未达到预期效果时的转换方案等。

在美术课堂教学中，教学策略又可以理解为在不影响教学目标的前提下多种教学方法的综合。例如在高中美术课堂美术鉴赏模块的教学中，要实施使学生获得轻松自由之感的教学策略，则需要运用一系列的教学方法，如鼓励学生积极自由地发言、提出主观性较强且与学生现实生活相关的问题引导其进行课堂辩论、邀请学生对作品进行情景模拟再现等。因此，不同的教学策略往往需要运用不同的教学方法，而要上好一堂美术课，又需要多种教学策略的组合。在中学美术教学中，教学方法是服务于教学目标、教学任务的，教师的教与学生的学的方法之间是有联系的，二者不能完全脱离，且一般都有特定的教学理论作为支撑。关于教学策略和教学方法之间的差异，尹少淳教授认为，讲授法、演示法、讨论法、实践法等是一个个具体的教学方法，出于某种目的将不同的具体的教学方法按照一定的程序和比重组合起来就是教学策略。总体而言，教学方法是师生为实现教学目标和完成教学任务在共同的活动中所采用的行为或操作体系。

一、讲授法

讲授法，指教师通过语言的描述、说明，向学生传递信息的教学方法，一般包括讲述、讲解和讲评三种方式。在中学美术课堂教学中，特定的知识与技能是通过教师用讲授的方法传授给学生的，因而讲授法也是最基本、使用范围较广、频率较高的教学方法。因为即便是实操性很强的技能课，教师在示范的同时，也需要在一定语言逻辑的组织下将其

① 尹少淳.小学美术教学策略[M].北京:北京师范大学出版社,2010:4.

准确地表述出来，方能利于学生理解。需要指出的是，讲授并不意味着教师单方面地将知识打包转换后直接灌输给学生，用语言创设问题情境、解释材料特性用法、表达个人情感观念以及征求学生意见等都属于讲授的范畴，因此并非单纯的灌输式教学。讲授法的优势是能够明确地、有针对性地传递有效信息，给学生直接的提示与说明等，不利之处则在于过多的讲授很容易忽略学生的学情、感受而使课堂陷入灌输式教学的状态。而灌输式教学的结果往往导致课堂教学的枯燥生硬。对中学美术课堂教学而言，灌输式教学的弊端是显而易见的，学生不会出于学业考试的压力而在课堂上被动地接受教师灌输的知识，灌输的效率即便是在教学过程中也是极为低下的，而且即使学生在课堂上通过教师的灌输而知道了某些知识，也很难将当前所学与以后所学知识进行融会贯通。更为根本的是，灌输式的学习对学生而言毫无智力成就可言，极容易在短时间内遗忘，且难以养成主动思考的习惯。有研究结果显示，使用灌输式教学的课堂，学生能够掌握的知识仅为教学内容的20%。因此，无论是从教学效果还是教学效率来看，灌输式教学都缺乏积极有效的价值。

在中学美术教学中，由于美术学科的形象性、视觉性等特点，中学美术课程教师的讲授往往是结合图片、演示等进行的，有人便认为讲授的部分可以随意、主观，重要之处在于展示教师个人高超的美术技能，也因此很多中学美术教师忽略了对语言表达能力的训练与提高。在中学美术课堂教学中，教师首先需要确保讲授知识的准确性和科学性，同时还要注意用语的精练与准确，避免干巴巴的讲述。在语言表达方面尤其应该注意语音、语调、语速等的变化，而这是需要长期、自觉的训练的。但上课并不是演讲，上课讲授使用的语言、语调、语速等都与演讲有很大的不同，其主要目的是有效传达信息而非传达讲授者的内心情感。因此，教学中的讲授法应该更多地关注学生的情绪反应，根据学生情绪的变化及时地更改教学策略、方法等，使学生的注意力和思维活动紧跟教师。

二、比较法

比较法是中学美术教学中常用的教学方法。因为美术本质上是形象性的，学习美术首先需要学会观察，而比较法可以很好地引导和规范学生观察什么以及如何观察，既能使学生较为直观地把握不同美术作品之间的差异，又可以培养学生的观察能力，启发学生的形象思维能力。对中学美术教学而言，比较的范围很广：可以横向比较，即对同一时期不同地域的美术作品、流派等进行比较，如比较意大利文艺复兴代表画家达·芬奇与尼德兰文艺复兴代表画家杨·凡·爱克在画风上的差异；也可以纵向比较，包括对同一地域、同一画种、同一流派、同一艺术家不同时期的作品进行比较等，如比较北宋山水画与南宋山水画在构图与空间处理上的不同；还可以将艺术家笔下之形象与其现实形象的影像进行比较，如比较画家笔下的黄山与自然界中黄山的图片在视觉感受上的异同。但在运用比较法进行教学时，要注意比较的着重点在于同中之异或异中之同。在比较不同地域的画家作品时，如果要比较其同中之异，则首先需确认二者之共同点，如二者同为人物画家或二者皆深受某一艺术流派、大师之影响，等等。异中之同则首先需要明确二者之显而易见的差异，然后在差异之上找出其共同之处。在比较同一类型的作品时，需要将比较点落到实处，如中国画可以从笔法、墨法、意境、构图等方面进行比较，西方绘画则可以从透视、空间、质感、色彩、线条、构图等方面进行具体的比较。在同一画面之上，则可以比较不同部分比例、虚实、明暗、色调等的差异。

三、示范法

示范法，也称演示法，是美术技能实践课教学最常采用的一种教学方法，即教师通过一套规范性的实际操作程序，使学生产生相应模仿行为的教学方法。在中学美术课堂教学过程中，教师使用演示法时，需要注意以下问题：首先也是最基本的是，教师本人需要具备熟练的技能，方能自如、准确地为学生演示；其次，注意演示的速度、位置与工具，演示速度不宜过快，否则学生难以掌握，教师在演示时注意身体不要挡住演示的内容，一般而言，侧身演示既便于学生观看也利于教师边示范边讲解，演示工具则最好与学生所使用的工具一致，如不一致，则需指出；最后也是最重要的，一般不演示整个作品的创作过程，而是选择技能难点或关键过程进行演示。如在线条语言的技法实践课展示环节中，教师局部性地示范3~5种线条表现语言，并结合示范讲授这些线条所产生的流畅、转折、枯涩、节奏、韵律等不同形式的美感，启发学生选择其中某一种或者2~3种能够自主把握的线条作为创作的基本语言，以此作为表现个人情感的符号与载体。需要重点强调的是，很多实习教师、新任教师认为进行作品的全程示范能够有效地解决教学难点，使学生充分参与到课堂的创作实践中来。这个观点是错误的，因为其预设的前提仍然是特定美术技能的习得是美术教学最重要的甚至是唯一的目标。在中学美术课堂教学中，教学难点的解决并不能仅仅依靠教师的示范，而是要做到整个教学设计中各个环节、要素的有机衔接与协调。教师全程示范必然导致课堂教学实践的分配不合理，势必影响原有的教学节奏,所有教学因素、教学环节又都与学习结果密切相关。更重要的是,全程示范很容易导致学生亦步亦趋地临仿教师示范的作品。尽管在美术学科的技能学习中,一定程度的临摹是学习、掌握特定技能的必要途径,但不能成为一堂课、一个单元、一门课程的教学目标,而只是达到特定教学目标的手段之一。

四、实物展示法

在美术教学中,实物展示法指教师借助静态的物体如教学模型、实物、范画、图片等进行直观教学的方法。实物展示法在重视形象性、视觉性的美术教学中应用得较为普遍。尤其是在“设计·应用”实践活动的课程中,实物展示有着语言描述、平面图像展示、视频演示都无法比拟的优势,可以让学生全方位地观看、触摸实物,有些教学用的实物模型还可以供学生拆解,因而能够很大程度上吸引学生的注意力和好奇心。实物展示法在中学美术技能实践课堂教学中是如此普遍,以至于很多实习教师、新任教师将其作为课堂教学中一个必要的教学程序。但需要特别强调的是,教师将个人绘制、设计的实物作品在学生面前进行展示,目的在于激励学生在教师的指导下进行有序学习,也使学生对所学知识与技能有合理的、直观性的期待。但如果教师仅仅将实物、模型作为课堂教学的背景(这种情况在教育实习中非常普遍),或教师个人美术创作技能的展示,而与教学目标、教学任务没有直接的关联,那么这种展示法将失去教学的意义。

五、练习法

在中学美术课堂教学中,练习法也称课堂辅导练习法,是按照作业要求,练习、巩固所学知识或技能的美术教学方法。中学美术教学中,不论是美术鉴赏类还是技能实践类课程,大多数的课堂教学都会运用到练习法。因为练习法并不仅仅是针对某一特定美术技能的训练与提高,也是针对观察能力、思维能力、探索能力、创造能力的培养。同时,课堂练习还是检验学生对所学知识、技能的掌握程度的主要方式。检验学生是否能用美术学科专业词汇、语言,美术技能表述个人的学习状态和感悟,从而提炼、归纳所学知识,更重要的是对所学知识的充分理解,并能够在以后的生活场景中进行有效的知识迁移。练习法教学中,首先需要考虑的是作业的安排与要求,这是教学目标的具体化,也是评价教学效果、学生学习结果的依据。在安排学生作业时,教师需要考虑作业是否具备以下因素:实现目标所需的行为内容(识别、画出、设计出)、规定性的外部条件(以小组合作的形式、独立、参照范画)、完成水平(色彩搭配和谐、线条流畅)。简单概况就是:做什么、在什么条件下、做到什么程度。在进行课堂练习前,教师需要确保已经传授了练习所需的基本方法和步骤,以及练习所用工具的使用方法、材料性能等,并且科学合理地安排作业时间。在学生练习的过程中,教师需要针对学生所面临的具体问题进行巡回指导,必要时给予直接的上手帮助。

六、提问法

提问是一种课堂教学中常用的方式,有效的提问能启发学生思考、促进课堂教学的开展及检验学生对所学内容的理解情况。因此,掌握良好的提问策略是教师需要掌握的技能之一。在设计教学过程时,提问同样是需要预先考虑的。很多新任美术教师或准美术教师在设计提问时,习惯就某一知识点进行提问,如“大家知道什么是民间美术吗”,这与其说是提问,不如说是设问,因为学生在学习民间美术这一概念之前,是不可能对民间美术进行定义的。另外一种较为普遍的情况是:教师提问几乎都采取一问一答的形式,如“为什么有原始先民以鱼作为图腾呢”“海报的作用是什么”这种意在填补知识空白的提问,这样的提问只会强化学生将教师作为课堂权威的意识,并不能达到活跃学生思维的目的。能够启发学生思考的提问是针对某一核心问题进行循序渐进的提问,即从简单的问题开始,然后逐步深入为相对复杂的问题,引导学生进入思维的层面,而非事实性、经验性的层面。落实到对美术作品的提问中,则应先从画面描述性问题开始,然后是理解性和评价性问题。如要对一幅主题性较强的作品进行提问时,不妨使用这样的顺序:“这幅作品描绘了一个怎样的场景?”“画中人物传递出怎样的情绪?”“画家是通过怎样的方式营造这种情绪的?”“你认为这些方式是否能使画中人物的情绪得到充分的表达?你还能想到别的方式吗?”需要补充的是,当有不止一个学生举手示意回答问题时,很多教师自然而然地选择第一个举手的学生,但这并不是唯一的方式,教师可以根据学生情况和具体表现进行选择。每个班都会有几个踊跃回答问题的学生,他们往往对自己的能力较为自信,但也一定会有一些不太自信的学生,他们一般不愿意主动回答问题。而如果教师每次都是按举手顺序选择学生的话,容易让学生以为教师只关注那些能力强的学生。因此,教师在选择学生回答问题时,可以根据问题的难易程度选择相应的学生,如相对简单的问题选择平时不爱主动回答问题且能力稍显欠缺的学生,这样不会使他们因为答不上来而难堪，将难度大的问题留给积极自信且能力较强的学生。这样的方式对于提高学生的课堂参与度是极为有利的。

在中学美术课堂教学中，有效提问还表现在所提问题的意义性上，即教师不要问一些与中学生思维习惯和特点明显不符的问题，如“画面中这朵花是什么颜色？”“你见过荷花吗？”。这样的问题对中学生而言显得过于幼稚且缺乏实际性的意义。可以结合学生的实际情况进行提问，如换为“画面中花朵的颜色与现实中的颜色有何不同？”“在你的印象中，荷花有什么特点？”等。

关于提问，有一种情况是很多新手教师、实习教师觉得难以应付的：无法回答学生提出的问题。因为面对这种局面，如果教师回应不当，将对课堂效果产生非常消极的影响。首先需要指出的是，并没有一个所谓的万全之策可以应对这类突发情况，不同的教师会有不同的处理方法，贵在得法；其次，不宜为了所谓教师的体面与威严而不懂装懂，最后，对于有些问题，大方承认自己无法回答并不会影响教师在学生中的威信，任何人都会有知识盲区，教师也不例外。针对学生提出的某些超出教学大纲的问题，教师如无法回答，不妨采取如下方式应对：先行肯定提问学生（思维敏捷、思考角度新颖等）和所提之问题，然后承认自己对这个问题尚无研究，最后鉴于所提问题之有益性，邀请学生课后与教师一起查阅资料、精细观察等，下节课开始时汇报对这一问题的理解。但这种应对方式的前提是学生所提之问题超出大纲，如果问题本就与所学课程内容有密切关系，教师仍无法回答，那么任何应对方式都将无法挽回教师自身能力不足的局面。

七、讨论法

在中学美术教学中，课堂讨论不仅有助于教学目标的完成，还能够活跃课堂气氛，引导学生尊重他人观点，杜绝想当然地看待问题的情况。很多教师都注意到了讨论的重要性，但对何为讨论却没有进行深入的思考，仅认为讨论就是在教学过程中抛出一个问题，然后安排小组成员各自发表自己的意见，如“观看教师示范的剪纸视频，讨论教师使用了哪些剪纸技巧”“观察这幅画表现了艺术家怎样的思想”等。严格意义上说，这种所谓讨论只能视为发言，因为整个过程中并没有对话，学生只是被动地观看教师安排的视频并得出自己的意见，并不能将既有的经验和知识融入学习过程中。真正意义上的讨论应该是开放性的，是学生与学生之间或学生与教师之间，基于各自知识和经验而进行的、与讨论主题紧密相关的、有意义的对话。因此，教师要有效地组织课堂讨论，既要思考适宜的对话内容，还要考虑适当的讨论时机和适合的讨论模式。在讨论一幅画作的思想之前，教师需要确保学生对作品的社会背景、艺术背景有了足够的认识，因为如果教师没有提供相关的背景知识，学生的讨论往往容易流于不着边际的表述或对所讨论作品及艺术家的误解。中学生对于超出自己知识和经验理解范围的艺术作品，容易出现两极化的态度，即要么过于尊崇，觉得自己看不明白是个人理解力的问题；要么过于傲慢，认为自己看不懂，完全是因为艺术家在创作作品时就抱持着愚弄大众的目的。这种态度的两极化，尤其表现在面对现当代艺术作品之时，如面对波洛克、杜尚等西方现代、后现代艺术家的作品时。但另一方面，对于作品背景信息的提供，同样需要慎重考量，因为如果教师将过多的信息传递给学生，那么学生可能会认为自己的观点并不重要，自己只需要被动接受以往研究的成果即可，或者认为自己并没有分析作品思想以及反驳他人观点的能力。这当然就违背了中学美术教学人文性的原则，基于社会科学研究基础上的人文艺术研究，应该秉持批判性探究的立场。在中学美术的教学过程中，同样应该鼓励学生有不同的看法和思考，培养学生勇于质疑权威观点、理性批判他人看法的习惯和能力，拓展中学生的思维和感受，只有这样才能实现对美术的更深层次的理解。

组织课堂讨论，首先应该让学生明确地感知到教师是很重视和乐于倾听学生的想法和发现的，因为这有助于学生构建新的知识和意义。在讨论的过程中，教师作为讨论的主导者和参与者，应在保证课堂纪律的同时，提升学生参与讨论的活跃度。对于学生的看法，教师应以肯定为主，但也不能无原则地肯定，如言辞之间表现出的对美术作品缺乏起码的敬意。对于教师本人并不认同但也并无错误的观点，教师倾听后，不妨停顿一下，以示思考后再给予回应，如“嗯，这个想法很特别，我之前完全没有考虑到”，“你的意见让我对这幅作品有了新的思考”，等等，这样的互动能够提高学生的学习积极性。对学生的看法教师并非一律地肯定，也可以随着讨论的深入而进行反驳，但需要确保学生已经有足够的自信接受这样的否定，并能调整、修正自己的看法。成功的课堂讨论是：既让学生对讨论的主题畅所欲言，同时尊重他人的看法，理性地反驳；既让学生自信地表达他们的观点，同时也让他们明白并非所有围绕美术作品的观点都是正确的。要做到这一点很不容易，需要教师不断地学习、总结与反思。

讨论环节并不仅限于某一个具体的问题，如讨论不同画家在表现同一主题时，哪一位画家的作品在视觉上更具吸引力。也可以围绕一个核心概念，进行持续而深入的讨论，如选择一个日常使用的物体，蜡烛、钢笔、书包等，然后集体讨论以下问题：这些物体的用途是什么？还有别的使用方式吗？它们是否具有象征意义？当它们的使用背景发生变化时，意义是否也会随之改变？如果把它们与看似毫不相关的物体放在一起，它们的意义是否会发生改变？它们是否会影响我们看待和理解另一物体的方式？

八、观察法

观察法是指学生通过有目的、有选择的感知与比较，以获得对事物直觉认识和表现能力的教学方法。在中学美术教学中，对形式的理解、对材料特性的把握、对技法的运用、对审美对象的感知都是以观察为基础的，而美术创作活动可以说是眼、手、心之间的统一控制与协调，所谓眼中之竹、胸中之竹、手中之竹即表示美术创作过程中的不同阶段与状态。美术活动中的观察大多并非理性、客观地对物象进行严谨细致的查看，更多是感性的、带着主观情感的观看与省察。这要求教师提出明确的观察任务和目标，使学生有针对性地、有顺序地观察。美术教学中的观察，既有整体性的观察，如观察某一画面的整体色调；也有局部的观察，如观察物体不同部位的明暗层次。观察本身并非最终目的，而是在观察的过程中，对观察对象进行不同角度、不同形式的对照与比较，并对观察对象形成综合分析以及在此基础上的艺术表现。不同的画种有不同的观察方式，以审美判断为目的的观察与以艺术表现为目的的观察，在观察的方式、角度、顺序上有不同之处，教师要指导学生按各自的要求来学习观察方法。

以上教学方法是中学美术课堂教学中经常用到的方法，而非全部。每种教学方法都有其使用范围，所谓“教无定法，贵在得法”，在教学实践中，如何根据教学目标、教学重难点、学生情况等使用适合的教学方法，是每个教师都应该深入思考的问题。（表4-1）

表4-1　美术教学法[①]

适用的条件	教学法及性质						
	教师主导型			师生互动型		学生自主型	
	讲授法	演示法	呈示法	对话法	练习法	讨论法	发现法、尝试法、自学法等
1. 适合于解决何种教学任务	美术理论知识和实践知识	实践知识、形成知识和技巧，引起学生兴趣	发展观察力、形象思维能力，提高对形式特征的理解	美术理论知识、实践知识，发展思维和表达能力	发展美术操作技能和技巧，思维的独立性	美术理论、实践知识和技能，发展思维独立性、研究能力和创造精神，发展自主学习的能力	
2. 适用于哪种教学内容	美术知识、操作方法、资料性的教学内容	用语言、图像无法说明的动作性技能	不宜用语言表达的直观形象的内容	美术知识、欣赏、技能、材料以及想象、思维性的教学内容	要求学生学会并形成该种操作技能	美术知识、欣赏、技能以及想象、思维、创造性教学内容，教学内容适合学生的兴趣，难度适中	
3. 学生需要有何种准备	有接受口头信息的基础	有接受新的技能、方法的基础	有接受直观教具的能力，掌握美术观察的方法	具有一定的知识经验，有分析、思考、表达的基础	具备练习的基础，或掌握必要的技能	具有一定的知识经验，有参与讨论和交流的基础	已受过训练，基础较好，能力较强，有能力通过这两种方法解决问题
4. 教师必须具备哪些条件	教师掌握讲授法，有较好的口头表达能力	教师无其他更好的途径，掌握熟练的演示技能	教师掌握使用直观教具的能力	设计问题和提问的能力，处理学生回答和提问的能力	掌握启发和个别化辅导的方法	设计合适的讨论题，掌握组织学生讨论的能力	教师善于引导学生，善于组织和运用此法
5. 必须具备哪些物质条件	配合讲授用的板书板画或其他呈示条件	演示时所需材料、工具和设备	具备（或能自制）相应的直观教具	必需的有关资料	备有材料、工具和参考资料	有供学生使用的时间和教学参考资料	
6. 教学速度	快	快	快	较快	中	慢	

① 王大根. 美术教学论[M]. 上海：华东师范大学出版社，2000：258.

在中学美术教学中，有些教师为了提高课堂教学的有效性和条理性，会借助导学案辅助课堂教学。因此，本章结束前，简要介绍一下导学案。导学案是基于导学教学模式而设计的一种辅助教学手段。所谓导学教学模式是指教师作为向导，引导学生学习的教学方式，强调学生在教师指导下渐进自主学习，教师是教学的主导，学生是学习的主体，教师从知识的传递者变成学生学习的促进者、组织者和引导者，培养学生独立学习和分析问题、解决问题的能力。在导学教学模式的教学过程中，教师需预先编写不同于教案的、供学生使用的导学案，帮助学生明确学习目标和重难点，引导学生自学、讨论和思考。导学案内容包括：学法指导、教学目标、重难点、问题导学、自主合作探究能力提升、课堂实践、小结、教学反思等。在教学过程中，导学案是学生学习的路线图，教师摒弃传统以讲授为主的形式，针对导学案中的目标、重难点对学生进行指导、点拨，学生则根据导学案自主探究学习，完成导学案中要求的教学任务。其基本的教学流程为提问—讨论—归纳—巩固四个环节，教师通过提问、讨论的方法解决学生难以把握的知识点，这种问题导学的形式能有效地针对学生在学习中存在的问题有的放矢地进行解决。导学教学模式能最大限度地明确教学过程和教学思路，教学效果也一目了然地呈现于导学案中。

范例资料

《构图的赏析》导学案

学习目标

1. 掌握中西方绘画作品中常见的构图方法，理解构图中的形式美法则并能在习作中简单运用。

2. 通过观察与分析经典大师作品的构图，思考构图对作品画面主题表达、视觉张力的影响；在讨论、探究、体验的过程中，掌握美术作品的构架、美感原则。

3. 通过对经典美术作品构图的赏析，激发学生对美术视觉形式语言的思考，感受不同形式的构图方法带来的美感和力量，养成健康的审美情趣和主动的审美意识。

学习重难点

重点：了解中西方美术作品在构图上的异同。

难点：理解美术作品构图中的构架与图形以及“置陈布势”。

问题导学

问题1：丁托列托《最后的晚餐》与达·芬奇《最后的晚餐》这两幅画在构图上给你的视觉感受有何不同？（图4-1、图4-2）

图4-1　丁托列托《最后的晚餐》

图4-2　达·芬奇《最后的晚餐》

问题2：你知道绘画作品中有哪些构图形式？

一、构图中的线与形

问题：下列作品分别属于哪种构图？（图4-3、图4-4）

图4-3　安德鲁·怀斯作品

图4-4　霍德勒《被选者》

二、美术作品的构架与图形

图4-5　《伏尔加河上的纤夫》局部

图4-6　《伏尔加河上的纤夫》局部

问题1：如果把《伏尔加河上的纤夫》的画面右半部分挡住会怎样？（图4-5）

问题2：如果改变画面左边人物与边框的距离会怎样？（图4-6）

问题3:桅杆、船帆在画面中有何作用?(图4-7)

图4-7 《伏尔加河上的纤夫》

三、中国画的构图法则

问题:何为三远?

四、现代艺术的画面构成

问题:在这个长方形中加个五角星,放在什么地方最理想? 为什么?(图4-8)

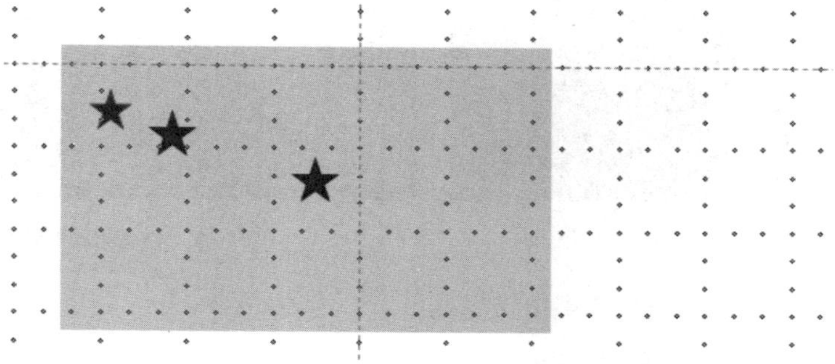

图4-8 画面构成

五、总结反馈,师生答疑

展示提升、质疑评价、总结归纳。

六、学习评价

运用本课所学构图知识,任选三至四件物品,完成一幅体现构图形式法则和原理的速写。

第七节 地方课程资源的开发与利用

一、校本教材的编写与地方课程资源

21世纪以来，课程资源的开发成为课改关注的热点。地方性美术课程资源的开发弥补了国家课程资源的不足，充分利用地方资源优势以满足本地美术教学的需求，帮助学生理解美术文化的多元性，有效地促进了地方文化、民族文化的传播与发展。

我国地大物博，历史悠久，每个地区、民族都蕴含着丰富的美术教学资源，教师要把每个地区的特色资源都融入课程活动中来，才会使得美术课堂更加丰富多彩，生动具体。开发本地美术资源能培养学生对本民族文化的认同感，只有对自己的民族文化有认同感才能理智地理解多元文化。现如今，只有结合多元文化才能将传统文化更符合时代地传承下去，这就要求教师根据学生的学习兴趣与发展需要来因地制宜地进行地方美术课程资源的开发，并将其转化为地方课程和校本课程。地方课程资源非常丰富，各地美术教研机构、研究人员和教师应努力做好开发工作，有组织地在当地进行调查、了解，分类整理，充分加以利用，积极开发校本课程与编写校本教材。农村、边远地区及少数民族地区的学校可以因地制宜，充分利用当地的各种资源，开展有特色的美术教学活动。如四川师范大学附属中学朱文娟老师对人美版教材第14课《绵竹年画》进行重构，课题为“门神的故事——走进绵竹年画”：以门神画为突破口介绍民间的年画艺术，让学生以门神的来历以及门神的造型为切入点，重点分析年画的色彩和艺术特色。作业中要求学生在门神线稿上进行填色练习，以体会绵竹年画的艺术魅力，感受绵竹年画独特的艺术美感。

为保障和促进课程适应不同的地区、学校、学生的要求，《基础教育课程改革纲要(试行)》规定，实行国家、地方和学校三级课程管理。其明确指出，课程的一部分权力下放给老师。校本课程开发与研究已经逐步成为我国课程革新的焦点，它对于践行学校办学宗旨，体现办学特色，向学生提供最需要的教育有着重要的价值。《义务教育美术课程标准(2011年版)》也提出了注重美术课程与学生生活经验的联系，教师要成为课程的鉴赏者和开发者等要求。故此将颇具地方人文特色的地方文化落实于地方教学资源的校本教材中之必要性日益迫切和必要。作为地处西南门户的贵州省会城市，贵阳现在已是众多大数据产业聚集落户的重要城市，拥有中学现代新媒体艺术与网络课程开发的先决条件；由于贵州拥有丰富的自然资源和广阔的森林覆盖，早已成为集天然地貌和人文景观于一体的特色旅游省份，其中有中国科普示范基地平塘的“中国天眼”，七个国家五A级景区：以世界第二大瀑布著称的黄果树瀑布、拥有喀斯特地貌奇观的荔波小七孔风景区、毕节的百里杜鹃风景区等；还有以赤水丹霞地貌为特色的黔北红色革命旅游胜地，古朴浓厚的少数民族风情以及丰富多彩的民族手工艺品……贵州是中外艺术家们采风创作的风水宝地，给我们美术课程中“造型·表现”“设计·应用”实践活动的课程开发提供了优厚的自然条件和土壤。黔南布依族苗族自治州——“生态之州、幸福黔南”拥有丰富多样的区域文化特色，在美术地方课程资源开发上具有得天独厚的条件。

二、关于黔南地区教学资源的利用与开发

黔南布依族苗族自治州地处云贵高原的南端，特殊的地理环境和高速发展的科技时代赋予了它独特的文化艺术资源。这里居住着有布依、苗、汉、水、侗、瑶、回、彝、壮、土家、仡佬等多个民族，民风质朴，人民勤劳善良，热情好客，处处洋溢着浓郁的高原豪爽之气。各民族人民在创造美好家园的同时用自己的聪明才智创造了绚丽多姿的民族文化，形成了各具特色的风土人情。积淀着深厚文化底蕴的节日庆典和娱乐活动，美不胜收的民族民间工艺和民居建筑，编织成了一幅幅色彩斑斓的高原多民族的风情画卷，使该地成为人文资源、旅游资源的富庶地。有唱歌跳舞、斗牛赛马、吹芦笙、踩铜鼓、赛龙舟、玩龙灯、唱侗戏等各具特色的民族习俗活动。主要的民族节日有布依族的“三月三”“六月六”“更建节”（小年节）；苗族的“四月八”“吃新节”“苗年”；水族的“端节”“卯节”“敬霞节”；毛南族的“火把节”；瑶族的“盘王节”；等等。

民族舞蹈多姿多彩。有纯朴活泼的布依族春碓舞，有动作刚健有力、豪放潇洒的苗族“踩月亮”，有优雅的水族铜鼓舞蹈等，这些舞蹈及其各种道具颇具浓郁的生活气息，是中华民族文化百花园中的奇葩。

少数民族传统工艺美术与民族习俗、旅游、影视产业的发展密切相关，与民族的历史和生产生活环境息息相关，是民族文化的重要组成部分，充满了浓郁的生活情趣和乡土气息。主要有“牙州陶”；苗族的“蜡染、刺绣”；水族、布依族的“马尾绣、枫香染、剪纸”；瑶族的“刺绣”；多个风格不同的影视城；等等。

本土教学资源的美术课，体现了本土文化元素与中学美术教育的融合，使美术课堂富有地域文化特色。这样的美术课，能够使中学生不断发现地方本土文化及其生命的本质意义，也培养了学生对民族文化的认同感，助其树立多元文化共生的价值观。值得注

意的是，在地方文化资源与民间美术的主题教学中，课程的信息量比较大，一节课的时间很难达到预期的教学效果，建议进行单元式的整体设计。在具体的民间美术门类的课堂教学中，从局部展开进行深入的挖掘，特别要避免对每个民间美术门类进行蜻蜓点水式的介绍。

黔南丰富多彩的民间工艺美术制品和各式民居建筑给予了我们开发美术乡土教材、校本教材的广阔天地，这份宝贵的地域资源将成为中学美术教育现实生活的活水源头。2018年在黔南州教育局举办的中学美术教师优质课评比活动中，来自全州12个县市的50多位选手分别精心选取了自己所在地颇具个性的特色文化作为课程开发主题，成功有效地展示了各自对地域、民间工艺美术的思考与整合。例如惠水县的选手以枫香染的工艺制作纹样展开教学；长顺县则因"国画之乡"的称誉，进行了一堂别开生面的国画赏析课；都匀的选手则以声光电结合现代科技讲解了一堂现代综合材料与艺术探索课……课堂氛围极其突出有特色。

第八节　导入设计的问题与要点

导入是在课堂教学之初，引导学生进入教学氛围、做好学习准备、引出教学主题的方式。中学美术教学中常见的导入形式有情境导入、直接导入（开门见山，直奔主题）、故事导入、问题导入、谜语导入、视频导入、实物导入、复习导入、反向导入等。导入是教学初始环节，在一定程度上决定了整堂课的课堂气氛与学生的参与度，好的导入对课堂教学效果有着事半功倍的作用。对于需要撰写详细教学设计和教案的美术教师或师范生而言，中学美术教学设计的导入需注意以下问题：

一、完整性

即在进行教学设计或撰写教案时，需要注意导入环节从开始到结束这一过程的完整性，不能写得过于简单。导入作为一个教学环节，本身是一个过程，因此教学设计或教案中都应体现出这一过程的完整性。如"播放动画片《西游记》的片段，导入本课课题"动漫形象设计""，这样撰写的导入就过于简单，观者仅能从中得到该课导入是用《西游记》视频导入课题这一信息，至于在导入之前和之后，教师是否有其他教学行为则无从得知，因此无法判断其教学导入是否合理。那么怎样的导入才是完整的呢？还是以视频导入举例。播放《西游记》动画视频，教师提问：同学们，刚才你们看到的动画片的片名是什么？学生：《西游记》……教师：对，《西游记》可以说是陪伴大家成长的一部动画片，也是陪伴老师成长的动画片。展示《西游记》人物形象的变形字体，提问：大家看一下老师这里几种字的外形都是哪个人物？它与我们平时所见的字体有什么区别？学生：字形更有趣。教师：谢谢这位同学，他是这节课第一个勇敢举手回答问题的同学。这些有动画效果的字体是变形的美术字，它蕴含了创作者个人的想法和创意。大家想学习创作这种生动有趣的美术字吗？那么我们一起走进今天的美术课——有创意的字。如此，方为一个完整的教学导入，再现了整个导入环节中师生活动的全过程。

二、时间安排

一堂中学美术课时长为45分钟，导入环节以3~5分钟为宜。教学设计的初学者往往没有太多的时间概念，甚至有些人认为课堂45分钟的时间很长，无须在导入的时间上有过多限制。但有过中学美术课堂教学经验的人便能领会，45分钟的时间内要完成既定的教学环节，实际上每个环节的时间都是非常紧凑的。导入作为引导学生进入课堂教学的环节，安排时间过长势必会影响后续的教学环节，对于教学目标的完成、教学重难点的突出和解决都是极为不利的。

三、导入方式

如前所述，好的导入能起到活跃课堂气氛、激发学生学习兴趣、启发学生思维的作用，但很多教学设计的初学者在设计导入时，往往容易出现导入方式过于单一直接的问题。最典型的现象是：以课题内容作为导入，如讲授编织则出示一幅编织作品导入，讲授剪纸则以一幅剪纸实物导入，以此类推。这种单一的导入方式并不能达到预期的效果，最重要的是，如果我们以前述逆向设计的理念对导入进行追问：你为何要这样导入？你想通过导入达到怎样的教学效果？你所选择的导入方式是达到教学目标的最合适的方式吗？设计者将难以给出令人满意的答案。

四、创设情境

高中美术新课程标准中明确提出了创设问题情境，倡导探究式美术学习的基本理念。所谓创设情境是指运用多种学科知识和各种传播手段与教学活动形式，营造一种仿真的现实情境，引起学生积极学习的情感反应，使学生形成对知识的主动探究和认识。在我国基础教育美术教学中，课堂与现实生活脱离是普遍存在的问题，创设有效的教学情境，对美术教学的效果、美术学科教育的发展都是大有裨益的。在中学美术教学设计的导入设计中，创设真实的问题情境，引导学生主动探究新知识，是一种得到教育领域专家学者广泛认可的导入方式。但很多中学美术教师尤其是刚步入中学美术教学的新手教师或实习教师，对于创设情境的重要性还没有足够的重视，或者说还并不知道如何创设有效的问题情境。中学美术教学中常见的创设情境的例子是：欣赏传统的西方风景画或中国山水画时，教师利用舒缓悠长的音乐作为背景，并结合优美婉转的语言、语调描述画面信息或渲染画面气氛，用视听交融营造出身临其境之感。在美术课堂上加入音乐、诗歌诵读等形式，使学生在已有知识、经验的基础上拓展思维，也是调动课堂气氛、促进学生理解作品内涵的一种有效方法。以下是创设情境进行课堂导入的两个范例。

范例资料

范例1：在讲授西方现代艺术一课时，美术教师课前在教室讲台旁放置了一台钢琴。上课开始后，教师径直走到钢琴前坐下，将双手十指置于琴键上。该动作一直保持了4分33秒，然后起身放下钢琴盖，提问学生：我知道大家心里有很多疑问，我想先问大家一个问题：有同学知道我刚才在钢琴前坐了多久吗？有的同学说将近5分钟，准确来说是4分33秒。这是西方艺术史上非常著名的作品，作品名就叫《4分33秒》。每位同学心里现在可能都有了自己对现代艺术的困惑和思考，那么我们就带着这些困惑走进西方现代艺术。

范例2：在环境设计教学中，教师首先播放了一组本市大型绿地广场被践踏的图片，并指出：图片中的广场大家都很熟悉，这个绿地广场建成没多久，路人就开始践踏小草，并在其中走出一条条小径。是什么原因导致人们会践踏草地？我们是不是可以设计出更好的方案解决这个问题？带着这个问题，我们进入今天的学习。

课堂导入的方法不一而足，教师可以根据教学目标、教学内容、教学风格选择不同的导入形式，但不能脱离教学基本要求。如有些教师为了活跃课堂气氛而生硬地将娱乐新闻、明星八卦、网络游戏等与教学内容联系起来作为导入，教学气氛是很轻松融洽，但很难不让人质疑其与教学目标的内在联系以及其设计的意图。

第九节　多媒体的选择与应用

在当今社会，科学技术的发展突飞猛进，人们接收信息的渠道和方式都是开放的，无形中改变了青少年的成长环境，他们的生活方式、学习方式也随之发生改变。各种多媒体技术应用无处不在地包围着他们，也影响了他们对美术学习方法和内容的认知。因此，作为21世纪的中学美术教师，教学设备的使用如果还局限于黑板和白板，是无法获得良好的教学效果的。

如今多媒体辅助教学设备在中学美术课堂教学中是非常常见的，而且经济越发达的地区，其多媒体教学设备往往越先进。不难预见，多媒体教学在中学美术教学中将呈现出智能化、网络化的趋势。

多媒体教学是一种现代化的教学手段，它可以实现文字、图像、声音、影像等多种媒体的知识传递。电教媒体一般包括计算机、电视、投影、音响等。与传统美术教学中的挂图、幻灯片、口头讲解相比，电教媒体不论是在教学内容的选择上还是作品的展示上都更有优势。总体而言，中学美术教师使用多媒体进行教学时，需要掌握以下几个方面：

一、美术教学多媒体课件制作

课件不仅能直观生动地展示美术作品，省去大量板书耗费的时间，同时也能帮助教师控制上课的程序与节奏。因此，制作美术教学多媒体课件，是中学美术教师必备的技能。由于美术专业的学科特性，美术教学多媒体课件往往由多个视听元素组成，如文字、图片、图形、动画、音频、视频等，各个元素之间既有独立性，又有组合关系。因此，美术教学多媒体课件并非很多人所理解的文字加图片。那么，制作美术教学的多媒体课件的过程中，需要注意哪些事项以及有哪些要求呢？

首先，内容正确。也就是说，多媒体课件中的每一个文字、每一张图片，都必须是正确的，图片尽量选择像素高、没有水印的。对于某些不太确定名称、作者的作品，要反复核对，避免出现知识错误。其次，结构合理，即逻辑严谨，层次清晰，重难点突出。因为多媒体课件在教学中虽然重要，但本质上还是教师上课的辅助工具，其最终目的是使教学能更顺畅地进行。因此，在多媒体课件的制作过程中，教师需要思考的是：教学过程中的重难点是否在课件中得到体现？这种体现不仅反映在演示文稿的数量上，即如果是教学重难点，那么课件中演示文稿在数量上应该是有所体现的，比如《格尔尼卡》一课的课件中，如果关于《格尔尼卡》这幅作品本身的演示文稿仅有几张，而大多数演示文稿是关于毕加索生平、时代背景等，那么可以说课件在结构上就存在很大问题。最后，形式美观，不得不说，形式美观是一个相对宽泛且难以把握的要求，这首先就涉及何为美观、美观的标准是什么的问题，而这很难有一个明确的概念和可量化的标准。但作为一个中学美术教师，在接受了多年的美术教育和美的熏陶后，如果制作的课件给人的视觉感受是混乱、花哨甚至难受的话，会让人直接怀疑教师的专业知识和专业能力。因此，我们简要分析“形式美观”在课件中体现在哪几个方面。首先是字体，制作课件时，最好做到文字的字体、字号、颜色统一。教师可以根据需要选择不同的字体，一般而言，无衬线字体给人的视觉感受是简洁、低调，更适宜于日常的课堂教学，文字的颜色最好不要超过三种；其次是配色，在多媒体美术教学课件中，需要注意每一张演示文稿的色彩都是搭配和谐的，同时课件的整体色彩感觉又是统一协调的；最后是排版，在多媒体美术课件中，排版主要指的是图文的版式，如何分割画面，图片图标的大小、位置、颜色都是需要考虑的因素。新手教师往往不太注重排版的问题，认为只需把教学内容呈现出来，学生可以看清楚、看明白就行，但这对于美术教师而言是远远不够的，课件中好的排版是产生视觉愉悦的基础。网络上设计精美的PPT模板是制作课件时可供参考与利用的资源。在多媒体美术教学课件制作中，切忌炫技，即刻意追求使用复杂的技术来制作绚丽的界面及动画，这样的结果往往适得其反、过犹不及。在中学美术教学中，还有一些软件是课件制作中可能用到的，如Photoshop、Flash、Painter、CorelDraw 、3DS MAX等，比如立体构成的教学演示用3DS MAX软件制作课件视觉效果会更加立体。

二、拍摄、制作微课

对于作画步骤较多的绘画类课程或工序较复杂的工艺课程，如果教师要把所有步骤进行当堂演示和口头讲解，需要花费不少的时间，而且在示范时还要考虑是否所有学生都能看清楚、听明白,同时还要兼顾课堂秩序。而如果教师将制作过程拍摄后制作成教学微课,并根据课堂教学需要进行适当剪辑与配乐,既保证学生对制作全过程的把握,又使视频看起来赏心悦目,这样课堂的趣味性增强了,学生全神贯注地观看制作视频时也自然无暇分神他顾。但有一点必须指出的是:教师播放微课之前需要考虑之前讲授新课的部分,学生是否已经掌握了基本的方法和要领,因为如果之前教师只是对部分作品进行简要鉴赏,那么教师播放视频之后,势必会出现的现象就是:在课堂实践环节,学生大多模仿教师视频中的作品进行制作,而完全忽略了个性与情感的表达。不论是教师当堂示范,还是播放制作视频,在教学过程中都只是演示制作步骤,而构图方式、造型法则、色彩原理、材料特性、设计方法等都属于技法理论的范畴,都不是观看制作步骤能理解和掌握的,这点尤其需要注意。

三、电子交互白板的使用

电子交互白板是一种新的高科技电子教学系统。它既是电子白板又是计算机屏幕,将电子白板连接至计算机,当计算机与投影仪连接后,计算机上的内容就可以投影到电子白板屏幕上,相较普通的多媒体设备,电子交互白板应用于美术教学时有以下特点:

(一)操作便利

由于电子交互白板可以同步实现投影展示与计算机操作。因此,在课堂教学中,教师讲完一张PPT或部分内容后不需要再到讲台旁的计算机上进行切换,只需在电子白板前用手或电子笔进行操作。

(二)课件清晰

由于投影到电子白板上的课件显像率高,学生能更清晰地观察图片,教师还可以在屏幕上对图片进行放大或缩小处理。

(三)屏幕标注

当有重点需要标注或有作业需要修改时,可以直接用电子笔在电子白板上圈点、修改。

（四）白板书写、绘画

由于电子白板的交互性特点，教师的板书可以无须粉笔而直接用手或电子笔在白板上书写，且屏幕可以随时放大或缩小，教师还可以根据需要选择字体颜色、调节字体粗细，写满一板后可以用手轻易擦去，不擦也可以用手直接换新板书写，操作轻松便捷，也免去粉尘的困扰。如果教师要在白板上进行示范，方法也同样简单，用手或电子笔就可以在白板上画出各种形状、粗细、颜色的线条，并且可以对画出的图像进行拖拽、放大、旋转、擦除、遮罩等处理，造型后还可以着色。当然，学生也可以操作，且学生在白板上的临时作业可以当即存储至计算机。

四、手机客户端与电脑的同步技术的使用

在网络化、信息化的社会环境下，学生的学习行为和学习方式也将突破时间和空间的限制，学习已不再是学生端坐于教室中，跟着教师的教学节奏和教学安排，接受知识的传递、思维或技能的训练，尤其是随着互联网的普及、数码设备（便携式电脑、手机）功能的不断提升和新兴技术发展的日新月异，使用虚拟技术的高科技4D智能教室已经出现。届时，独特的沉浸式教学体验将改变我们现有的很多教学行为和方式。我国很多中学的美术教室已经为每个学生配备了实现网络连接的平板电脑，学生在课堂上能进行信息的即时搜索。那么作为中学美术教师，在日常生活中也要思考，平时浏览的视频、使用的App、关注的微博等，是否能有效地用于课堂教学？是否能作为一个切入点与课堂教学进行关联，从而激发学生的学习兴趣？那么，手机客户端与电脑的同步技术的使用，能在哪些方面改变我们日常的中学美术课堂教学呢？

第一，手机或平板电脑客户端有一些App是可以直接用于美术课堂教学的，这些App往往制作精良、展示新颖，利用先进的网络技术、高超的制作水平和简洁唯美的设计，推广中国博大精深的传统文化。比如，到目前为止，故宫博物院就开发有介绍传统艺术的App。

①《胤禛美人图》，选取“十二美人”为介绍对象，以清晰的藏品图为基础，并联系家具、陶瓷、宫廷生活、书画等各方面的研究成果，还用对比、放大、动画等形式对绘画本身的构图、技法进行分析。

②《紫禁城祥瑞》，将中国传统文化当中的各种祥瑞鸟兽以精致的手绘画作展现出来，并且增加了互动体验：在画中添加了对应瑞兽的信息点，点触之后可获得更详细的信

息，并指示其在故宫的展示位置，还可以为祥瑞添色、更换不同花纹，趣味性较强。

③《韩熙载夜宴图》，分为听乐、观舞、暂歇、清吹以及散宴这五个段落，有总览层、鉴赏层和近距离观看三种模式，以“连环画”的叙事形式表现各个情节，融语音、文字、音乐视频为一体。点击画卷中的奏乐者和舞者时，他们即会为你演奏起古乐，跳起舞蹈。

④《故宫陶瓷馆》，将故宫文华殿陶瓷馆内的全部藏品依时间长轴串成完整的发展史，并且每件藏品都有详细的专家介绍和高清图，还可360°欣赏藏品全貌，对藏品的年代历史、工艺价值都有解释。

⑤《清代皇帝服饰》，介绍了清代皇帝的服饰文化，包括礼服、吉服、常服、戎服、行服、便服这6大类服饰的不同功用和特色，并将传统服饰的绘图、织绣工艺流程一一呈现。

⑥《紫禁城600》，是为庆祝故宫600周年而推出，以紫禁城的建筑文化为主题，探索建筑知识和它背后的宫廷故事。其以手绘的风格展现出一个精美绝伦、让人流连忘返的世界，每一处细节都是历史的沉淀。数字和手绘东方水墨画面的形式，全方位展现出故宫的巍峨之美。

⑦《绘真·妙笔千山》，是以故宫博物院藏青绿山水画《千里江山图》为创作蓝本的解谜类游戏，采用3D自由大视角的方式，完美还原古画意境，淋漓尽致地营造出“如入画境”的体验。

⑧《皇帝的一天》，是一款专门为孩子们打造的，致力于养成良好生活习惯的教育类游戏，从中可探寻皇帝在紫禁城中一天的生活轨迹，了解皇帝一天的衣食起居、办公学习和休闲娱乐。

⑨《每日故宫》，是故宫博物院推出的一款收集故宫珍品的手机软件，从故宫博物院180余万件藏品中精挑细选，每日推出一款珍品，介绍其精彩的传统工艺、背景故事，展现尊贵优雅的藏品，感受传世珍品不竭的艺术生命。

⑩《故宫展览》，是故宫博物院的线上展厅，可以360°漫游故宫举办的常设展和专题特展，让故宫博物院精品展览一览无余，深度体验传统艺术与宫廷文化的丰富内涵。

第二，手机客户端与电脑同步后，通过一些投屏软件或教学软件，教师可以将手机上的图片在屏幕上进行实时演示。这一点在作业展示与评价环节中尤为便利。如在学生进行技法实践、教师巡视指导时，教师可以根据教学需要，用手机将学生的草图、作业等拍摄下来，待进入作业展示与评价环节时，将图片实时地展示在大屏幕上，这样既能将学生的草图与最终作业进行对比，把学生创作的思维过程进行视觉呈现，还可以省去实物投影仪展示的时间和避免操作中可能会出现的问题。

第三，实现网络连接后，教师能够将网络上的资源在课堂上进行实时传递。如果教学中有课外拓展环节，可直接链接至网络资源进行知识的延伸和拓展，是一种便捷而有效的方式。此外，BBC制作了很多精彩的艺术类纪录片，如《现代艺术大师》《艺术的力量》《印象派——绘画与革命》等不一而足，国内也有一些制作和口碑都较好的文化类节目，如《国家宝藏》《如果国宝会说话》等。这些纪录片、视频，都可以作为美术教学的资源或素材，但不能直接用这些教学资源替代课堂教学，一定要注意转化、活用，使美术课堂成为培养学生人文情怀与传承民族文化精神的乐土，从而真正实现中国传统文化的教育传承。

范例资料

在八年级课程《借物寓意》课堂教学中，引导学生学习如何利用网络寻找需要的资料。

学生活动：利用网络资源了解文学作品中借物寓意的例子。

师：如何正确、快速地找到自己需要的信息？学生在教师的讲解下同步操作：首先打开浏览器，打开百度页面，用关键词搜索，这里可以输入“借物寓意”，然后在很多有关的信息中选择查找，直至找到需要的资料。

师：或者也可以运用手机中各种App搜索“借物寓意”，会呈现不同的资源。

虽然较传统板书而言，多媒体辅助教学手段有利于提高教学效率，能形象、直观、生动地将作品直接展示在学生眼前，能有效地实现图、文、音的融合，但这并不意味着课堂上不再需要板书，不再需要教师的亲身示范。相反，作为一名中学美术教师，板书优美是基本要求，虽然现在很多教师在课堂教学中，将打印出的字板粘贴在黑板上以取代传统的板书，既节约板书的时间，也清晰明了，这种方式也并无不可。但这不是美术教师不练板书的理由，因为即便教学内容可以打印粘贴，课题总得板书，而且中学还有书法课，作为美术教师，如果自己写不了一手好字，如何教学生书法？并且美术教师经常要组织学生出墙报、板报，如果班级内大多学生的字远远超过作为美术教师的你，情何以堪?！因此，在中学美术教学中，要正确把握多媒体辅助教学的本质，多媒体毕竟只是教学过程中用来加强理解、提示学生的辅助设备，要避免过度使用多媒体而陷入为多媒体所用的陷阱之中。

第十节 美术教学评价

教学评价即客观判断教学效果，包括对教师教学工作的评价和对学生学习的评价。对学生学习的评价，主要有两个方面：学生对课堂所学知识与技能的掌握以及作业的效果。其中作业效果是评价的重点，因为美术学科的学生作业是课堂所学知识、技能、创意、理解等各方面的综合呈现。当然，涉及某些美术门类的概念、性质、分类等具体的知识，可以通过课堂小测验的方式进行考核，但美术学科的学习更加注重的是想象力、创造力、表现力的培养，而非特定的学科理论知识的记忆与理解。因此，学生作业评价是学习效果评价的主要方面。教师对学生作业进行评价，可以分析学生对课堂所学的掌握情况，及时反思教学中存在的问题，以便在以后的教学中进行调整和改进。有效的教学评价可以发挥激励和反馈的功能，使学生明确需要克服的弱点和发展的方向，促进学生在美术学习方面的进步，也利于因材施教。

一、评价方式

布鲁姆根据教与学过程的三个阶段提出诊断性评价、形成性评价和终结性评价三种评价方法。诊断性评价主要是指教学开始前，判断学生对学习任务所需的知识、技能的掌握和情感的状态。形成性评价则是指教师在教学过程中，利用一定的评价手段探究教学中存在的问题，以适时调整和改进以后的教学工作。总结性评价是指学期结束后，教师对学生的学业水平、学习效果进行总结性和全面性的评价。《义务教育艺术课程标准（2022年版）》中明确指出，要坚持素养导向、坚持以评促学、重视表现性评价、坚持多主体评价。评价要始终围绕艺术核心素养、课程总目标与各学段目标，通过评价促进学习反思，时刻调控学习行动。并注重美术学习表现的评价，采用多种评价方式评价美术作业，鼓励运用美术学习档案袋、展示和课堂讨论等质性评价方法。学生的课堂作业评价一般有教师评价、学生自评、互评几个方面。对学生作业的评价可以考虑以下方面：创造力和想象力、主题的演绎、视觉元素和设计发展的应用、表现方式、视觉冲击力和感染力、工具材料的使用等。

对美术教师课堂教学的评价属于教学管理工作，并非本书所论教学评价的重点，以下仅作简略介绍。在中学美术教学中，管理者对教师课堂教学工作进行评价，能够在一定程度上指导和推动教学工作的开展和教学改革,加强教学管理。而同行之间的教学评价多是来源于常规的听课与评课,这样的教学评价有利于教师之间进行高效的教研和交流,提高整体的课堂教学水平。在听课、评课的教学活动中,评价教师课堂教学效果的主要方面如表4-2所示。

表4-2 教师课堂教学效果评价表

教学目标	教学内容	教学过程	教学能力	教学效果
讲授内容是否紧扣教学主题?	教学内容是否符合教学大纲?	教学准备是否充分?	讲授能力:教学预演准确、规范,教态自然、亲切,有感染力。	学生的学习兴趣、学习积极性是否有所提高?
作业要求与讲授内容是否一致?	讲述内容是否结构清楚、层次分明、准确无误、突出重点和突破难点?	教学过程是否设计合理、组织严密?	演示能力:技能演示熟练、准确。	学生作业效果是否完成良好?
学生学习是否达到预期效果?	教学内容是否与课堂练习有机融合?	是否充分发挥教师的主导作用?	指导能力:针对不同学生因材施教,善于运用不同方法指导不同课业。	
		是否灵活使用教学方法?	应变能力:及时、机敏地处理课堂教学中出现的各类问题。	

二、学生学习评价中的常见问题

(一)评价语言单一、重复

很多中学美术教师尤其是刚走上教学岗位的教师,在课堂上针对学生的回答或课堂作业的评价时,使用的语言往往呈现出单一化、干巴巴的特点,如“你回答得很好”“你真棒”,这样的点评是缺乏针对性的,也就是说没有落到实处。再如,有学生觉得自己的画画得不好,要求换纸重新画,教师往往会说“我觉得你画得很好啊!继续画”,这样的回答一般情况下也无妨,但也有学生坚持己见,一再要求换纸,那么教师如果重复回答“你画得很好啊”,会显得并不诚恳。这时候更深入的点评则非常必要,如“你画的人造型虽然不是很准确，但是线条很有特点，表现力很强，把你对人物的感受很真实地表现出来了，我觉得很好”，又或者“你画得虽然并不逼真，但我们作业的目的并不是如实地表现对象，你使用了颤抖的线条和对比强烈的色彩来表达你的情绪，这种形式与你所要表达的感受是一致的，如果你画得很真实，效果还不如现在好”。

（二）毫无原则地表扬

虽然新课标强调要尊重学生、鼓励学生发表个人见解，但尊重并不代表无论学生表现如何，都给予表扬或赞美。这种随意而无原则的表扬，并不能促进学生形成积极的学习态度和自信的人生态度，反而可能导致学生对教师的安排敷衍了事。心理学早有实验证明：一味地夸赞学生，对学生学习能力和学习兴趣的提升并无益处，学生需要从教师口中得到的并不完全是表扬，而是反馈，即对学生的表现提出有针对性的建议和意见。

（三）表扬某一个学生而贬低其他学生

“全班只有小美同学一个人从头到尾都在认真学习，当你们在闲聊、乱剪的时候，她却在认真地思考、制作，所以她的作品才精美、有创意。很不错，小美！”这样的表扬很可能会让受表扬的学生被孤立，甚至被嘲笑。

在中学美术教学过程中，对学生课堂回答进行回应、对其作业进行评价时，教师应该尊重学生的内心感受，接纳学生的意见和质疑，始终贯穿激励性评价，鼓励他们形成独立的见解和自我表达的意识，但要对学生的课堂作业进行及时的局部展示并提供具体的指导意见。这样，就将学生的学习在第一时间引导到教师所期望的轨道上来，同时，也表现出充分尊重学生个体的意愿和心理活动状态。

美术课堂的教学评价应该在激励性评价的基础上结合美术学科专业的特点对学生进行专业性的点评，既尊重学生，同时也给予其专业性的引领。那么如何在点评中体现出美术学科的专业性呢？不妨从学生对画面和人物的观察力、对线条的表现力、对色彩感受的敏锐性等方面进行评价，如“你的手工灯饰做得非常好，我想你一定花了很多心思，老师也很喜欢”“这位同学对人物结构观察得很细致，脸部转折部位的结构画得很准确”；如果在展示环节中有些学生的画遭到其他同学的嘲笑，那么“艺术家欣赏画的时候是笑而不出声，听清楚，我说的是欣赏，不是嘲笑”是不错的回复。

如何评价教学目标的达成程度？在课堂创作实践环节对学生的作品进行展示评价

是很多中学美术教师都会使用的方式，这种评价适用于评价超出记忆层面的、更加深层次的教学目标。而对于某些易于检测的知识点，则可以采用小型知识测试的方式进行。参考范例如下：

范例资料

范例1：学生口头作答。一般来说笔画线条____起笔，____收笔（露锋、藏锋）；用笔____（方、圆）；一个以横笔为主笔的字中，笔画有________个（一个、两个、三个及以上）。

范例2：在课堂实践环节，教室里过于吵闹，教师要让一个班安静下来，可以有多种有效方式。如拿起一名优秀学生手头的画作，对全班说道："你们要记住，本次作业的第二个标准是要使用线条来描绘静物。请大家看看凯莎是怎样运用多种线条来描绘她的静物的。你们能看到几种不同的线条？（等待学生回答）哪些线条成功地表现出了物体的特征？（等待学生回答）她是不是用粗线条描绘静物颜色较深的边缘和纹理，用细线条描绘颜色较浅的区域？（等待学生回答）再看看你们自己的作品，有哪些地方线条运用得很出色，哪些地方还有待改进？

三、建议运用电子档案袋进行综合评价

电子档案袋是指以电子方式收集、保存和管理的学生作业、作品等。电子档案袋也是高中美术新课标中大力倡导的一种评价方式，几乎每个模块的教学建议中都有所提及。随着数位技术的不断发展和青少年对电子数码产品的不断熟练，电子档案袋在美术教育领域已经得到广泛认可和使用。电子档案袋的材料一般包括作业（作品）的构思、草图、最终成果、教师评价以及相关参考资料，也可以包含学生个人在创作过程中的自我评价和反思。电子档案袋的优势在于操作便捷、简单有效，实现了学生对自己的学习资料、作品进行归纳与整理的目的，它是学生对学习经历、成长过程进行记录的一种手段。在新建和添加电子档案袋时，教师要统一要求、调控和指导，不但要对学生作品的选择给出针对性的建议，还要辅助学生对作品进行完善化处理，如装裱、拍照、作品分类等，内容丰富、形式多样的档案袋有利于教学成果展示和教学评价的有效开展。

范例资料

范例1:记录本档案袋评价的基本要求

1. 记录本档案袋的内容可以丰富多样,但必须显示不同文化和时代的艺术特性及艺术家们的特点。

2. 记录本档案袋应反映个人独有的方法、风格和兴趣。它可以是单独的剪贴簿、速写本和日记,也可以是三者的结合。其中学生可能表现出某些认识的不足,但不应认为不当,应该视为分析并了解学生对课程掌握进度的一种方法。

3. 记录本档案袋应反映学生的个人想法,包括主题、疑问、联系、假设和得出结论等一系列的问题。教师对此要起到指导和支持的作用。

4. 访问当地的艺术家,参观博物馆、画廊与图书馆,这些调查的一手资料应记录在记录本档案袋,这都将对作品的完美呈现提供有用的信息。

5. 可用各种不同的方式记录信息,但必须条理清晰。

6. 调查呈现方式可用照片、杂志等,只要这些材料与研究有关。但必须有解释或批评意见,应避免抄袭互联网、书籍中的观点而无个人的批判性反思。

7. 记录本档案袋中应包括教师的反馈意见、问题、资源和有建设性的批评。

范例2:《线条与质感》的评价方案

在高一年级美术课程《线条与质感》课中,学生要在12课时内完成6~8页的“作业研究本”与一幅A3尺寸的美术作品。

教学目标:了解不同线条的定义,用马克笔或炭笔直接写生,感悟线条的粗细、深浅变化,用不同的线条表现物体的不同质感,体验线条表现的材质效果和情感。

作业研究本30分	作业:每单元学生需要完成6~8页作业,不足者按实际情况酌情减分。	研究:搜集资料,做比较研究。要求学生分析理解后用自己的语言概述。复制网上资料者将酌情扣分。	撰写:强调学生思维和撰写能力,能评价自己作品与他人作品。撰写创作思路、研究过程。	页面设计:要求学生对每个页面进行设计,使之成为一幅作品。材料、形式要多样化,可用各种材料拼贴。
	6分	8分	8分	8分

美术作品 40分	构图：要求学生掌握大小、位置、重叠、平衡等基本构图原理的运用和画面安排的方法。	线条：利用线条画出形象特征，表现物体的质感。	质感：学生要对不同物体的质感进行表现，按完成的程度和水平评分。	技巧：技巧是衡量学生能否熟练运用所学技能的重要标准。按总的完成程度和水平评分。	美感：学生能在完成的作品中，体现出线条与材质的美感。	创意：学生能在完成的作品中体现一定的新颖度和个性。
	6分	8分	8分	8分	5分	5分
理论考试卷 20分	学生在40分钟内完成一张理论卷子，题目由问答题、填空题、图片分析题、小论文所组成。					
学生参与度 10分	主要针对学生平时的表现做出评价。					

案例来源：《普通高中美术课程标准（2017年版）》第52~54页

本章的最后，有必要引用格兰特·威金斯和杰伊·麦克泰格在《追求理解的教学设计》中关于最佳教学设计的特点的概括："基于真实和明确的挑战；动手操作活动贯穿始终；关注有趣的和重要的想法、疑问、问题、难题；有明显的真实世界应用，因此对学习者是有意义的；强大的反馈系统，提供从反复试验中学习的机会；个性化的方法；清晰的模型和建模；预留时间来关注反思；方法、分组和任务的多样性；为冒险提供安全环境；教师的角色类似于协调者或教练；和传统的课堂体验相比有更多的沉浸体验；自始至终具有清晰的全局观念，部分和整体之间不断进行流畅的互动。"①

思考与练习

一、为何要进行教学设计？

二、如何有效地组织美术教学活动？

三、你如何确定达到了美术课程标准要求的目标？

四、如何利用其他学科丰富美术课程资源？

五、教学设计如何与现实生活联系起来？

① [美]格兰特·威金斯，[美]杰伊·麦克泰格. 追求理解的教学设计（第二版）[M]. 闫寒冰，宋雪莲，赖平，译. 上海：华东师范大学出版社，2017：219.

第五章 初中美术各实践活动教学及范例分析

美术可以教导孩子，一个问题不止一种解决方式，一个问题不止一个答案。

——艾斯纳

美术教学并非完成美术知识与技能的传递，而是实现学生主体的知识建构。对美术教师而言，如何呈示作品、提供信息都不是最重要的，重要的是如何帮助学生发现学习这些知识的意义，并付诸行动。

第一节 初中“造型·表现”实践活动的教学

“造型·表现”是美术学习的基础，其活动方式更强调自由表现，大胆创造，外化自己的情感和认识。其内容标准是有意识地运用线条、形状、色彩、肌理、空间和明暗等造型元素以及形式原理，选择传统媒介和新媒材，探索不同的创作方法，发展具有个性的表现能力，表达思想与情感。

美术的基本特征是运用特定的方法和手段对材料进行处理，使其结构、外形、质感以及视觉与触觉的效果等随之发生改变，以完成造型，并通过创作的造型对象表达一定的思想、情感，或满足某种特定的功能与需求。“造型·表现”实践活动的教学是中学美术教学中最基本的内容，在整个美术学科的教学中有着非常重要的作用。

在“造型·表现”实践活动的教学中，除了要求学生掌握特定的美术知识与技能之外，还要着重强调拓展学生的生活经验和认知范围，发展学生的创造性思维，使学生在“造型·表现”实践活动的学习中感受到美术学习的乐趣。“造型·表现”实践活动的教学内容主要包括平面造型与立体造型，对低学段（如七年级）的学生而言，“造型·表现”实践活动的教学首要目标则应着眼于学生在感受与体验的过程中认识美术、提升审美能力，在实践与探索中体会用创作表达情感的乐趣，而非掌握特定的美术学科知识与技能。具体落实到“造型·表现”实践活动的课堂教学中,教师可以通过让学生观看视频影像、图像,进行讨论、游戏等各种方式方法,将观察、体验、实践、游戏融于课堂教学之中,引导学生开启记忆,鼓励学生动手实践,唤起学生在生活中累积的经验,激发学生的学习兴趣与审美情感,提升学生作为创造主体的能动性。

认知技法的要领是“造型·表现”实践活动教学中技能目标的体现,包括技法运用的流程及技法运用过程中的要点。其共同特点是掌握技法的要领并进行技法实践。基本流程是认知技法、练习技法、运用技法。在“造型·表现”实践活动的技法类课程学习中,培养正确的绘画观察方法是很重要的。培养正确的绘画观察方法也就是培养学生面对物象时,如何从感性观转变为理性认识,这也是绘画教学中的重点和难点。在具体的教学过程中,教师应深入浅出地讲解表现对象的基本结构、空间位置及相互间的比例关系,使学生能从整体上观察和把握对象。

在中学美术“造型·表现”实践活动课程的教学中,常用的教学方法是讲解、演示、示范等。如果某些技法的流程、步骤较复杂,而学生的认知水平和美术基本技能又较为缺乏,则可以考虑将步骤进行分解,教师可以通过边讲授边示范的方法,使学生掌握正确的技法步骤和要领。可以让学生在动手操作前先复述方法和步骤,这样他们对技法的步骤和要点的印象会更为深刻。

“造型·表现”实践活动的中学美术课程要求学生能认识和理解基本的造型要素,能用一定的造型方法和手段进行对应的造型表现活动,使学生在实践探索的过程中进行主体创作性活动,达到发展艺术感知能力和造型表现能力的目的。

一、“造型·表现”实践活动教学中常见的问题

(一)过于注重美术技能的训练

在初中“造型·表现”实践活动的课堂教学和高中绘画、书法模块的教学中,很多教师将这种有着特定工具材料、相关技巧的教学理解为让学生们单一画画、进行某项美术学科技能的临习,或是教师进行某种表现性示范。这种方式的教学效度是有限的,虽然能使学生掌握一定的美术技巧和创作能力,但美术应该是与思想相关的,在中学美术教学中,最重要的是引导学生对思想和意义进行探寻。在绘画、书法等“造型·表现”实践活动的课程中,教师首先应该明白:工具、技巧都是表达情感、思想的工具,过于强调形式、技能,教学效果往往适得其反。如在一堂中国画的课程教学中,教师从头到尾不离笔法墨

法，认为中国画的核心是笔墨，学生要学习中国画，必然要掌握笔法和墨法，想象学生拿到摆在面前的笔、墨、纸，便会沉浸在中国画的笔精墨妙、千变万化之中，从而进行自己的创作。但实际的情况往往是：大多数学生自顾自用毛笔在纸上横涂竖抹。教师便认为学生太不认真，对美术课程缺乏兴趣。实质的问题是：教师并未在课堂教学中唤起学生对中国画的学习兴趣，也没有调动学生动眼、动手、动脑，思考讨论中国画重要的创作工具——笔、墨，以及作为表达媒介的笔法和墨法与作品所传达的思想有何关系。在中国水墨画的课程教学中，首先应该让学生对传统水墨画经典作品中的思想、内容和背景有深刻的理解，然后再介绍媒介与工具。归根结底，就是中学美术的学习，不论是创作类课程，还是设计类课程，都应侧重于用有意义的方式表达情感、思想。

（二）教学模式单一

作为刚接触美术教学的准美术教师，在进行“造型·表现”实践活动的课堂教学时，经常会不自觉地按照这样一个流程来进行教学：欣赏名家作品—教师示范—学生课堂实践。甚至有些连教师示范这一环节也没有，仅介绍名家生平、赏析名作艺术特点，然后就安排学生针对某一幅作品进行临摹或技能实践。这种教学方式既不利于学生情感的交流和情景体验的生成，也忽略了学生的个性发展和美术教师在教学探索上的主观能动性。

在教学中应淡化甚至打破不同画种之间的界限，以视觉艺术形式原理、造型规律为中心，强化学习活动的综合性和探索性，鼓励学生利用不同媒介、不同形式、不同方法进行创作。

（三）作业评定标准与学生实际能力不符

在“造型·表现”实践活动的教学中，学生作业评定是非常重要的一环，甚至直接关系到教学效果的好坏。新任美术教师或准美术教师在教学中，往往容易忽略学生作业评定标准这一看似细微的细节，导致教学效果不如预期却不知原因为何。“造型·表现”实践活动中的学生作业评定标准需要遵循科学性、适度性原则，既不能过于简单，也不宜过于困难。《关注你、我、它》一课中，有教师对学生作业的要求是“参照相片，画自己的成长过程；或者画一张全家福、好朋友的肖像画；或者同学互画，办个班级肖像画展”。这课要求学生有较高的造型能力和概括能力，对没有接受过专业训练的七年级学生而言，这种能力是不太可能具备的，大多数学生甚至连人物造型的基本常识都没有掌握，作业结果可想而知（要么是不会画，随便涂抹几笔应付了事；要么是完全不顾课堂所学和作业要求，自顾自瞎画；要么是着力抠脸部细节，面部特征、比例要求完全被置之脑后）。那么，如何把握适度原则呢？一个重要而有效的参照标准是：大多数学生通过教师的引导和一定的努力能够基本达到要求。

（四）教学内容的专业性超出学生感知能力

在“造型·表现”实践活动中，中国画是重要的组成部分，高中美术中单设了一个中国书画的模块，而中国画的理论体系和技法体系都相对艰深，需按照教材系统性地传授这些知识与技法。对大部分中学生而言，他们的感知能力、接受能力和审美能力都尚不及至此。人美版七年级美术上册有《认识中国画》这一课，很多教师在备课时将感受、体验中国古人的笔墨作为教学内容，但笔墨对中国画而言，并非单纯的技法实践，而是中国画理论系统的重要范畴，其内涵的深刻与丰富绝非一两节课就能感受、体验和理解的。而且大多数中学生上美术课才开始接触毛笔，在握笔姿势、用笔要领都尚不清楚的情况下，何谈感受、体验中国古人的笔意墨韵？因此，在“造型·表现”实践活动的课堂教学中，教师要结合学生的实际审美能力、感知能力和理解能力处理教学内容，不要因为教学内容的专业化难度而令学生对中国传统文化产生回避或抵触的心态。

（五）一味求新求趣

新课标实施以来，中学美术教学模式面临着从教学观到教学理念、教学手段的全面改革，学生知识领域人文性、思想性的建构成为中学美术的重要教学目标，以往过于重视基本知识和基本技能传授的现象得到一定程度的改善。但凡事过犹不及，过于淡化“双基”的学习，一味追求标新立异和课堂气氛，而不顾课程标准中对“造型·表现”实践活动教学目标的要求的现象也需要我们反思。美术是文化的重要组成部分，美术教育也是教育系统的一部分，教师要营造良好的课堂气氛，使学生觉得美术课不仅好玩、有意思，还能学有所得，才符合美术教育的精神指向。

比较以下两个“素描静物”课程的教学案例，说一说你认为哪一堂课的教学效果更好，为什么？

案例资料

案例1：

展示一张写意花鸟作品，一张工笔花鸟作品。请学生观察、比较，说说区别。

教师先画几个墨点，让学生们猜猜这是什么，然后观察作画过程，说出写意画的特点。

教师以一幅写意花鸟作品为例，具体分析写意画的形式。

讲解与写意画相关的工具、材料。

教师演示正确的执笔姿势和观察方法。

讲解作画步骤：1.构图定位，2.画外轮廓，3.深入刻画，4.调整统一。

提示：用毛笔刻画时注意水墨比例。

教师布置作业：临摹范画。

学生做作业，教师巡回指导。

教师点评作业，指出共同存在的问题，表扬优秀作品。

教师小结。

案例2：

课前几分钟，教师请学生拿出事先准备好的风景照片，选择一两张扫描到计算机里备用。

教师现场用Photoshop软件中的滤镜工具将照片转化为水墨画效果。

教师讲解什么是“水墨虎牙”。

“水墨与笔”——小游戏激趣。

请学生将两根手指立于桌面，不断变化手指运动的姿态，尽情体验在一定的水墨环境下毛笔在纸上呈现出的不同效果。

教师现场示范：用写意画的表现手段表现出特定水墨比例下不同用笔的效果。

教师结合朱耷的作品《水鸟图》进行讲解与比较欣赏。

教师让学生自行临摹齐白石的《墨花》，通过发现学生绘画中存在的问题，进行讲解（一笔长，展姿态，两笔短，交凤眼，三笔插，破凤烟，四笔五笔辅笔添加，状如鱼头，添加兰花）。

学生分组，讨论交流。

教师选择一幅存在问题较多的作品，现场示范如何化解作品中存在的问题。

学生就自己画面中存在的问题进行修改。

教师布置作业，小结。

二、“造型·表现”实践活动中的教学建议

（一）创设教学情境，活跃课堂气氛

就“造型·表现”实践活动的课堂教学而言，创设的教学情境主要有以下几种：问题情境、视频互动情境、游戏环节情境、教学内容模拟情境等。创设问题情境是教师通过设置疑问及不断追问以激发学生的好奇心，使学生意识到自己在理解某些问题时的片面性，进而主动地对其进行深入的探究。如《色彩的明度》一课中，教师首先创设了一个问题情境：请大家闭上眼睛想一想，当我们置身于一条长长的隧道慢慢走向洞口时，会有什么感觉？学生：开始时四周黑暗，然后越来越亮。教师出示两幅图片，追问：如果用一幅图表示这种感觉，比较一下，哪幅图更合适？为什么？学生回答，教师总结。视频互动情境则是通过播放相关视频引领学生进入某种情感状态之中，调动学生的情感体验和创新思维。如在《和平鸽》一课中，教师播放伊拉克战争的视频片段后，提问学生对这场战争有什么看法，希望有一个什么样的世界。学生回答后，再播放伊拉克人民放飞鸽子的图片，引出毕加索的作品《和平鸽》。创设游戏情境则是设计游戏，使学生在轻松的环境中深刻认识和理解所学知识。

（二）通过查阅或搜集资料的方式，了解中外著名美术家及流派

查阅资料是欣赏课程不可缺少的部分。在美术作品中，有些内容比较容易看懂，例如《父亲》，不管是内容方面还是技法表现方面都比较好理解，就是描绘大巴山中一位普普通通的农民父亲，其脸上满是褶皱，全是黑垢的手里拿着一只碗。但《父亲》这幅作品的深意就不是那么好理解了，比如作者罗中立在改革开放初期为什么用大尺寸（216cm×152cm）画一个农民父亲的形象？作者通过父亲的形象想要表达什么？这就需要学生去查阅资料，了解作品背后的故事，再与同学交流、探讨，使得欣赏进入理性分析阶段。

欣赏课不仅仅是欣赏“名画”，还需要欣赏当代的一些设计，通过观察生活中物品的

设计细节(如饮料瓶子为什么中间部分比较细? 通过问题来让学生进行观摩和讨论),分析设计作品的实用性,再加入自己的看法,增强自身的审美能力。

教师有必要在美术课程中充分利用地方文化资源,在欣赏课上增加对学生奖项和身边美术资源的介绍,也可以让学生通过观摩录像或邀请当地工艺美术家、民间艺人,了解中国传统工艺的制作方式与特点。查阅一些本地有名的画家或民间艺人,通过自己的探访能加深学生对本地传统工艺的理解和对家乡的认识,让他们更加热爱家乡。还可以欣赏中外优秀的建筑作品,并结合当地的建筑与环境,进行评述,体会建筑、环境与人之间的关系。每一个时期,每一个国家,每一个民族都有自己的建筑风格,每个建筑作品都包含了设计师对生活的感悟,有人说建筑是凝固的诗,但诗太缥缈,建筑比诗更为厚重,更有情感。在进行建筑欣赏活动时,可联系当地的建筑与环境,体会建筑、环境与人之间的关系。比如贵州苗族传统民居“吊脚楼”,贵州苗族同胞生活的地方大多处于坡度较大的地方,冬季阴雨潮湿,为了适应这种特殊的地势与气候,智慧的苗族先民采用当地优质杉木作为主要木材,因势利导、灵活布局,依山坡分层设计,逐层升高,用悬挑挑起吊脚的构造手法设计建造了舒适防潮的“吊脚楼”,一直传承至今。苗族吊脚楼既具有实用价值,又具有重要的文化价值。

(三)拓展课程内容,开发利用地方性美术资源

地方性美术课程资源的开发对中学美术课程改革的重要性是毋庸置疑的,不仅可以弥补国家新兴美术课程的不足,还能发挥地方文化的优势,满足教学的需要。在少数民族民间美术资源丰富多元的贵州,开发和利用地方性美术资源更是有着得天独厚的优势。在“造型·表现”实践活动的课堂教学中,经常需要出示经典作品以说明特定的知识,但这些作品可能教师本人都没有亲眼见过,只能展示从网络上搜集的、效果难免失真的作品图片。而利用本土性美术资源教学则没有这个问题。如贵州地区常见的蜡染,教师平时便可收集、制作,在课堂上展示实物也是极其便利,而且蜡染在学生的日常生活中是极为常见的。但是学生很少真正认识到这些生活中习以为常的民间美术的价值所在,因此,在开发和利用地方性美术资源时,教师不仅要教学生制作方法与步骤,还要使学生真正领悟其独特的艺术价值与文化内涵。

第二节　初中“设计·应用”实践活动的教学

设计在现代社会生活中发挥着越来越重要的作用，它不仅改变和推动了人们的日常生活，也正在改变人与人的生存形态。设计如此频繁地影响着人们的生活，但很多人仍然认为设计是高度专业化的领域，外行人无缘置喙。殊不知，创新意识的培养、创意实践的开展在义务教育阶段的美术教学中便开始了。义务教育阶段美术学科“设计·应用”实践活动的教学要求教师为学生提供多种材料，引导学生在观察中展开联想、体验，为学生创设宽松的氛围以培养学生的个性和创造力。创造力的培养不可能一蹴而就，也没有可测量的评价标准。因此，美术学科“设计·应用”实践活动的教学面临着一定的挑战性，而且地域差异较为明显。“设计·应用”实践活动包括设计和工艺学习内容，既强调形成创意，又关注活动的功能和目的。内容标准是了解设计的主要门类和基础知识，运用对比与和谐、对称与均衡、节奏与韵律、多样与统一等形式原理以及各种材料和制作方法，进行创意设计和工艺制作，改善环境与生活，表达设计意图，评述他人的设计和工艺作品，形成初步的设计意识。

一、“设计·应用”实践活动教学中的常见问题

（一）缺乏对设计创意、探究意识的引导和启发

在“设计·应用”实践活动的教学过程中，需要教师引导学生运用一定的材料和手段，围绕一定的目的和用途进行创意性的设计与制作，在实践中培养设计意识和创造性思维。因此，在“设计·应用”实践活动的教与学的过程中，创意是需要一再强调的。但创意不是通过时间累积的，也无法通过大量的技能实践获取，而是需要教师不断地运用多种教学方法、教学手段进行启发和引导，使学生对设计保持浓厚的兴趣，并保持强烈的创造欲望。这当然是很不容易的！但也正因此，需要广大美术教师进行不懈的探索与研究。在中学美术“设计·应用”实践活动的教学中，很多教师将创造力等同于制作力，学生能够动手制作一件手工制品便完成了教学目标，应该说这是刻意对教学内容、教学目标做降维处理，这样完成的学生作业也是极为简单的。设计首先需要设计灵感，然后将设计灵感付诸实践，缺乏设计灵感的所谓作品只能称为制作，训练的是学生的动手制作能力而非创造力，也无法达到课程标准的要求。因为目前初中美术课堂教学中“一课一练”式的

学习方式使学生只能学会简单的美术技能,所学的美术知识和技能也是零散和表面的,没有涉及美术的规律,自然无法真正培养学生的创造力和传达思想与情感。

(二)小组合作流于形式

在中学美术教学的学习方式上,很多教师都选择以小组合作的形式进行,包括课堂讨论环节、课堂实践环节和展示评价环节。在中学美术教学中之所以提倡小组团队协作,是因为小组团队协作旨在通过学生之间自由的交流和讨论,充分发挥个体的创新能力,实质思考讨论后的想法得以最优化实施。这种形式能够有效培养学生的团队合作能力和沟通交流能力。但从整体的情况看,我国的中学美术教学过程中,小组合作不论是讨论还是作业完成大都流于形式,小组内学生看似投入的讨论其实是以某个学生为核心的意见统一过程,组内其他成员并未真正参与到讨论中,因此讨论也并未实质性地展开,结果自然不可能形成基于充分交流讨论的团队合作意识和真正的合作行为。

(三)课程资源不足

在“设计·应用”的教学中,教师和学生都需要准备制作材料以完成课堂作业。但由于各种因素的制约,教师所需的课堂制作材料很难得到保障,在经济不发达地区的学校,美术教师需要自行准备学生制作材料方能按照教学设计开展教学活动,这势必严重影响教学实施、教学效果以及教学教研的积极性。这需要美术教师充分利用现有资源,寻找低成本、耗时少的材料准备方法,与学生进行有效沟通,想方设法调动学生准备制作材料的积极性。同时充分利用网络资源,拓展学生的视野。此外,目前已有中学美术教师大多毕业于师范院校美术专业,他们接受的也是绘画技能主导的教育,无论是设计理念还是设计水平都无法满足教学的需要。

二、“设计·应用”实践活动中的教学建议

(一)善用头脑风暴教学法

头脑风暴教学法是指教师引导学生就某一课题自由发表意见,教师不对其准确性进行任何评价。这种方法能够在较短的时间内获得大量的想法和观点,能够有效地促进学生的想象力和发散思维的能力,而发散思维对形成学生的创造思维也有积极的意义。比

如，教师在海报设计的课堂教学中提问学生：一说到和平，大家会联想到哪些事物呢？学生回答：和平鸽、团结、鲜花、太阳等。教师继续追问：说到和平鸽、团结、鲜花、太阳，大家又会联想到什么呢？学生们积极踊跃地回答，教师把学生的回答一一板书在相应的位置，最终形成一个展示联想过程的头脑风暴或思维树的结构图。教师继续提问：大家能不能把黑板上的这些事物进行联想组合，产生有创意的图形呢？比如，我将鲜花和手雷组合成一幅手雷的导火索开出一朵美丽的鲜花来表现和平主题的招贴画，可以吗？大家有更好的创意吗？在设计类课程的教学中，如何启发学生的想象力、激发学生的创意思维是非常重要的，头脑风暴的教学方法对于突破教学难点也即完成有创意性的设计作业是大有裨益的。使用头脑风暴法进行教学时，确定主题是首要的，主题不宜过大，如"热爱祖国""保护环境"这类的主题就过于宽泛，而过于宽泛和模糊的主题难以产生明确的关联联想。其次，在联想组合时，教师进行联想组合的示范也是有必要的，有效的示范性引导能够极大地促使学生大胆想象，创造性地思考和表现。最后，教师的板书要预先设计好，才能便于学生根据板书中提供的事物进行联想组合。

（二）合理安排小组协作形式

目前中学美术教学中的小组协作，大多是随机的，或前后桌，或教师随机根据人数安排，而没有考虑班级学生在思维方式、学习能力、兴趣爱好、语言表达等方面的具体差异。这需要美术教师对所授班级学生有全面且深入的了解。在安排小组成员时，遵循优势互补的原则，兼顾每一组成员在思维方式、学习能力、兴趣爱好、语言表达等方面的组合。同时需要制定小组合作的规则，使小组的每个成员都能够而且必须参与到课堂讨论和合作学习中来。充分发挥学生的积极性和主动性，使每个学生都认识到自己的价值，充分意识到团队合作能达成个人无法达成的目标，从而产生自发的团队责任意识。这样才能真正培养团队合作精神。

（三）开发课程资源

在"设计·应用"实践活动的教学中，很多美术教师往往是注重"设计"而忽略了"应用"，而"应用"是学习内容能否进行知识迁移的标准。但教材内容对于某些地区的学情而言，并不完全适合，比如园林设计、环境设计这样的课程，学生要透彻理解设计师的设计理念和设计思维，走进真实的设计环境，感受设计师对空间、环境的处理，身处其中的体验能够使学生更好地感悟优秀作品的设计思想，但很多偏远地区的中学就没有这样的条件，也就很难达到预期的教学效果。因此，教师在教学内容的选择上应该倾向于贴近学生生活实际，开发适合本地教学情况的课程资源，适当地加强趣味性、应用性以及教学与生活的联系，使学生所学的知识与技能在生活中有实用价值。如结合当地的民俗、非遗、民间美术资源，加以拓展和延伸，或者立足于本土文化，进行深入的拓展。同时利用学生对各种网络新媒体的关注，将有益于教学的网络资源运用到课堂教学活动中。（图5-1）

图5-1 “设计·应用”学生作品

第三节 初中“欣赏·评述”实践活动的教学

长期以来，我国中学阶段学校美术教育中存在一个众所周知的现象：鉴赏教育远远落后于创作教育。这不仅与人们对美术教育的认识有关，也与美术教师的自我认识密切相关。一方面作为准美术教师，很多师范类美术专业的学生对美术史论类课程的重视程度不够，认为画得一手好画便足以胜任中学的美术教学，暂且不管“什么样的画是好画”这一美术界内至今仍众说纷纭的论题，单就美术教学而言，美术教师自己画得好，并不代表其有能力教学生画好。另一方面，作为一个准美术教师，在不可能达到从国画、版画到海报设计、剪纸工艺等十八般武艺样样精通的情况下，通过广泛的美术史论课程学习，面对一个没有接触过的课题时，至少能清楚地知道该从哪些方面、何种角度进行备课。

“欣赏·评述”实践活动注重通过感受、欣赏和表达等活动方式，内化知识，形成审美心理结构。之所以称“欣赏·评述”实践活动，是因为之前的很多中学美术教师只注重从题材、形式等角度欣赏作品，而忽略了引导学生发挥其主体意识，以多种方式表达自己对作品的感受以及结合自己的生活经验、知识积累对作品进行独立的评述。在《普通高中美术课程标准(2017年版)》中，将高中美术课程结构划分为美术鉴赏、绘画、中国书画、雕塑、设计、工艺与现代媒体艺术七大模块，美术鉴赏模块为必修课程，普通高中阶段的美术鉴赏模块可以视为对义务教育阶段“欣赏·评述”实践活动的拓展与延伸。课标设置了7~9年级的内容标准：多角度欣赏和认识自然美和美术作品的材质、形式和内容特征，获得初步的审美经验和鉴赏能力，初步了解主要美术流派，尊重人类文化遗产，能对美术作品和美术想象进行简短评述。《普通高中美术课程标准(2017年版)》将“图像识读”“美术表现”“审美判断”“创意实践”和“文化理解”作为美术学科的五大核心素养正式提出，这标志着中国高中美术教育走进了核心素养时代。此后，我国的高中美术课堂教学实践、学校教育改革也都围绕着这五大核心素养展开。以核心素养为目标的中学美术课堂，应该致力于帮助学生持续理解文化与艺术，形成独立的思维方法和用基本造型要素进行体验、艺术表达的能力，而不仅仅是习得所谓的“技能”。其中图像识读(对美术作品、图形、影像及其他视觉符号的观看、识别和解读)、审美判断(对美术作品和现实中的审美对象进行感知、评价、判断与表达)和文化理解(从文化的角度观察和理解美术作品、美术现象和观念)这三个素养是和“欣赏·评述”实践活动的教学直接关联的，可见“欣赏·评述”实践活动的教学在高中美术课堂教学中的地位。美术学科核心素养应该是贯彻整个美术教育阶段的。那么，在日常的“欣赏·评述”实践活动的美术教学中，如何帮助学生形成这些核心素养呢？

从美术语言、美术组织原理、美术意义这三个基本视角来设计教学，用水墨的表现方式来描绘“西湖十景”的时候，其最重要的美术语言是什么？其构成的组织原理是什么？如何用水墨的方式表达“西湖十景”的文化意义？

《义务教育美术课程标准(2011年版)》中明确提出，“欣赏·评述”领域的目标：第一，激发参与“欣赏·评述”活动的兴趣，学习多角度欣赏和认识自然美与美术作品的材质、形式和内容特征，了解中外美术发展的概况；第二，逐步提高视觉感受能力，掌握运用语言、文字和形体表达自己的感受和认识的基本方法，形成健康的审美情趣，发展审美能力；第三，逐步形成崇尚文明、珍惜优秀民族艺术与文化遗产、尊重世界多元文化的态度。

一、“欣赏·评述”实践活动教学中的常见问题

①按照百度百科的顺序，从画家生平—代表作品—风格特点—人物评价逐个讲解一遍。

②从概念到赏析、一张图片接一张图片地讲解的、泛泛而谈式的教学流程。

③在教学一开始就直接告诉学生作品是什么，有什么，需要把握哪些学科知识点。

④教学过程前半段从题材、背景、风格等角度赏析作品，后半段要求学生进行技法实践。

这些现象体现出以下几个问题：

（一）缺乏教学设计的意识

教学设计要求在教学思路、教学内容、教学方法、作业设置等方面都体现出教师基于教材、教学资料的理解之上、能够激发学生学习兴趣的设计。学生都可以搜索、查询到的关于作品的基本信息，又何须教师在课堂上重复宣读？而不论是按照教材照本宣科还是根据百度百科逐一宣讲，都是既不理解何为教学设计也不明白为何要进行教学设计的体现。

（二）以教师为主体而非以学生为中心的思维

教学过程几乎全以教师讲解为主，忽略了学生文化知识形成的过程，忽视了学生在教学中的主体性，忽略了学生通过一堂课究竟学到了什么，也无视学生在课堂上的感受，这将直接导致课堂教学效果不理想。当然，这并不是说美术鉴赏课不需要教师讲解概念和分析作品，而是可以从不同角度、用不同方式对美术作品进行全面、深入而不乏趣味性的鉴赏，以使学生深刻认识到美术的本质性问题。在良性的教学环境中，教师是课堂的教学主导者，而学生是教学的主体。

（三）缺乏对优秀美术课的理解

对“何为好的美术课”以及“如何上好一堂美术课”缺乏全面的认知。很多准美术教师认为教师在课上播放一些学生感兴趣的图片和视频，学生也表现活跃便是一堂好的美术课。但一堂好的美术课远不仅于此。而要上好一堂美术鉴赏课不仅需要教师具备扎

实的美术学科专业知识，还要求教师有跨学科的知识视野，能从不同的角度对作品进行融会贯通式的赏析与评价，并且能够结合学生兴趣深入浅出地引领学生对作品形成多元化的评价和理解，这也是很多学生觉得美术鉴赏课枯燥、美术教师害怕上美术鉴赏课的主要原因。美术教师如何具备跨学科的视野？通过多学科经典文献的阅读以及多渠道的视听学习是得到普遍认同并行之有效的方式。对美术作品的鉴赏如何在深度上兼具趣味性？很多教师能想到的往往是叙说作品中的故事性情节、穿插艺术家生活经历中的奇闻轶事或利用一些网络热词、热点事件对作品进行某种形式上的串联，不可否认这种方式能在一定程度上吸引学生的注意力、激发学生的好奇心，但这种注意力和好奇心维系的时间很短，究其原因，还是因为教师的思维没有突破以教师为中心的局限。在教学实施中，教师说段子也好，放视频也罢，都是将学生置于被动接受者的境地，而没有真正放手让学生围绕作品进行独立自主的探究与实践。

（四）对鉴赏类课程与创作类课程在教学模式上的差异性缺乏清晰而明确的认识

从“美术教学论”课程中学生的作业以及中小学美术教师资格证面试的情况来看，部分学生对鉴赏类课程与创作类课程在教学模式上应该不同这一点尚不清楚。不论是鉴赏类课程还是创作类课程，在教学过程中都是前半部分欣赏作品，后半部分要求学生进行技法实践。当然这并不是说二者是全然无涉的，鉴赏类课程也可以安排学生进行技法实践，创作类课程当然也需要赏析名家名作。但两类课程上课模式的差异在于：首先从赏析的角度看，鉴赏类课程可以从社会学、图像学、风格学等多角度对美术作品进行赏析，引领学生对作品进行探索、质疑、反思、批评，而创作类课程的赏析则应以形式分析为重，也就是说理论部分的讲授应重于技法理论，着意于作品中体现出的创作方法；其次从技法的角度看，鉴赏类课程的技法实践应以体验为主，即体验画家在创作时的感受、线形色的形式美感等，而创作类课程的技法实践则要求学生运用造型元素和形式原理，探索不同的创作方法，表达学生的情感、思想。二者在目标上的差异是非常明显的。

有的美术教育研究学者认为：如果每个学生在上你的鉴赏课时都能会心地笑一次，那么你的课就是成功的。当然，这会心的笑是因为对作品、对艺术家、对教师的讲解产生了共鸣。

二、"欣赏·评述"实践活动中的教学建议

(一)灵活使用美术鉴赏四步法

美术赏析模块教学应遵循"描述、分析、解释、评价"的"四步法",这是美术鉴赏课程教学的基本程序和方法,也比较容易掌握,能深入地对作品不同层面的意义进行一定程度的解读。描述即用语言描述作品所呈现的画面内容;分析即分析作品的构图、造型、色彩等形式特质,主要包括创作手法、构图特点、色调、空间构成、笔触、肌理等;解释即探讨社会、文化、经济、政治等因素与作品的关系及艺术家的个性、情感、思想、艺术观在作品中的体现,解释作品可能传达的观念与含义;评价即以上述知识、概念为基础,评价作品形式与内容的统一性及艺术价值的高低等。但这种方法是依据美术批评而使用的,在美术鉴赏课程教学尤其是初中美术"欣赏·评述"实践活动的教学中,教师要根据学生情况、反馈灵活处理,不能亦步亦趋。

具体而言,"欣赏·评述"实践活动的教学首先须从构图、造型、色彩、材料、技法等方面对作品进行形式分析,即对作品进行初步的图像识读,使学生形成总体的、主观的认知,进而引导学生逐步深入掌握作品的表现方式、方法,并在此基础上形成独立的审美判断,然后结合作品的主题、时代背景、作者的创作经历等对作品的内涵、意义、文化价值等进行解读,逐步阐释作品背后所蕴含的特殊的文化含义,并使学生能够捕捉作品中的意义并进行批评,为解决美术的问题及生活中面临的各种问题提供一种可能性。

面对一幅美术作品,教师该以何种方式展开讲解与进行深入分析呢?美国学者戴维埃克制定出以下步骤:首先,让学生自由发表对作品的感受和态度;其次,教师向学生指出,不同的人面对同一幅作品,会产生完全不同的反应,这是由各自的生活经历与知识背景决定的;再次,让学生指出其感受是否与心理、生理状态相对应,最好能有推论和证据的支持;最后,用当代和历史名作来丰富他们的经验,培养他们独立判断的能力和品评美术作品的能力。这一步骤的提出,其实就是针对课堂教学中以教师为中心,不允许学生有偏离教师预设标准答案的观点、看法的现象。在美术鉴赏课堂教学中,学生有自己的观点、不同的看法是正常的,学生勇于表达己见,教师首先需要肯定和鼓励——即便教师不认同学生的观点,而且积极侧重于理解的学习。本就应有不同立场、不同角度、不同感受,从而创造出不同的含义。如果一堂作品赏析课下来,所有学生对一幅作品的解读都如出一辙,只能说明这样的教学没有开启学生的内心,没有唤起学生的情感、体验记忆和感悟,也表现出教师对尊重个体差异、构建开放性教学尚缺乏深刻的认识。

以上方法为我们进行良性的美术鉴赏教学提供了基本的路径与参考，无论是初中的“欣赏·评述”实践活动，还是高中的美术鉴赏模块，在教学内容的结构、框架以及教学实施的流程上，都大致如此。

（二）确定主题式教学

美国美术教育研究学者大卫·珀金斯认为美术主题思想有四个特征，即对于美术至关重要、与其他学科存在联系、易为学生接受、能激发教师的兴趣，并列举了一系列艺术家通过作品所探索的主题思想，包括权力、生与死、敬畏生命、个人身份、家庭、矛盾冲突、社会秩序、变老、精神性、幻想、乌托邦、理想主义、礼仪、英雄、物质主义、颂扬、梦与噩梦等。在美术鉴赏课程教学设计中，教师确定了主题后，便需要考虑设计学习活动，使学生能够更好地理解和接受这些主题。

（三）设置问题情境

在美术鉴赏课程的教学中，教师要善于设置问题情境，引导学生联系个人生活实践与知识经验，以问题为导向，在自主探究与自主学习中，完成对问题的解读与对文化的理解。设置问题情境，并非教师直截了当地提出问题让学生回答，而是创设一种类似于科学的、可以让学生设身处地自然而然地思考的情境，教师是通过各种方式引导学生自主、独立地发现问题，激发学生的求知欲，只有在这种问题情景的基础上，学生才能出于需要、兴趣而自发地搜集与处理信息，如此，探究性学习也才能广泛地开展。比如民间美术欣赏的教学中，有些问题是需要直接或间接提出并解答的，如刺绣、剪纸、银饰等民间美术有什么好？对老百姓而言，这些民间美术有什么用？刺绣、银饰等民间美术往往费时又费力，在农业社会劳碌、艰辛的现实生活中，老百姓为什么愿意花费如此多的时间与财力来制作它们？又如，在学习民间剪纸时，教师往往会直接讲述月牙纹、锯齿纹等代表性的剪纸造型方式及其制作方法，但为何要运用这些方法？很多教师尤其是新手教师并不深究也并没有想过要去深究。贵州有着众多异彩纷呈的民族民间美术，作为贵州的中学美术教师，如何在美术课堂上让学生从内心里认同这些传统文化？如何发自内心地欣赏、赞叹这块熟悉的土地上生发出来的民间美术？这都是“欣赏·评述”实践活动中需要重点解决的问题。

范例资料

《我的台灯精灵》

师：同学们好。（教师带着台灯入场）

生：老师，大白天的拿着台灯干什么呀？

师：大白天当然不用开台灯啦，其实我是受精灵台灯厂的委托，这盏台灯是他们厂的主打产品，他们厂以前销量很好，但是这些年日子过得很紧巴，厂里没钱发，眼看就要过春节了，唉！同学们帮帮忙，赶紧出主意吧。

学生互相讨论。

师：大家可能也意识到了，他们厂的台灯样式太普通了，但是厂里没有设计人员，听说这里有许多小设计师，所以特意叫我来，想请同学们帮帮忙，我们一起来看看好吗？今天老师带来一些台灯模型，想请设计师们将自己的创意表达在灯台模型上，行不行啊？

"苏浙名师"同课异构《千里江山图》的教学活动中，教师在教学一开始便提出了一个有趣的问题：假如你是皇帝，你希望你管理的国家是怎么样的？引导学生在课堂中不断地进行对话与表达。

（四）注重课堂交流与互动

自主探究是学生在教师的引导、启发下进行独立的探求与思考，但这并不意味着在课堂教学中教师一味地放任或任由学生自学。我们主张摒弃以教师为中心的教学理念，有部分美术教师便以为教学只需把知识点抛出来，至于讲解示范、辅导、评价都完全由学生分组讨论完成，整节课学生的表现很活跃，课堂气氛也很热闹，课堂教学从以前的教师满堂灌逆转为学生满堂闹，但这种教学方式是无法达到预期的教学目标的，因为深度知识的把握和技能的进一步操练，学生是无法在课堂上自我深化和提炼的。

（五）以点带面式的探究学习

所谓以点带面即在鉴赏课程的教学中，不求面面俱到地详细讲解每一幅作品，而是将主要精力集中于鉴赏一幅代表性作品上，鉴赏的方法是最重要的，使学生能使用这种方法对其他同类作品进行鉴赏，达到举一反三的效果。如在鉴赏毕加索的作品时，一位教师并没有将毕加索每一个时期的代表作品一一鉴赏，而是选择一幅最能体现毕加索艺术风格和特征的作品，详细分析其创作手法，包括结构和重组、象征和隐喻等，然后让学生根据这个思路和方法欣赏，并提出问题。师生之间对所提问题进行探讨和交流，既加深了学生对毕加索作品的认识和理解，也让学生掌握了鉴赏美术作品的思路和方法。

第四节　初中"综合·探索"实践活动的教学

"综合·探索"实践活动旨在发展学生的综合实践能力和探究发现能力。其目标如下：学习了解美术各实践活动的联系，以及跨学科之间的联系，培养学生掌握美术专业学科知识以及美术学科与其他学科相互交叉学习的方法，增强学生的综合能力；认识美术与自然、美术与生活、美术与文化、美术与科技等之间的关系，进行探究性、创新性的美术活动，并产生各种形式的学习成果，开阔学生视野，丰富学生的想象空间，激发学生探索未知领域的兴趣。第1条重点在于"知识与技能"。"综合·探索"实践活动的知识主要是指美术学科的专业知识和美术学科与其他学科互相联系影响的知识。技能主要是美术学科专业技能知识、将美术学科与其他学科融会贯通的技能。通过这样的学习，培养学生发现各种知识以及技能之间互相交叉和联系的能力，从而使学生能掌握运用多种知识和技能综合解决问题的能力。第2条主要侧重"过程与技能"，让学生通过"综合·探索"实践活动，能够在现有的知识中进一步开阔视野，拓展思维想象的空间，激发学生对美术的探索领域学习的积极性，让学生在认识美术与自然、美术与生活、美术与文化、美术与科技的全过程中体验到想象和探究所带来的成就感与快乐。

美术课程内容的设计和美术课程的具体实施，是以对美术课程目标的学习、认识以及变通把握为重要前提的；美术课程评价的实行也是以美术课程目标的实现程度和水平为重要依据和准绳。因此可以认为，美术课程目标的研制与实现贯穿美术课程运行的全过程。因此，中学美术教师应认真研读及探究美术课程的总目标和美术课程的分目标，并认真加深理解及领悟，做到在美术教学实践活动中切实贯彻于自身的教学上，使中学生能够在义务教育阶段的美术学习中达到美育学习效果的要求。

一、"综合·探索"实践活动教学中的常见问题

（一）教学中"综合性"不突出

《义务教育美术课程标准(2011年版)》在"内容说明"部分对"综合·探索"学习领域有如下说明:"'综合·探索'领域是指通过综合性的美术活动,引导学生主动探索、研究、创造以及综合解决问题的学习领域。"它分为三个层次:(1)融美术各学习领域("造型·表现""设计·应用"和"欣赏·评述")为一体;(2)美术与其他学科相综合;(3)美术与现实社会相联系。这三个层次之间是有着不同程度的交叉或重叠的。这就明显指出了"综合·探索"学习领域内容的特点是具有综合性、活动化、探究性。《义务教育美术课程标准(2011年版)》提出的这三个层次明确了本学习领域内容的基本范围。《义务教育艺术课程标准(2022年版)》更是明确指出:"通过'综合·探索',学生将所掌握的美术知识、技能和思维方式,与自然、社会、科技、人文相结合,进行综合探索与学习迁移,提升核心素养。"故"综合·探索"实践活动教学与传统注重美术创作和技法训练的课程教学有很大差异,是在文化的整体发展统摄下的综合性极强的美术课程。但很多中学美术教师由于在教学方法方式上存在狭隘的所谓"美术学科专业化"的思维定式,缺乏积极主动地去寻找及探究美术各门类、美术与其他学科、美术与现实社会之间知识的相互衔接的态度。当然这本身也有很大难度,因为教师不仅要熟悉掌握自己学科的知识,还要学会善于把其他学科的知识和自己所悉知的专业知识结合起来,有些教师即便摆脱了专业化分科的壁垒,也囿于个人知识结构、思维能力、课程统整能力等方面的局限,在职过程中又缺乏持续且相应的学习,自然难以在实际的课堂教学中引导学生从课程内容的关联与文化整合的角度进行深入的探究。这就导致了在实际的课堂教学中,有的教师只是简单地将不同学科的知识进行机械的拼凑,综合的实践没有体现美术学科的教学目标和教学特点,甚至有些教师直接闲置了这一实践活动的教学。

（二）美术学科的学科性与综合性难以平衡

课标中设置"综合·探索"实践活动,是基于发展学生综合实践和探究发现能力这一目的,但这需要教师把握美术学科的学科性与综合性之间的平衡。有些教师为了凸显综合性,把文学、音乐、戏剧等内容融入教学中,综合性是有了,学生也热热闹闹地参与和实践了,但很容易让人质疑:脱离了美术学科知识和技能的课,还是美术课吗?"综合·探索"实践活动的教学应该是在掌握美术学科知识与技能的基础和前提下,开展探究性、综合

性的美术教育活动。如人教版八年级上册《戏曲与美术》一课，虽然在课题以及教学内容上都应该有戏曲的成分，但教师应该基于美术学科知识的角度研究戏曲艺术中的美术语言的运用，如戏曲人物的造型美、衣饰中的图案与色彩美，学生作业也应落实到戏曲与美术的联系，以及以美术语言表达戏曲艺术中的美术元素上。

（三）教师知识结构单一

“综合·探索”实践活动的教学，旨在倡导教师在美术教学中寻找美术语言在现实生活中的应用，用跨门类或跨学科的方式提升学生解决复杂问题的能力。而这不仅要求教师对美术学科内各门类知识和技能有广泛且全面的认知和掌握，还需要教师有广博的知识视野和良好的课程统整能力，以及丰富的教学经验，在课堂教学之外持续地更新自己的知识结构。但现实的情况是，初中美术教师在知识结构上往往较为单一。如有些教师在从教生涯中一直偏重国画、油画等造型艺术的训练，对其他美术学科门类如设计、建筑等艺术形式缺乏了解，也不具备多学科知识的储备。同时，初中美术一课一练的教学方式，也不利于“综合·探索”实践活动的有效开展。

二、“综合·探索”实践活动中的教学建议

（一）学习内容“少而精”

现中学课程标准的“综合·探索”实践活动不再是限制美术这一学科知识，更不再是仅美术本身的知识，也不再是仅仅局限于美术之外的其他一两门学科。现中学课程标准更是要求中学教师掌握多方面的学科知识，领导学生在美术“综合·探索”实践活动中不再受课本、课堂及学校的狭窄空间的限制，而是面向多方面的知识拓展来更深入地了解美术，教师也可以多带领学生开展各种各样的关于艺术的实践活动。但是这就需要教师投入更多的时间与精力，而美术教学中的实际情况是有局限性的，一是教师的学科知识本身就存在一定的局限，二是美术教学的时间是有限的，所以“综合·探索”实践活动的知识内容安排要“少而精”。从不可无的角度来看，就是说“综合·探索”是美术课程发展的趋势，是学生能力培养的需要。基础教育的美术教学要求的是不那么专业的美术教育，如果按美术学院那样专门培养学生的专业能力，这种综合学习可以不必放在这么突出的地位，但是基础教育必须要突出学生的素质培养，所以说“综合·探索”课程“不可无”。但是由于它牵扯很多的时间、精力，这样的课程要设计得小而精。现行的美术教材里面涉

及“综合·探索”学习的内容，每一册里基本上也就一两课，一般一个学期安排一次较大规模的“综合·探索”课就可以，小的“综合·探索”课可以渗透到其他的实践活动中去。

（二）调动身边资源实现与其他学科的结合

美术教师的专业知识就是其在专业领域中的优势，但其专业又存在着局限性。美术专业自身是存在着专业的特殊性的。我国在过去对美术的教育过于看重美术实践活动的技能而忽略了美术的综合文化素质，因此这就更加凸显出美术教师专业的局限性。中学美术教师要想实现美术知识与其他多种学科知识的结合，引导学生理解认识美术与其他学科知识的联系，提高学生的综合能力，可以利用本校其他学科的教师资源，主动邀请其他学科的教师到美术课堂来，和学生一起参与美术学习活动。在活动中，利用其他科教师的专业知识对美术的理解与体验的不同，让他们用艺术的形式与学生一起探讨、交流艺术，使学生更容易地把美术与其他学科的知识结合起来。教师在教学上结合数学、物理、化学、生物等学科知识内容，动手实践创作图表，并且根据科学知识原理，以美术课程的形式设计、制作作品，并向学生展示，把学生对美术课程的好奇感转化为学生对美育学习的主动性、积极性，带动学生装饰自己的家庭，美化校园环境。如在将音乐、舞蹈与美术进行跨学科综合的教学中，教师可以引导学生探讨三者在节奏、韵律、对比之间的相关性，以及不同艺术形式在形式语言上的独特性。教师也可以带动学生结合身边的时事新闻等开展主题研究。如面对一幅传统的中国山水画作品，引导学生联想到哪首古诗、哪首乐曲或哪个雕塑等，使学生将零散的知识点综合为一个中心点，实现全面综合的发展，但要注意始终从人文形式的高度来认识各种艺术。

（三）挖掘教材内容设计综合性、探索性课程

中学新课程强调学习活动的综合性、探索性，注重课程与学生生活经验紧密联系，注重知识技能在帮助学生美化生活、提高生活质量方面的作用，使学生在实际生活中领悟美术的特殊价值，从学以致用的角度激发学生的兴趣、动力，促进学生努力追求生活的艺术，并参与讨论。在综合性、探索性课程中使学生在积极的情感体验中提高想象力和创造力，提高审美意识和审美能力，增强对大自然和人类社会的热爱和责任感，发展创造美好生活的愿望和能力。新课程教材中有很多内容为综合探索性学习提供了空间和思路。联系学生生活感受，让学生在制作过程当中发现材料、利用工具、探索各种造型的方法，并对作品进行评述，虽然课程综合性内容并不广泛，但在学科内部已经实现了有机融合，很好地体现了综合性课程的特点。

(四)开发、利用教学资源实现综合性

探索教学资源课题的设计都是通过把学生引向家庭、引向社会、引向生活,从而把美术课题变枯燥为有趣,变封闭为开放,变个体为合作,变被动为主动,把学生从对美术知识单一的认知变为与其他学科的知识结合起来。

"综合·探索"实践活动的学习内容具有辐射性、发散性,课程资源无处不在,需要打开思维空间,放开眼界,注重广泛开发、利用教学资源特别是本地教学资源。例如贵州黔南地区可以开展"剪纸大课"活动,一个城市所有的学校、所有的美术老师都在实施这个大课,这个大课结合教材里的剪纸艺术和探索、了解家乡艺术的内容,每年在全市范围内开展以生肖为主题的剪纸活动。活动过程中,许多学校带领学生走访民间艺术家寻求剪纸的样式,有些民间艺术家也走进校园进行指导,在作品展示中还进行了一些团拜活动,举办了民俗文化团拜会。剪纸作为一种民族民间艺术形式在我国较为普及,但是美术老师自己在课堂里上剪纸课,与一个地区所有的中学美术课堂都上剪纸课意义是不一样的,这个设计本身就是"综合·探索"学习的思路。当把剪纸课转化成一个地区的所有学生的共同美术行为的时候,它的意义已经不局限于剪纸课了,它会引发学生对剪纸这种艺术形式、这种艺术形式的影响、这种艺术形式与民俗和传统文化的关系等多方面的思考、探索,而且这个活动本身就是寻找一种文化精神,是一种综合性的文化传承活动。

(五)给学生留有探索的时间和空间

在"综合·探索"实践活动中,探索是重要的学习方式。为了让学生更快更好更多地掌握教学的内容,追求高效课堂,老师往往讲得太多,学生自主探究的机会自然就被减少。"综合·探索"学习应该更多地把机会给学生,让学生学会怎么去探索。在教学中很多美术知识不是教师给学生讲出来的,而是学生自己在主动探究的过程中获得的,这才是"综合·探索"追求的教学效果。在美术教学过程中,要求教师准确地描述问题,使得学生对问题的探讨很容易进入探索的状况中,特别是当一个问题下达之后,老师并不是立即求得学生的反应,而是给学生时间。课堂中给学生什么样的时间、空间,可以用几个字概括,就是等待等待再等待,然后忍耐忍耐再忍耐。当然,教师不能只是下达问题等待学生反应,下达问题的同时要给予学生必要的学习工具,例如学习任务书明确探索的过程、评价标准树立目标意识、学习单辅助学生探索。学习工具就是学生学习的脚手架,教师在提供学习支架后密切关注学生探索的方向,对迷失探索方向的学生给予帮助。这就是我们作为一名教师都要有的一种职业本能,在课堂上当学生遇到问题,主动去引导学生,这

是教师的本能反应。可如果教师这样的本能反应解决了学生的问题，这可能就导致学生对知识的消化、思考和探究受到限制了。学生在认知事物的过程中是需要一定的时间过程的，教师要采纳“慢教育”的观点，不要急于把什么东西都告诉学生。在等待等待再等待的基础上，还可以再加上一个诱导诱导再诱导，要想办法让学生进入探索的过程。

思考与练习

一、你是否认同“美术即思想”？

二、如何促进学生对美术作品的思考与反思？

三、怎样正确认识初中美术教育中的师生关系？

四、你认为初中美术教材的作用是什么？

第六章　高中美术各模块教学

教学的艺术不在于传授本领，而在于激励、唤醒和鼓舞。

——第斯多惠

单元教学设计是落实美术核心素养的重要环节，课时计划、单元教学设计、学科素养是环环相扣的教师教育活动，按照新课标的理念和要求，单元教学设计应当成为一线美术教师教学的基本要求和常态活动。

第一节　高中美术鉴赏模块教学

美术鉴赏是培养学生审美能力和美术鉴赏能力最重要、最直接的课程，在过去很长一段时间中，很多高中的美术课程是以美术鉴赏为主的。在《普通高中美术课程标准(2017年版)》中，美术鉴赏模块依然有着非常重要的地位，被定为必修课程。在很多学校的高中美术教学中，美术鉴赏模块甚至成为唯一的模块，这与美术鉴赏所需的教学设施相对其他模块更为简易有直接关系，还有就是其他模块如绘画、雕塑等课程教学的完成往往需要一定的周期，方可达到相应的教学目标，而高中课业压力较大，很多学校美术教学的实际情况是，美术教师并不能依教学计划如期开展课堂教学。

2017年版高中课标关于美术鉴赏模块教学内容概括如下：中外美术史的基本脉络和重要风格；从材料、工具、技法或题材等方面区分美术的不同门类；美术作品审美构成的造型元素和形式原理；美术鉴赏的基本方法；美术作品中不同文化、品位和格调的差异；中国优秀传统书画和民间美术的造型语言、创作观念及文化内涵；近代以来中国美术的发展；中外传统美术在材料技法、语言风格和创作观念等方面的不同；美术作品与现实生活的关系、艺术家的社会角色与文化责任；撰写评论文章等。

一、美术鉴赏模块教学中的常见问题

（一）以教师为中心，过于注重对知识的传授和教师个人见解的表达

在高中美术鉴赏课堂教学中，很多新任教师或准美术教师往往会出现这样的现象：面对美术作品时，教师从作品主题内容到形式表现，从画家生平轶事到作品流传奇闻，一一论及，只象征性地提几个问题以示互动。教师讲得激情澎湃，学生虽然看似认真聆听，但茫然之感溢于言表。久而久之这种灌输式教学方式便成定局，而这必然导致学生丧失美术学习的兴趣，美术鉴赏课的意义和目的也不复存在。归根结底，仍然是教学观念的问题。虽然高中美术鉴赏模块教学对美术作品的文化含义和风格特征的探知相比初中课程有所深化，但并不意味着教师需要从头至尾地、全方位地对作品进行解读和分析，过量的信息并不利于学生达到真正的理解和感悟。高中美术新课标在对课程目标的要求中明确指出：用过以视觉艺术为主的艺术交流，架起与他人思想和情感沟通的桥梁。这表明，在高中美术鉴赏模块教学中，教师是课堂的主导者，引导学生学会描述、分析、解释、评价美术作品和美术现象，并对作品进行感知、理解和再创造。在这个过程中，教师本人如何理解及评价美术作品并不重要，重要的是如何利用多样化、生动性的教学手段引导学生进行主观的美术鉴赏活动。以上并非否定讲授法在高中美术鉴赏模块教学中的作用。虽然每所高中都会设置美术课程，但实际情况是很多学生对美术作品、美术现象知之甚少，一些基础性的美术知识，即便教师提问，也鲜有学生能够回答，而要在规定的时间内完成教学任务，教师的讲授无疑是最直接有效的。

（二）对美术作品意义的解读流于表面

哲学家苏珊·朗格认为艺术即人类情感符号形式的创造。而美术作品中的符号系统更为复杂，因为美术作品本身具有意义。因此正确且深入地解读美术作品，需要在综合知识结构、生活经验、视觉经验的基础上进行个人独立的感受与思考。但在高中美术鉴赏模块教学中，要在课堂教学中达到这个目标并非易事，因为每个教师对作品意义层次的理解并不相同（尤其是在对现当代美术作品的理解），而且需要教师有更高层次的思考。对新任美术教师、准美术教师和师范类美术专业的实习学生而言，高中美术鉴赏模块教学中常见的一个现象便是对美术作品意义的解读流于表面，无法洞察作品深层的隐喻，这又与教师的美术理论知识储备和美术视野是紧密关联的。

在高中美术鉴赏模块的教学中，教师的主要任务是让学生积极参与到作品意义的解

读中来，从整体设计入手，对某一单元、某一课程内容进行深入解析，将图像识读、审美判断、文化理解贯穿到美术作品的鉴赏之中，教会他们理解美术，并将这种理解性的思维运用到其他需要分析的问题或领域之中，进而成为具有美术核心素养的人。迈克·帕克斯、约翰·塞斯卡认为美术理解至少包含三个方面：背景、内容和形式。背景又可以分为个人背景、社会文化背景、历史背景和艺术背景；内容则与作品的题材、象征符号、故事、主题等相关；形式包含结构形式和技术形式两个方面，主要涉及线条、形状、光线、明暗、材质、肌理、空间、体积、比例、变化与统一、韵律、平衡、对比、媒介、工具和技巧等要素。也就是说，要对一幅美术作品进行深入的理解，须从背景、内容与形式三个方面展开全方位的探讨，这三个方面也构成了美术鉴赏教学内容的基本结构。

（三）课程教学中没有借助大概念以深化理解

理解意味着能够进行知识迁移，也即能根据现实情境灵活运用所学知识。“欣赏·评述”实践活动的教学目标并非使学生获得一些美术学科的客观性知识和堆砌的理论，而是要使学生借助这些知识，实现对生活中相关事件和现象的持续理解。高中美术新课标中的美术鉴赏内容提出学生应该持续理解的基本观点，这些基本观点就是课程的大概念。在美术鉴赏模块的课堂教学中，很多教师深入思考了教材中的知识点，将其他学科的一些知识引入知识点的讲授中，精心设计了吸引学生兴趣的学习活动，学生对课堂学习的主要知识点也有大致的了解。但知道、了解并不等于理解，学生仅仅是记住了这些知识，而没有通过观察、思考、分析、讨论对这些知识形成持续的理解，而且学生也没有机会将所学知识运用到真实的、复杂的问题情境中。因此，美术鉴赏模块课堂教学中，教师没有借助或使用大概念，而只是对某些知识点进行分析和探讨，学生是难以形成对美术作品、现象本质规律的深刻感悟和体认的。

二、美术鉴赏模块的教学建议

（一）教学内容多元化与意义的整合

高中美术鉴赏模块的教学涉及的时间跨度长、地域范围广，也涉及对多种不同文化、思想的理解，这就要求教师有深厚的知识积淀和开阔的文化视野。中外美术史中的经典作品是高中美术鉴赏模块教学的主要对象，但不能只选择讲授中、西方古典美术标准推崇的艺术作品，如古希腊雕塑家、文艺复兴巨匠、巴洛克艺术家、印象派画家的作品，以及中国宋、元、明、清时期的水墨山水画，因为这种美术标准将很多集体创作、宗教壁画、墓室壁画、建筑等排除在教学资源外，也会导致将这种狭隘的美术观传递给学生。事实上，艺术作品的展示并非仅艺术家创作完成后孤立地置于展览馆、美术馆让人欣赏这一种形式，艺术作品的意义也并非形成于作品被完成的那一刻。正如帕特里克·弗兰克所言："艺术创作是一个双行道，也就是说，我们创造了艺术，而艺术也成就了我们。它丰富了我们的生活，也教导了我们，并触动我们的灵魂，让我们纪念人类的过去，激励或是敦促着我们。艺术也能够引导我们以新的方式思考，并促使我们每一个人形成自己对真与美的感受。"珍妮特·艾克曼的作品《耐心是她的秘密》就是这样一件令人惊叹的、不符合传统美术标准的作品，她用仙人掌花的形象象征亚利桑那州的凤凰城，选择通过古老的渔网编织手艺使作品能抵挡飓风侵袭，使用一种能够抵抗紫外线、盐、污染的纤维材料，编织出这些面积上百平方米的大型渔网装置，并使用20多吨重的钢圈进行固定。这件作品如今已成为凤凰城的地标。同样是女性艺术家，游击队女孩就与珍妮特·艾克曼不同，她们试图通过广告牌、海报、贴纸等艺术创作反对性别歧视和种族歧视。她们的经典海报《女性需要脱光衣服才能进入大都会博物馆吗?》反击艺术界、社会中存在的性别不平等现象。这些与主流艺术标准不符甚至是反抗主流艺术的艺术家及其作品往往容易被边缘化甚至被忽略。在高中美术鉴赏教学中，要想实现教学内容的多元化，可以在不改变课程结构的前提下，增加多元文化方面的课时或单元，也可以在本地区选择既有文化关联性，又能使学生产生探究社会和批评性思考的内容，使其在课程教学中逐渐成为有意义的、长效的机制。

（二）以问题为切入点，对作品进行深入的解读

"这幅作品画的是什么？表达了什么？"这是很多人面对美术作品时较为关注的问题，也是很多新任美术教师或准美术教师在解读美术作品时能够想到的为数不多的问题。在美术鉴赏模块教学过程中，提问方式往往决定了教师对作品理解的程度。要对一件特定的作品进行深入的形式和语境分析，需要一种独特的提问方式。因为美术作品的解读是一个阐释的过程，而不是描述的过程。以雅克-路易·大卫的作品《拿破仑为约瑟芬加冕》为例，大卫为什么选择约瑟芬加冕而非拿破仑加冕作为画面的主题？作品拔高了拿破仑的哪一种形象？拿破仑的哪些特点得到了强调？作品是如何强化拿破仑的权力的？作品的尺寸有什么意义？不同的理论视角有不同的提问方式，如接受反应理论就

认为每幅作品都预设了隐含的观者，或试图建立一种特定的观看观念，也就是说画中的人物或图像元素相互联系且与观者发生联系。以马奈的作品《奥林匹亚》为例，以下的提问也许将得到学生意想不到的回应：此画是否有一个隐含的理想的观者？是否暗示了观者是个客人或情人？如果是的话，观者是受欢迎的客人还是不期而遇的闯入者？画中人物之间的交流是如何发生的？画面中心人物看向观者的眼神是怎样的？此画在1865年的沙龙展展出时，震惊了不少观众，令他们震惊的东西是什么？为什么会震惊？解答了这些问题也就理解了以马奈为首的印象派如何挑战观者的底线，重新定义大众的价值观、道德观，如何反抗学院派对绘画场所、绘画内容和绘画方式的规定和限制。

（三）擅用比较的方法进行鉴赏

比较法有三种类型：求同比较、求异比较和相似比较。在美术鉴赏模块教学中，比较法可以具体表现为：同一画家不同时期作品的比较；同一主题不同画家作品的比较；同一流派不同画家作品风格的比较；等等。在比较法的运用过程中，比较的内容一定要明确，不宜将比较的基础无限放大，如“比较拉斐尔《花园中的圣母》与莫奈《日出印象》的差异”就不太恰当，因为需要比较的内容不明确；“比较拉斐尔《花园中的圣母》与莫奈《日出印象》两幅作品油画技法的差异”则是可行的。在美术史尤其是西方美术史上，有些绘画主题是各个不同时期的艺术家都创作过的，如斜倚的维纳斯、最后的晚餐、十字架上的基督等，比较这些主题下不同艺术家的不同处理方式，是非常有益的探索。“朱迪斯杀死荷罗孚尼”是西方美术史中较为常见的一个圣经故事题材，讲述的是犹太人的村镇被大将荷罗孚尼率军重重包围，人们危在旦夕，美女寡妇朱迪斯潜入敌营色诱首领荷罗孚尼，趁其大醉之时斩其头颅，敌营群龙无首，终被一举击溃，犹太人最终获胜的故事。以下试比较卡拉瓦乔和阿特米希亚·简提列斯基对这一题材的不同表现。首先是二者在风格上的相似之处：硬边、舞台式照明、视角以及对动态的注重。其次是比较二者的差异：朱迪斯形象的不同。这种比较又可以通过一系列的问题进行深入：哪一张里的朱迪斯更像杀死首领的英雄？哪一张里的朱迪斯看起来更娇弱？在斩下荷罗孚尼的首级时，二者描绘的朱迪斯的状态分别是怎样的？像卡拉瓦乔画中的朱迪斯那样握剑，是否可能砍下一个人的头颅？这样的比较体现了不同性别的艺术家对“女英雄”这一形象的不同理解，或者说反映出二者不同的女性观。这些艺术家虽然早已消失于历史的长河之中，但他们的作品是他们与不同时代观者交流的媒介，也是我们理解过去时代生活方式的桥梁。因为艺术家通常在作品中表达了他们对社会价值、文化规范的看法。在高中美术鉴赏模块的教学中，运用多层次的比较方法，利用学生已有的知识，引导他们参与这种艺术家和观者之间的创造性交流，使他们在对这些不同文化、不同时代艺术作品的学习、思考和交流中，形成开放性的思想和对异质文化的理解，这也是建构主义教学观的体现。

（四）形式分析应适度

美术作品的形式是作品意义得以呈现的物质基础，很多从事美术专业课程教学的教师和职业艺术家在对美术作品进行鉴赏时，往往侧重于单一地从形式主义的角度分析美术作品的意义，也就是说，他们认为一件作品之所以成功，在于作品各个形式要素之间的和谐，而这是有迹可循且可供套用的。对高中美术鉴赏模块的教学而言，形式分析是重要的，甚至是必不可少的，但单一地从形式的角度看待美术则有问题，因为形式只是鉴赏美术作品的要素之一，形式本身并不是作品的目的。如分析作品的构图时，会涉及对称式平衡与不对称式平衡，对称式平衡利于营造作品的力量感、稳定感、静谧感等，不对称式平衡则能传达能量、亢奋等视觉感受，对称式平衡和不对称式平衡本身不是作品的目的。理解了这一点，学生在创作作品时，便能够根据作品整体目的的需要而运用这些形式。但不得不指出的一点是：对很多准美术教师而言，从线、形、色、光线、明暗、材质、体积、空间、时间、节奏韵律、尺度比例、肌理等方面对作品进行全面的形式分析，还有一定的难度。因此，适度的形式分析，是指在美术鉴赏教学过程中，不能单一地进行形式分析，这有可能忽略作品的主题、风格、背景、意义、内涵等内容。但同时，也不能将作品形式完全置之不顾或只是进行蜻蜓点水式的介绍。此外，作品的媒介、工具和技巧是形式分析中容易被忽略的一部分，而这些因素同样影响着美术作品的意义，其本身也是艺术家达到特定:艺术目的的手段之一。在鉴赏美术作品尤其是当代艺术作品时，教师应该引导学生关注艺术家为何要使用这种媒介进行创作？某种技巧是如何营造某种气氛或情绪的？如果不运用这种媒介、技巧，对画面效果有何影响？这样深入的讨论，有助于学生探索美术作品中的思想以及与现实生活的联系，并将其与其他学科关联起来进行思考，也有利于学生形成跨学科的知识视野。

第二节　高中美术绘画模块教学

绘画是一种艺术形式，也是一种传达信息的方式，早在远古时期，人们就开始在墙壁上用绘画来记录生活。绘画是运用线条、明暗、色彩等手段进行描绘，创造出不同形态的艺术形象，来反映和表达作者的思想、情感和审美理想的美术形式，是所有美术创作的根本。不论是雕塑、设计还是工艺制作，很大程度上都要借助绘画手段来实施。绘画能够锻炼学生的造型能力、表现能力、设计能力等。

绘画模块的内容由速写、素描、油画、丙烯画、水彩画和版画等组成，从整个中学美术教学的完整过程来看，除油画外的其他课程在初中阶段都已有涉猎。需要注意的是，高中美术课程面对的是全体学生，而不是美术专业学生，其内容和要求都是建立在普通高中生应该掌握的美术技能之上，目的在于培养学生今后的生活以及工作中应该具备的基本美术素养，不论以后从事什么行业，都应该了解、懂得一定的美术知识，并拥有一定的美术技能以及艺术修养。

一、绘画模块教学中的常见问题

（一）过于重视专业性而忽略人文性

这首先体现在教学内容的选择上，很多新任教师或准美术教师在绘画模块教学的过程中，往往不自觉地按照大学专业课的教学方式授课，主要突出绘画技能的训练。而且由于绘画课程需要考虑的细枝末节的问题非常多，如材料的发放与卫生的打扫等，以至于新任美术教师或准美术教师能将一节课按照教学计划逐步实施下来而不出差错，已属极为不易。但这样看似流畅完整的美术课，却很容易使教师忘记上这节课（尤其是公开课）的初衷：当时为何选择上这节课？为什么要让学生理解和掌握它？在高中美术绘画模块教学中，虽然绘画基本技能需要教授与掌握，但更重要的是学生有没有真正理解美术，而有意义的美术学习源于勤动脑而非勤动手。

所谓人文性是指在教育过程中体现对人的生命与发展、需要与追求、人格与尊严、价值与意义等方面的观照、理解和尊重。在美术教学中，过于注重专业性则必然导致对人文性的忽略，因为花太多时间教授绘画技巧和方法，则无暇理解美术的本质以及艺术家所探讨的思想，而思想即人文性的体现。有些教师认为只有美术鉴赏教学需要引导理解美术作品的思想，这是严重的误解。如果只教授学生油画的技法而不讨论其中的思想，那么学生会以为美术只关乎技法和形式，则美术与工具无异。此外，教授学生绘画的形式和技巧，并非让学生在以后的生活中直接使用，毕竟高中生里只有极少数人将来会从事与美术直接相关的职业。因此在高中绘画模块教学中，比起教授学生动手创作作品，更重要的是先引导他们形成自己的美术思想，也就是教会他们像艺术家一样思考，并将这种思考方式运用到以后的社会生活中。

（二）没有注意提问的有效性

如在一幅描绘多匹奔马的油画范画中，有些准美术教师会这样提问："大家看这幅画里画了什么？"对高中生而言，这样的问题无疑显得很幼稚，不论是对教师还是对学生而言。有些教师可能会问："这幅画用了哪种常用的油画技法？"对极少进行油画技法训练的学生而言，这样的提问可能会让课堂陷入尴尬的境地。那么，针对这样的绘画作品，如何有效地提问呢？不妨换一种更注重观察力和情感联想的提法，如"这些马中，哪一匹马看起来更强壮？哪一匹马看起来更驯良？这种看起来驯良的品性是艺术家通过强调哪些要素而实现的"？

在高中美术绘画模块教学中，美术教师要注意对名画复制品的收集及范画的准备。复制品虽然不能与原作相比，但能够探寻作品的艺术思想，分析画面的技法形式。但复制品在展示画作笔触、肌理等方面还是有所欠缺的。因此，参观画展是近距离地欣赏原作的好机会，或者邀请本地的艺术家向学生展示介绍他的作品也是不错的选择。范画则包括学生的优秀作品及教师示范的考核作业范例，使学生明确知晓教师对作业目标的期待。需要注意的是，教师示范的环境需尽量与学生相似，因为如此方可体验学生创作时可能遭遇的技法问题。但教师示范的原则之一便是不要影响到学生的创作，以致学生完全模仿教师范画。范画最重要的作用是展示，尤其对有些程序较为复杂的作业而言，向学生展示成品效果是有必要的。很多新任教师将示范作为教授技能的主要方法，这当然与新课标的要求是相悖的。因此建议不要在学生形成自己想法之前展示教师范画，而是等学生有了明确的目标，对线条、色彩都基本确定之后再进行展示，尽量杜绝学生原样照搬教师范画的状况。

二、绘画模块的教学建议

（一）绘画模块的内容较多，教学时应避免面面俱到、浅尝辄止

绘画相对于理论而言，更是一门实践课程，要科学地掌握训练方法，找到艺术表现的规律，并投入一定的时间进行训练才能达到教学目的。因此，为了让学生掌握一般的绘画技巧和方法，教师可以根据自己的专长和学校的条件选择开设其中的一些门类，帮助学生在有限的时间内进行较深入的体验。通过对某一两个绘画门类的教学，引导学生触类旁通，认识和掌握绘画表现的共性特征、基本规律和学习方法。

（二）通过绘画鉴赏活动，开阔学生视野

课程标准在“美术表现”素养中提出“通过观察、想象、构思和表现等过程，创造有意味的视觉形象”，最终目的是“表达自己的意图、思想和情感”。因此，在整个绘画模块中，首先要教会学生如何去观察。通过组织学生对不同门类优秀绘画作品的观看和赏析，帮助他们了解艺术家与美术作品的关系、时代与趣味的关系、主题与风格的关系、内容与形式的关系，以及技法与情感的关系。这就需要教师从不同的切入点去引导学生进行分析和思考。例如，从服饰判断一幅作品所处的阶层、从人物表情判断情绪与性格等。从核心素养的角度而言，就是要让学生把观察变成一种习惯，认识到观察的重要性，形成基本的洞察力。

（三）注重培养学生的绘画能力，增强学习的目的性

绘画是一种能力，依靠一定时间的训练，经历量变到质变的过程，才能掌握基本的绘画技法。在具体的绘画教学过程中，应尽可能引导学生根据创作方式选择和学习相关技法，除了讲解的方式之外，还可以通过临摹、写生、默写的方式，帮助学生获得对技法理论、工具材料和表现技法的认识和运用能力。

（四）培养学生的想象力和联想力是绘画教学的重点

想象力是创造的源泉，而绘画是培养想象力的最佳手段和最直接的方式。教师可以开展命题或自选题的创作活动，鼓励学生通过对主题的思考和探索，尝试主题性的绘画创作，引导学生联系生活、搜集素材、学习借鉴、构思构图、选择媒材来进行绘画创作，鼓

励学生去表现自己的所思所想，强调用直觉的、艺术的思维方式去解决面临的造型问题，培养学生对形的感觉，充分尊重学生的个性和选择，同时引用优秀作品来给予学生适当的建议与指导。

（五）组织开展经常性的评价活动，提高绘画鉴赏和创作水平

在绘画学习的过程中，要经常开展互评、自评活动，帮助学生发现自身、他人作品的不同特点。通过对自己作品的诠释、别人对自己作品的分析和评价，能加深学生对绘画创作规律的理解，开阔眼界，提高绘画鉴赏和创作水平，形成创造性思维，为其他模块的学习做好基础铺垫。如，和学生一起分析艺术家在绘画作品中如何表现空间、如何创造物体表面的质感、如何用光线营造画面氛围；让学生描述色彩、明暗对情绪的影响，讨论一天中自然光线的变化特点，观察物体在不同光线下形成的明暗和阴影的差异，以及光线的变化对物体形态和人情绪的影响。

第三节　高中美术中国书画模块教学

加强中华优秀传统文化教育是《普通高中美术课程标准（2017年版）》的重点之一。新课标增设了中国书画模块，内容涉及中国传统绘画、书法、篆刻等经典作品欣赏及传统画论，旨在促进学生坚守中国文化立场，增强文化自信。

中国书画是中国画与中国书法的合称，其内容不仅有大家所熟知的水墨山水，还有书法、篆刻等技能与知识。本模块的学习内容由中国书画材料工具及形式特点、中国画基础知识与技法、书法和篆刻的基础知识与技法、中国传统书论和画论基础知识等组成。将中国画、书法、篆刻整合为中国书画模块，表现出对三者之间关联性和综合性的强调，也有利于帮助学生体悟和认识中国书画的特点，加深对中国优秀传统艺术的理解。

新课标中中国书画模块的教学内容概括起来有以下方面：中国书画的材料、工具的使用方法；中国画的不同门类、艺术风格，以及款式、题跋、钤印、装裱等在体现中国画艺术特征和审美趣味方面的独特作用；书法、篆刻的意义、种类、艺术风格、基本技法和创作方式；中国画的笔法、墨法和布局；体验中国书画的完整创作过程；中国书画的鉴赏等。

一、中国书画模块教学中的常见问题

（一）学生对中国书画工具、材料的陌生

无论是中国画、书法中使用的毛笔、宣纸，还是篆刻中使用的刻刀，对很多高中学生而言，都极为陌生。初中阶段的中国画、书法方面的课程根本不足以使他们掌握这些工具的使用方法和材料特性。对中国书画的创作而言，掌握其使用工具的性能、了解其使用材料的特性是必需的，也是最基础的。以中国画学习为例，以线造型是中国画的基本特征，掌握用线是学习中国画的关键。而要练习中国画的线，就需要反复地在毛笔和宣纸的摩擦中，学会控制毛笔，寻找用笔规律，这是掌握中国画中的线甚至笔法的基础。如果将教学时间过多用于工具、材料的掌握上，则势必影响课程及整个模块教学目标的达成。

（二）专业性与师范性师资的矛盾

目前国内的高中美术教师，在知识结构上基本可以以年代划分为两类：20世纪80年代前出生的教师，接受的高等教育在知识与技能方面相对而言较为全面，绘画、设计兼有涉及，整体而言偏重国画、油画、版画的技能性学习，在教学理念上较为注重“双基”的培养；20世纪80年代及以后出生的教师，接受的高等教育倾向于精细的专业化，如本科四年中可能有三年的时间是在学习国画或油画、版画，其知识结构自然也相对偏狭，对设计普遍缺乏基本的认知，但其主攻方向的专业知识和技能比前一类教师更为出色。近年来，很多地、市级高中都配备了研究生学历的美术教师，他们则倾向于国画、油画、版画等造型艺术的专业化训练或课程的开发和教学理念的更新。但书法、篆刻在专业化的认知、理解以及技能的操作性上的要求与其他模块有很大差异，目前国内师范院校并不培养书法专业的中学美术教育人才，而无论是注重专业化还是师范性的美术教师，都很难满足书法、篆刻的知识与技能教授、教育教学能力等方面的需求。

（三）教学内容与学生知觉经验之间的区隔较大

高中美术中国书画模块学习的核心是如何唤起学生对中国画、书法、篆刻的热情。这种热情的出现，需要教师在进行教学设计时，关注学生的知觉经验，引导学生的知觉经验与课堂内容发生关联，这样学生才能够全身心地参与课堂教学。较其他模块而言，中

国书画模块尤其是书法、篆刻的内容,在唤起学生的学习热情方面,难度应该是更大的。在网络化、全球化、信息化的时代,高中生对于中国书画这类需要凝神静气地感悟、有一定艺术修养和审美品位的艺术形式,是有一些排斥甚至不屑的态度的,这也是高中美术中国书画模块课堂教学难以出彩的重要原因。课堂教学内容缺少与高中生感兴趣的生活关联,教师又将自己作为知识传声筒或技能传授者,其教学实施必然会遭遇阻碍,教学的有效性也必将大打折扣。要鉴赏中国书画,理解中国书画中的笔墨程式、造型意趣,也需要对中国传统文化中的价值观念、思想传统有一定的认知和体悟。

二、中国书画模块的教学建议

(一)拓展书画模块教学的平台和渠道

如前所述,由于各种因素的影响,我国高中生的日常生活中普遍缺乏与中国书画相关联的经验,这直接影响着他们对中国书画及其艺术价值的认识和探究兴趣。问题确实非常棘手,但教师也应对自己的教学态度和教学方式进行反思。在我国目前的教育体制下,要达到新课标对高中美术中国书画模块的二级以上学业质量水平,就有如戴着镣铐跳舞。但这也是过去很多艺术大师面临的现实境遇,很多青史留名的艺术家的著名作品,往往都是在主题、情节、内容甚至色彩等都受到限定的环境中创作出来的,美术教师也应该有戴着镣铐却依然能够自如舞蹈的勇气与自信。如有的教师在校内成立书画印社,开展书画印的知识与技能培训、笔会交流、专题讲座等校内活动,组织学生参加各类书画展览比赛等,获奖学生的作品则作为课堂教学的范例,还要求社团学生搜集资料,利用所学书画知识介绍、品鉴书画作品,将其印发为社团印报,并全校分发。这不仅丰富了学校的美术社团活动,而且提升了学生参与中国书画的学习兴趣和创作兴趣。

(二)以临摹与创作相结合的方式开展教学

在现代美术教育兴起之前,传统习书画者大多是以临摹优秀作品作为步入中国书画的艺术门槛及继承、创新的基础。临摹经典作品对中国书画创作毫无疑问是有益的,在当今高等教育美术教学中仍然是一种常见的学习方式,因为中国书画有其特殊的程式化特征和创作过程。但如何临摹?临摹的目的是什么?教师在安排学生临摹之前要明确临摹步骤和要求,设计学习工具和评价量表,而不是设立“尽可能地临得和原作相似”这样一个模糊的要求和标准。实际上,不同的临摹方法和目的得到的结果有时会有天壤之别。在临摹的过程中,引导学生思考某一局部为何要这样画或这样写,分析这一局部与整体的关系如何等问题,如此方能帮助学生更好地感知作品,体验更多眼睛所不能及之处,体验与原作者之间超越时空的交流。以临摹中国画的竹子为例,临摹时要思考原作者对竹叶的方向、疏密、浓淡、虚实、肥瘦以及竹叶组合等的选择和布置。丰子恺在《竹影》一文中有非常生动具体的论述:“画竹不是照真竹一样描,须经过选择和布置。画家选择竹的最好看的姿态,巧妙地布置在纸上,然后成为竹的名画……用墨来画竹,是最正当的。倘然用了绿颜料,就因为太像实物,反而失却神气。所以中国画家不欢喜用绿颜料画竹。”当然,高中美术毕竟是基础教育而非专业教育,临摹所要达到的目标不可与专业性的中国书画学习相提并论。临摹作为一种学习方式,在高中阶段的美术学习中是值得提倡的,但应注意与创作相结合。

(三)采用主题性研究学习方式

“主题”在新课标中是反复提及的一个关键性词语,是探究性学习中的中心问题。主题性研究学习也是新课标在中国书画模块中倡导的学习方式。中国书画是以动手实践为主的学习模块,因此,进行中国书画方面的练习和创作是必不可少的,但创作和练习应该围绕主题展开。具体而言,主题性研究学习表现为:在教师的带领下,学生以个人学习和小组学习的方式,对所要创作作品的主题进行深入思考和讨论,综合运用中国画、书法、篆刻的知识与技能,结合文学知识、文化理解和生活经验,完成作品的创作、装裱、展示以及评价和交流的完整过程。

第四节　高中美术雕塑模块教学

雕塑是指运用一定的物质材料,通过雕、刻、塑,以及敲击、焊接、装配等手段,创造出具有实在体积的美术作品,是美术领域中非常重要的艺术形式。雕塑分为圆雕和浮雕,圆雕独立的,可以多方位、多角度观赏;浮雕则是依附于某一背景平面上的,往往只能观看一或两个面。我国高中开展雕塑教学已有二十年左右的历史。

在新的知识观视野下,美术学科知识并非既成的真理等待教师传授给学生,而是被探究的对象和使用的教学资源等待学生挖掘。也就是说,学生是在探究中形成对知识的真正理解和掌握的。在艺术领域,知识往往呈现为一种基于作品主客体研究的主观陈述,而对知识的记忆和表达,并不足以实现知识的内化。随着时间的流逝,这些仅仅留存于记忆层面的知识会逐渐被遗忘,只有将知识作为探究对象和教学资源而非无可置疑的客观真理,才能使知识实现其自身的价值。新课标对雕塑模块的教学内容包括以下方面:不同材质效果和立体造型的特点;雕塑发展的基本脉络和社会价值;雕塑与环境的关系;从材质、造型、主题、表现手法、艺术风格、创作观念、象征寓意、文化背景等方面鉴赏雕塑作品;结合经典作品样本、材料、工具、技法、雕塑家的创作观和有意义的主题进行雕塑创作。

一、雕塑模块教学中的常见问题

(一)教师缺乏雕塑创作的训练

目前我国的中小学美术教师师资绝大多数来自各大师范院校,而由于各种客观因素的制约,雕塑的学习与创作在师范院校的课程体系内几乎是缺位的,这就直接导致了高中美术教师在雕塑知识和技能上的欠缺,不仅对古典学院派雕塑、当代雕塑了解不多,实践经验较少,对传统民间雕塑也缺乏相应的认知与理解,即便有了解,也限于较为粗浅的层面。近年来,高中美术雕塑模块教学倾向于与非遗、民间艺术等课程资源相结合,开发兼具学科性与人文性的新课程。

(二)对新课标及教学内容的理解不够深入

新课标要求雕塑模块教学不仅要认知雕塑的材质效果和立体造型的特点,还要学习运用描述、分析、解释和评价的方法鉴赏雕塑作品,能够研究经典雕塑作品在材料、工具、技法方面的特征及雕塑家的创作观,能选择适合的材料创作出有创意的雕塑作品,形成有见地的审美判断和理解能力。也就是说,学习雕塑技法、进行雕塑创作只是雕塑模块教学的一部分,学生不仅要能够结合现实生活情境和有意义的主题进行创作,还需要全面地了解特定国家与民族的社会、历史、文化背景,理解雕塑与空间的关系,知道某些形象的寓意,以及不同时代代表性雕塑家的创作观念。这些目标不是一两节课能达成的,教师需要确立正确的教学观,深入地理解新课标的基本理念、课程目标、课程结构、课程内容、教学提示、学业质量,从新课标确定的课程目标出发,按照课标的实施建议开展教学设计和实施教学。

(三)雕塑模块教学对硬件设施要求较高

在高等教育各门类的美术教学中,雕塑对人体解剖学、后期制作的多种材料的应用及其工艺都有较高的要求,这也是很多院校雕塑专业比其他美术类专业学制长、招生人数少的主要原因。高中美术中雕塑模块的教学,虽然与高校专业雕塑教学不同,但在硬件设施上同样有较高的要求。以面塑为例,在高中开展面塑课堂教学,需要有专门的面塑教室,教室内的电教设备同样必不可少,如实物投影仪、电脑和带HDMI或网口的投影仪等,还需要面塑专用的能供所有班级学生使用的工具和材料,如搅面机、蒸面锅、小刀、拨子、面粉、糖、盐等。场地、设备、工具、材料的特殊要求,成为制约高中美术开展雕塑模块教学的重要因素。

二、雕塑模块的教学建议

(一)注重教师在职期间的自主学习

学习雕塑是提高造型能力、动手能力、空间表达能力的一种重要手段。如前所述,目前国内很多的高中美术教师在本科、研究生阶段接触雕塑知识与技能的概率较小,教师自身知识储备不足。而由于材料、工具、加工方法和创作过程等方面的制约,教师也无法按照常规的、专业性的雕塑教学方式开展课堂教学。这就要求教师打破狭隘的、精细化分科教学的思维,将本地的非遗文化、民间艺术资源引入课堂教学中,自主开发新课程。如陶瓷雕塑、面塑等工艺美术、民间美术都可以纳入雕塑教学的范围,这不仅能实现非遗文化、民间艺术的活态传承,同时也能响应社会发展和新课标中开发校本课程的呼唤,可谓一举两得。但这就要求教师在职期间自觉、自主地学习这些传统工艺和民间艺术,熟练掌握其制作技艺,深入理解其艺术特色和文化内涵,如此才能引导学生“像艺术家一样创作”和“像专家一样思考”。

(二)强化课程设计意识

雕塑模块主要遵循的是一种自主、合作与探究的学习方式,也就是说,教师在课前进行整体化、贯通性的教学设计，在课堂中针对学生的问题进行课堂答疑，比课堂讲授的时间更多，对学习结果的影响也更为直接。因此，在雕塑模块的教学中，强化课程设计意识是非常必要和重要的。尤其是学习结果、学习目标和方案、学习工具、评分量表、学习方式等的设计和组织。在这些要素中，教师首先要确定的是预期的学习结果，然后确定合适的评价证据，并最终设计出为达到这些预期结果的学习体验和教学。设计学习工具对很多教师而言是一个难题，因为他们理解的自主学习就是一个模糊的概念，即让学生自己学习。其实，学生自主学习是需要教师指导的，教师需要明确地回答以下问题：学习的目标是什么？分为哪些步骤？每个步骤的要求是什么？完成学习任务的具体指标是什么？学习工具则是教师指导学生自主学习的辅助工具，如任务书、学习单、评价表等，最关键之处在于将"学习目标"转换成学生的"自我评价表"，让学生能够根据评价表进行自我评价和反思。

（三）小组学习多样化

在美术课堂教学中，小组合作学习是教师常用的学习方式，雕塑模块的学习也不例外。但与其他学习模块不同的是，雕塑模块的课堂教学，应该更加注意使用多样化的小组学习方式，尽量避免随机地、无目的地划分学习小组。在课堂教学过程中，有条件的学校，建议教师根据学生对不同类型雕塑的喜好，将学生划分为不同的学习小组，如彩塑组、浮雕组、综合材料组等。每个不同的小组，其作品的形态、主题、文化背景、创作观等都会自然地产生差异，从而最大限度地保证创作作品风格的多样化。同时，可以促进小组内部成员之间的充分讨论和反思，并在讨论的过程中不断调整、确定小组的创作方案和作品。如果在把握造型、材料、制作工艺等方面有一定难度，则可以要求学生尝试完成一件以模仿为主的作业，但应强调对作品主题进行充分的论证与思考。而创作过程的体验包括搜集素材、借鉴经典、绘制设计图、寻找材料、制作小稿、完成并展示作品等环节，这些是必不可少的，且每个环节都需要以小组合作的形式完成。对于学生小组合作完成的作品，可以组织学生一起举办雕塑作品展览，建议将其创作过程如素材、设计图、小稿、作品主题阐释等一并展示，优秀作品还可以根据实际情况在校园内长期展示，这能够极大地提升学生的学习积极性和成就感。

第五节　高中美术设计模块教学

创造力与个性表达是美术教育的中心。高中美术教育中的设计教育直接关系着创造力的培养，并关系着提出问题、思考问题、合理解决问题的良好思维习惯的培养。在设计以及探讨设计的过程中，创造力确实存在，但并不是说只要欣赏优秀设计作品、进行设计实践，创造力就会自然发生。创造力是观察、理解、思考的新方法，这意味着首先需要了解这一领域既定的规则和程式以及必要的策略和技巧。如此，方能用创造性的方式改变这一规则和程式。在设计中，创造力表现为运用一种独特的视觉形式对已知的事物进行多角度、多元化的重新诠释和传达。在高中美术设计模块的教学中，不仅应该传授内容和方法，还应训练学生的创意思维，以及对设计理念的传达，鼓励学生在日常生活中，综合运用各学科知识针对具体问题从不同角度、不同层面进行思考和解决。

新课标设计模块的教学内容包括以下方面：设计的概念、内涵、范围与种类；设计与生活的关系；设计的基本特征；从功能与审美的角度鉴赏设计作品；形象的组合、置换、变异、转化、正负形和矛盾空间等创意练习；不同门类设计的完整设计过程；图形和字体结合的视觉传达创意设计；绘制产品创意设计、以家具和陈设为主体的室内创意设计的效果图或制作模型，并辅以功能性的文字说明。

一、设计模块教学中的常见问题

（一）教师设计素养欠缺

在《普通高中美术课程标准（2017版）》中，美术鉴赏模块为必修课程，其余六个模块为选择性必修课程，即选择两个模块即可。这种结构设置为高中美术教学提供了很大的弹性空间，也是出于对我国高中美术教学实际情况的考虑。目前，我国很多高中美术教师的美术学科知识结构体系并不完善，大多数美术教师并不具备设计学科的知识、视野、思维和设计实践能力，这直接导致了高中美术教学在设计模块教学上的薄弱。而设计领域内的专业设计师一方面无暇参与中学美术教育，另一方面也缺乏相应的教学资质和课堂教学能力。因此，设计模块教学在高中美术教学的体系中处于弱势。

（二）课程定位不明确

高中美术设计模块的教学内容是义务教育阶段“设计·应用”实践活动课程的延续和发展，但又与专业的设计学科教学不同，教师需要对二者的教学内容、教学目标、学业水平等方面的差异性有清晰的认知，对设计模块的课程有明确的定位，而这又要求教师有良好的设计素养。在设计模块的教学中，学生并不仅仅是设计的实践者，还是设计的鉴赏者，而设计创意的根本还在于设计思维的形成。因此，通过设计模块的学习，学生不仅应该掌握设计的原理、方法，还应该能用设计的思维和眼光评价生活中的各类设计作品，形成“好的设计”的概念和标准。能够运用基本的原理、材料、方法进行设计实践，这并非设计的目的。能够联系现实生活，运用视觉化的方式呈现思考、表达和制作的完整过程，才是设计模块课程教学的方向。

（三）学校硬件设施不完善

与绘画、美术鉴赏、中国书画等模块相比，设计模块对教学硬件设施的要求相对较高。配备有多媒体设备的美术专用教室并不是问题，但有些课程需要使用计算机进行辅助设计，而很少有高中能够提供相应的专业性的计算机设备。另外，有些课程（如包装设计）需要用到的材料多、杂，而很多高中为寄宿制学校，学生根本无法在所需的时间里准备好教学所学的所有材料，这必然影响课堂的教学效果。此外，时间也是一个问题，对大多数设计而言，一节课45分钟的时间，很难达到预期的教学效果。

二、设计模块的教学建议

（一）教学内容生活化

在中学美术教育中，教学与社会、生活脱节是普遍存在的问题，设计应该是摆脱这一困境的最佳突破口，因为设计极为广泛地存在于人们的日常生活中。对高中生而言，他们感兴趣的设计一定是与他们的生活相关的、正在改变或即将改变他们生活方式的设计。在教学设计、教学实施、教学评价上都应注意与初中“设计·应用”实践活动教学上的差异。以生活作为设计的起点，训练学生养成举一反三、触类旁通的创新思维方式。在教学过程中，尽量使学生接触丰富多样的设计实物，拉近课堂与生活之间的距离，使学生真实地感受生活中设计的作用与意义。舒湘鄂教授在《设计物语——设计学的基础理论研究》中指出:“设计是从寻找解决问题的途径和方法的角度看问题。”[①]也就是说,设计源于对解决问题的考量。其中还包括提出问题和思考问题。在很多时候,能够提出一个好问题其实比解决问题更重要。在高中美术设计模块的教学中,教师应该在学生生活经验的基础上,引导学生提出问题、分析问题,进而解决问题。

(二)理解设计方法与步骤的差异

设计是一种解决问题的思维途径,而步骤则是一套基于先后顺序的操作程序,二者有本质的差异。很多实习教师、新任教师对这种差异并未有清晰的认识。典型的表现是:在教学设计中,将难点的突破放在设计步骤这一环节上,认为学生知道了设计步骤便能够进行设计。知晓设计的过程包括:确定任务或主题、绘制方案、合理选材、手工制作和评价,这些并不是创意设计的关键。实际上,设计行为的发生,是设计灵感和设计方法的结合,而设计方法则是在明确设计目标的基础上,对各种因素进行选择、组织、整合的手段。具体到课堂实践环节中,就是学生在确认了设计目标后,根据时间、环境等外部条件选择设计的原理、材料、造型、色彩等内在因素的过程。而设计步骤,只是给学生提供了从原理到色彩这个过程的先后操作顺序,至于该选择何种原理进行设计、如何根据目标设计造型等,则属于方法的范畴。而在不同的情境中,针对不同问题,运用所学的设计知识和方法解决现实生活中的问题,便是知识的迁移,也是美术学科核心素养所要达到的目标。

(三)营造有利于创意思维形成的环境

虽然人们普遍认为美术教育有利于形成创意思维和个性表达,但创意思维和个性表达在美术教学中受到很多条件的制约,包括教室设置、教师教学理念、学生情绪等。创意思维、个性表达意味着打破固有的社会规范或界限,这不仅需要学生有突破现有规范的意识和勇气,还需要一个可靠的、有利于培养创意思维的环境。在这样的环境里,有自由表达的开放性氛围,学生确信不会由于自己带有武断性的言论或失败的尝试而受到同学嘲笑。在学习过程中,师生共同关注的是实质性的问题以及解决问题的方法,而非最终的结果正确与否或是否成功。教师应在教学过程中指导学生深入地观察周围的世界,从而获得丰富的图像储备以及对真实世界的问题进行创造性处理的方法。

---

① 舒湘鄂.设计物语——设计学的基础理论研究[M].杭州:浙江大学出版社,2013:432.

（四）有策略地使用隐喻

在设计模块以及整个美术教学中，创造力表现在使用视觉隐喻的能力上。所谓视觉隐喻，即符号化地给予事物以形式，使感觉、思想、情感客体化。在设计模块的教学中，学生运用隐喻性的表述是设计思维能否形成的关键。汤姆·安德森在《为生活而艺术》一书中，提供了一些使用隐喻进行表述的技巧："替换、联合、改变、增加、删减、颠倒。当我们反思每个程序如何影响一个计划的时候，新的解决之法可能就出现了。"①以"替换"为例，在分析一幅海报设计作品时，提问学生，将海报中的方形替换为圆形、男性替换为女性，作品会发生什么变化？如果结合方形和圆形、男性和女性，作品的意义会发生什么变化？……在高中美术新课标中，设计模块的教学建议也提到运用联想、发散、归纳和逆向思维方式，对形象进行组合、置换、变异、转化、正负形和矛盾空间等创意练习。无论是艺术作品还是设计，每个图像都有不可替代的、超越形式本身的含义。

（五）有意识地进行创意思维训练

创意思维的形成离不开想象。在高中美术设计模块的教学中，有意识地引导学生进行想象训练同样重要。高中生在思维品质上较初中生更加成熟，教师要注意引导学生利用不同的分类角度，提炼出看似没有直接关联的事物之间内在的相似性。此外，思维的创意性表达还体现在思维的发散性上，即在特定条件下，突破常规、多向开拓、寻找新的解决问题的方法和思维。具体到设计模块的教学中，首先，可以考虑引导学生用不合常规的方式思考问题，如要将苹果切成两半时，我们一般是采取竖向切的方式，如果改变这种固有的方式，横切苹果会有什么结果呢？我们会发现苹果中间有一个五角星的图案。其次，引导学生多角度、多层次地看待同一个问题。如在"和平"主题的海报设计教学中，引导学生多方向开拓思维，既可以以少女与和平鸽组合的画面作为设计，也可以以"手影"的形式作为画面设计，还可以以从"反战"、消灭武器的角度反衬人们对和平的美好愿望作为画面设计等。多向开拓的思维训练，能够培养学生养成从不同角度与不同维度去认识问题、分析问题、解决问题的思维习惯。最后需要强调的是分析问题的能力，这一点在美术教学中经常被忽略。因为很多美术教师认为美术学习中最重要的是形象思维能力，不需要甚至应该排斥逻辑思维能力的参与，这种理解是非常片面的。在认识问题、分析问题、解决问题的过程中，逻辑思维能力起着至关重要的作用。在设计模块的教学中，

---

①［美］汤姆·安德森．为生活而艺术［M］．马菁汝，刘楠，译．长沙：湖南美术出版社，2009：74.

分析问题就是把问题放在特定的情境中考察，观察特定情境中的人、时间、地点、行为、信息与意义，也就是从不同的人在不同的环境、时间、条件等因素下对物的需求分析，以及人们使用过程的分析。

第六节　高中美术工艺模块教学

《普通高中美术课程标准（2017版）》中，明确指出工艺的定义为：将原材料或半成品加工成产品的方法和技术，是设计创意的物化。工艺产品的制作，是人类创造力的体现。工艺模块主要学习不同材料的传统手工艺及其制作工艺，在高中美术教学中，它是深受学生喜爱的一个模块。在廉价、实用的机器制品遍布日常生活各个领域的时代，手工制品以其质朴、温情、灵动而日益受到人们的青睐。工艺模块的教学，旨在培养学生的创造能力、设计思维能力和动手能力，在手工制作的过程中，体会人与物、人与人、人与自然的关系。

相较其他模块而言，高中美术工艺模块的教学，最突出的特点是使用材料种类的多样性。不同材料在形状、颜色、质感等方面有不同的特性，而材料的特性又直接影响着制作的工具、技艺、造型规律以及创作灵感的发生。因此，在工艺模块的教学中，材料以及对材料的理解有着极为重要的意义。新课标工艺模块对材料及其制作工艺的要求包括理论和实践两个层面。理论层面的关键词是了解和认知，包括但并不要求涵盖以下所有方面：手工艺品种、艺术特色、材质、造型、色彩、制作方法、艺术风格、适用功能、发展脉络、地域民俗、造型规律、历史意义等。实践层面的关键词是运用，即能运用至少一种手工艺的制作工具，合理使用材料，按照工艺流程，运用基本技能进行制作。

一、工艺模块教学中的常见问题

（一）忽略工艺的文化意义

高中美术课程的学习，本质上应该是文化学习，这并不仅仅局限于鉴赏模块，工艺模块同样如此。在工艺模块的教学中，有些教师认为工艺技能的传授是最重要甚至是唯一重要的，学生了解了特定工艺的某些具体知识后，能够使用某些材料、运用某些技法制作出看上去较为完整的工艺作品，便完成了工艺模块教学的目标。实际上，这也是过于注重"双基"的教学理念的表现，也是美术教改中要解决的重要问题。注重技能学习而忽略文化意义的工艺模块教学，无法回答以下问题：学生在课堂教学中有没有主动、深入思考？有没有在生活境遇中发现工艺对于人生命情感、存在的意义？学生作业有没有为培养高级思维能力提供必要的训练机会？而这些才是美术课程在高中教育中存在的根本。从更具体的教学内容、教学实施层面而言，工艺技能的学习也无法达到新课标的基本要求。新课标设计模块教学的要求中明确指出：学会运用手工艺的基本术语来描述、分析、解释和评价自己和他人的工艺作品。也就是说，通过工艺模块的教学，学生不仅要能制作创意性的工艺作品，还要能用专业术语鉴赏、评价这些作品。这同样是技能学习无法完成的。

（二）教学方式单一

在高中美术工艺模块的教学中，教师基本采取教室内单独授课的方式，也就是我们常见的美术教师在教室内面对一个班级的学生进行授课的方式。当然，其他模块的教学也基本采用这种方式，过去几十年我国中学美术教学也大多使用这种方式。但我们应该意识到，过去一直如此，并不代表现在和以后也必然如此。尤其是在人工智能、网络信息科技高速发展，地域间交流日趋频繁，非遗保护与传承的意识不断彰显的时代，美术教学方式有着更加多元的选择，或者说美术教师不得不重新思考关于教学方式是否可以有选择的问题。工艺模块的教学，由于涉及很多地区传统工艺、民间美术等，可供选择和使用的教学方式比其他模块更多。如进入民间艺人工作坊实地采访学习、参观民俗文化博物馆等，而不必将教学锁定于特定的某间教室或校园。当然，这需要考虑学校的实际情况，以及班级学生的具体情况。

（三）缺乏基于大概念的基本问题探究

所谓基本问题，"我们可以将每一个陈述都当作是对某个问题的反应或回答，而要理解这个陈述，唯一的办法就是抓住这个陈述所要回答的那个问题"[1]。在工艺模块的课堂教学中，经常出现的一个现象是：教师罗列了很多工艺美术作品，分析了其形式特点，示范了其基本的制作流程，指导了学生进行课堂技能实践，但这些具有独特功能性和审美

[1]王大根.以"基本问题"探索美术的"大概念"[J].中国美术教育，2018(2)：5.

特征的工艺是如何在特定的文化情境中产生的？是什么使极少数工艺作品成为脱颖而出的精品？教师本人却不曾思考过，而这又是工艺模块学习应关注的基本问题。基本问题需要有大量美术知识和其他学科知识作支撑，需要有对主题和技能关系的持续探究，方能达成深入的理解，真正实现知识的迁移和运用。

二、工艺模块的教学建议

（一）教学内容生活化

在高中美术教学中，教学内容生活化即在教学中注意课程内容与学生生活经验的关联性。这种关联性主要体现在两个方面：首先是教学与日常生活的关联，即将历史、生活、社会知识融入教学中，使学生在生活情境中主动地认识和探究手工艺的特征与性质；其次是教学与地域传统文化的关联，也就是在教学中强调对当地手工艺价值和内涵的挖掘与传播。教学内容的生活化，是让学生关注现实生活，在复杂的、不可预测的真实情境中寻找材料与工具进行创作，有利于将教与学进行统一整合，使零散知识变成系统化的整体知识，也是“做中学”的习得和内化。

（二）教学途径多样化

这主要针对的是教学方式单一的问题。在高中美术工艺模块的教学中，单一的课堂教学的方式已经不能满足现代教育教学的需求。教师在课堂教学之外，可以采取开展辩论会、工艺讲座、实地调查、参观博物馆、考察历史遗址、赴手工艺人工作坊进行实地采访和学习等方式，拓展课外教学的渠道，完善工艺模块的教学机制和体系。高中美术教师应该熟悉本土地域文化资源和民间美术资源，并将其合理地挖掘、运用到工艺模块的教学中。

（三）知识与技能实用化

这主要是针对工艺模块教学中，学生所学知识与技能无法在现实生活中发挥效用的问题。手工艺制品最直接和常见的功能便是装饰，教师在选择教学内容时，尽量选择能够装点现代家居环境、美化实际生活的手工艺，使工艺在实际生活中发挥应有的作用，也使学生逐渐形成用工艺制作的方式和方法解决生活中问题的能力。同时，教师应灵活处理教学中材料的问题，在不影响教学目标和教学实施的情况下，根据材料特性与实际要求，适时调整课堂教学所用材料。在高中生学业普遍繁重的背景下，将观念、想法转化为视觉呈现的作品这一结果使学生获得了一定的心理愉悦，制作过程本身也是缓解学习压力、释放压抑情绪的一种手段。（表6-1）

表6-1　工艺技法操作表①

技法	材料	工具	操作
1.剪	纸、布、金属皮等	剪刀	持纸的方法要正确，行剪时左手与右手应相互配合。
2.撕	皮纸及其他软质纸、泡沫塑料	手	在纸上起稿后，沿轮廓线撕制成剪影。也可以在纸上先画出水墨画，再趁湿将边缘撕毛。
3.刻	纸、泥、竹、石、石膏等	刻刀、蜡盘或废书	在垫盘上，刀口垂直作下插上提切割，一般是从里向外刻制。
4.卷	纸、易拉罐皮	圆棒、圆筒形物	用手将面状材料弯曲、裹圆。也可以依托圆筒形物，将纸裹成圆筒形。
5.折	软纸、硬纸	画线笔	折叠硬纸需先在纸上计算，按山线、谷线符号用铁线笔在纸的正、反面画线，然后进行折叠压抹。
6.粘	点状材料、砂、纸屑、胶水	毛笔	用毛笔蘸胶水在纸上画纹样，随即撒点状材料于其上。
7.编织	纸条、篾丝、毛线、麦秸、藤条等	刀、引渡针	根据经纬线交叉排列的原理编织。
8.染	生宣、彩色墨水、酸性染料、酒精	毛笔、线、夹板等	将纸折叠、卷扎、夹扎、捏团后，再作浸染点染等。
9.雕	泥、竹木、石膏、萝卜、瓜果、肥皂等	雕刀	在材料上划出轮廓线，挖去形象外的部分。
10.团捏	黏土、橡皮泥、面团等		团就是把泥团放在手心，用手掌或手指转揉泥团，制成泥丸；捏是根据构思，用手挤压黏土成型。

① 王大根.美术教学论[M].上海：华东师范大学出版社，2000：316-317.

续表

技法	材料	工具	操作
11.拍	黏土、橡皮泥、面团等	拍板	用板拍泥块使之变形、平滑。
12.浇铸	石膏粉	碗、勺	将石膏粉倒入等量水中，拌成石膏浆后从速浇铸入模。
13.插接	铅丝、牙签、黏土、瓜菜、蔬果	钳子、小刀	在泥塑各部分插入铁丝，在八成干时组合起来。挑选瓜菜、蔬果，或切成所需形状，用牙签将各部分接插组合。
14.串	珠子、泥丸、纸片、线等	针	将未干的泥丸按大小渐变的顺序用针线从中穿过，连接成串。
15.扎缠	草、麦秸、绒线、竹篾、布条、丝带等	剪刀	一组一组用线扎成，然后拼合。
16.镶嵌	纸片、瓷片、玻璃片、黏结剂	毛笔等	先画出形象的轮廓，选适当形状、颜色的材料粘贴其中。
17.烫烙	三合板、硬纸、竹片	粗铁钉、烙铁	将烧红的铁钉沿轮廓线烫烙。烫烙慢、停留时间长则色深。
18.拧	金属丝、金属片、有机玻璃、纸	钳子、加热炉	用钳子转动金属片的方向成型，或绞金属丝成线型。扭有机玻璃需先加热，之后方可拧制。

第七节　高中美术现代媒体艺术模块教学

现代媒体艺术是一门与时代接轨的艺术，在日常生活中，越来越多的新媒体设备在各个领域得到广泛的运用。《普通高中美术课程标准(2017年版)》明确了现代媒体艺术的概念：现代媒体艺术是指运用多媒体设备与技术表达观念、思想与情感的新兴艺术种类。现代媒体艺术是一个涵盖范围广泛的交叉学科，其内容包括艺术设计、计算机技术、虚拟现实技术、网络信息技术等。随着社会的发展，科技日益进步，越来越多的新兴多媒体设备与技术被开发出来。在高中时期，学生主要应该掌握三个基础部分：影像设备与技术、计算机设备与技术、互联网传播设备与技术。因此，现代媒体艺术模块主要由摄影、摄像、数码绘画和数码设计等内容组成,它们分别对学生五个美术学科核心素养的养成有不同的价值与作用。

新兴媒体、新设备与技术一直是教学研究领域关注的热点,对其是否应该在教学中使用,以及“电脑究竟只是作为教学的一种工具还是作为一门单独的艺术学科”的争论,从未停止。但中学生对新媒体、新技术的热衷,以及数字信息技术改变了我们的日常生活却是毋庸置疑的事实,这里无须赘述。在美术教育中,新媒体、新技术无处不在,新媒体艺术已经成为当代艺术的重要组成部分。同时,数字技术极大地拓宽了艺术品的传播途径,并且在当代社会中显现出越来越重要的影响。高中美术课标中设置现代媒体艺术模块,可以说是对这一现象的直接回应,目的在于引导学生运用新媒体技术和设备进行艺术创作,对新媒体艺术作品进行解读和阐释,从而构建美术教育的新空间。但在这一世界美术发展趋势的背后,却有一个不容忽视的尴尬现象:在我国高中美术课程教学的七个模块中,现代媒体艺术模块是关注度最低、开课率较低、研究成果最少的。

一、现代媒体艺术模块教学中的常见问题

(一)过于注重技能的传授

在高中美术现代媒体艺术模块的教学中,很多教师认为掌握相应的设备、技术更为重要,甚至认为是最重要的,而对作品的主题、立意、情感、思想的表达则属于其次。如在摄影课例教学中,教师更多地强调拍摄技术,如选景、构图、光线、色彩等,对于摄影的主题、内涵、背景等则忽略不提;电脑绘画课例教学中,则注重电脑美术软件的功能介绍、操作程序介绍等,这样的美术教学更接近低级的软件使用操作讲授。在课时量有限的情况下,这种过于注重技能、操作的美术教学,必然只能停留在浅显的层面——无论是教学内容还是教学效果。

(二)教师对现代媒体艺术的认知程度、认知水平有待提高

现代媒体艺术模块的教学需要教师对新媒体艺术有较高的专业认知和技术储备,但目前我国的大多数高中美术教师对新媒体艺术的基本知识、创作手法、代表艺术家及作品、鉴赏和评价方法等的认知程度普遍不高,这也直接导致了高中美术教学中现代媒体艺术开课率低、学生对现代媒体艺术缺乏必要的了解和认识。学生普遍感兴趣的微电

影、数字动画等内容，教师没有相应的知识和能力储备开展教学，对图像、影像等的专业化后期处理软件的掌握更是缺乏。需要指出的是，高中现代媒体艺术模块教学与专业化的新媒体艺术课程在教学目标、教学内容、教学时间和作品评价标准等方面都不同。尤其是对学生作业的评价标准相对较低，只需学生能够基本理解并运用现代媒体艺术的原理及创作手法，完成相对完整、具有一定主题立意的现代媒体艺术作品，并在此基础上，表达他们在生活与学习中的感受与思考。也可以说，高中美术教师对现代媒体艺术的专业化认知和掌握程度应该更为注重广博与综合性而非精深与专业性。

（三）教学硬件设施不足

现代媒体艺术创作和教学需要配备相应的教学设备，比如电脑、平板等，大多只有在经济较为发达、科技发展领先、教育理念先进的地区，学校才能配备这些耗资较大的教学设备。而在其他地区，尤其是欠发达的西部地区，学校根本不可能提供这些现代媒体艺术模块教学所需的设备。高中学生最热衷的新媒体艺术形式是微电影、短视频，新兴的3D打印也是学生关注的热点，他们最常用的新媒体设备是手机、平板和电脑，大多数高中生都有用手机图像处理软件对拍摄照片进行后期处理的经验，但这些手机图像处理软件在操作和功能选择上都比专业的图像处理软件如Ps简单便捷太多。绝大多数高中的美术课堂既无法为学生提供安装有图像处理软件的电脑，也没有足够的课时量教授学生如何熟练掌握这些软件以大胆表达个人创意的技能。

二、现代媒体艺术模块的教学建议

（一）拓宽教学资源，深化艺术与科技发展关系的认识

先锋艺术思考与高科技的结合，在当代艺术领域仍属于前卫艺术之列。新媒体艺术也是一个年轻的艺术门类，不论是艺术创作还是理论研究都处于探索和发展之中，现有艺术与理论研究成果尚未经过艺术史的积淀和理性的审视，即便是美术工作者和美术教育工作者，对新媒体艺术的认知都较为寥寥。这也是目前高中美术的新媒体艺术模块教学的困境之一。作为高中美术教师，要开展新媒体艺术模块的教学，不仅要对教学中面临的现实问题有充分的了解，同时还要积极地寻找解决问题之道。在教学设计中，教师可以考虑拓宽教学资源，深化艺术与科技发展关系的认识，将数字图像、影像、网络、自媒

体、虚拟美术馆等资源运用于日常教学中，通过参观各类新媒体艺术展览、开展主题研讨会等方式，引导学生深化对艺术与科技发展关系的认识。

（二）更新教学理念，探究有效的教学方法

现代媒体艺术模块具有较强的跨学科性质，涉及的艺术门类较多，在高中美术教学中，适合其他模块的教学方法未必也适合现代媒体艺术模块的教学，因此教师需要在教学实践中不断更新教学理念，探究适合这一模块的、有效的教学方法。在当今数字技术不断普及和日新月异的时代，部分高中生对于影像、电脑、网络等现代媒体设备与技术的应用能力可能超过教师。如果教师掌握的新媒体知识和技能过于陈旧或简单，还秉持着教师是无可撼动的知识权威、学生只需被动接受即可的教学理念，是无法胜任高中美术教学的。在信息时代，从事高中美术现代媒体艺术模块教学的教师，应紧跟教育发展趋势及时更新教学理念，在教学实践中不断提升自身的新媒体艺术创作能力、课程开发能力和教学研究能力。现代媒体艺术作为一门新兴课程，它为美术教育提供了新的资源与学习途径，也为师生关系带来了新的互动，教师不再是绝对的知识与技能的掌握者，对于新的资源与方式，教师起到的作用相对于“教”，更趋于“引导”，其旨在加强学生主动学习的能力。在教学设计时，教师可以尝试采用单元教学的方式，使学生在掌握新媒体艺术媒介使用技能的基础上，导入相关主题和观念，因为不论是摄影还是电脑，都只是美术教学的媒介和手段，对某个软件的使用、某个设备功能的掌握并非美术教学的目的，对现代媒体艺术作品的分析也不能仅仅停留在形式分析层面，教师在现代媒体艺术模块教学中应该侧重引导学生理解新媒体艺术作品的文化背景，对作品背后的思想、观念进行社会学角度的探讨和评价。在教授学生使用数字图像、数码相机等数字新媒体工具和技能进行艺术创作的同时，也需要对现代媒体艺术作品所传达的观念、思想进行解读。

（三）适当引入具有教育意义、与美术学科知识相关的网络游戏

有研究显示，在新媒体艺术中引入具有教育意义的网络游戏有助于培养学生积极探索未知艺术的能力，提高学生的创造性，激发学生的学习兴趣。这个模块是高中阶段美术教学的新内容，其中涉及的新概念、新术语、新思想、新创作手法比其他模块更多、更复杂，要求学生思考的层次更高。这就要求教师创造机会，让学生接收新信息，并与以往所学知识进行联系与贯通，通过跨越维果茨基提出的“最近发展区”而建构新的知识和视

野。有教育意义又与美术学科知识相关的网络游戏，有具备成为教学支架的因素和条件，有利于学生对新概念、新思想、新技能的理解和把握。（表6-2）

表6-2 《镇江锅盖面面塑人物群创作》教学设计①

单元	教学目标	教学内容	教学方法	教学资源	教学成果
第一单元 走访镇江“非遗”文化——面塑、锅盖面 （2课时）	1. 初步感受镇江面塑的艺术特色，了解其造型、色彩、质感、创意之美 2. 了解镇江锅盖面的来源和现状	1. 明确走访、调查的任务 2. 带领学生进行访谈、调查 3. 小组制作PPT汇报收集的资料	1. 走访考察，采用抛锚式教学的策略 2. 分组汇报学习、讨论	1. 任务学习单 2. 相机、手机 3. 铅笔 4. 记录本	1. 学生做问卷调查 2. 对镇江面塑特征的了解，知道其制作工序 3. 知道镇江锅盖面的制作流程
第二单元 设计主题性面塑人物群创作 （1课时）	1. 尝试设计以“镇江锅盖面”为主题的创作方案 2. 了解镇江锅盖面制作的过程	根据拍照的资料来设计面塑人物的造型、场景的组别	1. 小组合作 2. 师生互动 3. 讨论交流	1. 画纸 2. 铅笔	每小组能设计1—2个方案并及时进行修改
第三单元 面塑人物群道具、场景制作 （1课时）	1. 尝试选取适合的材料把设计稿中的场景、道具制作出来 2. 综合能力的锻炼	用面塑材料结合小木棒、KT板等材料制作场景道具	1. 分组活动 2. 讨论构思	面塑民间艺人的制作图	能够做出锅盖面制作的灶台、桌椅、刀具等
第四单元 镇江面塑人物制作技法传承 （2课时）	1. 对比运用镇江面塑的技法来捏小面人 2. 能传承并灵活运用镇江面塑造型和色彩的程式化语言	1. 具体学习人物脸部、手、脚和服饰的制作步骤 2. 小组分工合作探究人物创作的方法	1. 小组合作 2. 个人尝试 3. 师生互动	1. 各色面团、面塑工具 2. 面塑民间艺人的制作步骤图	每人能完成锅盖面人物群创作中一个人物造型

① 王大根. 美术核心素养本位的教学与评价[J]. 中国美术教育，2017(2)：15.

续表

单元	教学目标	教学内容	教学方法	教学资源	教学成果
第五单元 小组面塑人物群创作汇报 (1课时)	1. 小组制作PPT汇报创作过程,交流学习 2. 开放地传承和发展镇江面塑	1.讨论交流 2.设计创作作品展评 3.写感受、想法	小组成员以各种形式汇报展示作品	电脑教室	1.文字性的资料 2.作品展示

案例资料

案例1:《蒙娜丽莎》为什么是经典名作?

在高中美术鉴赏课上,教师引导学生欣赏达·芬奇的《蒙娜丽莎》。当教师提到在其他班级称赞《蒙娜丽莎》是美术史上的经典名作时,一些同学不以为然:不就是一幅画着女人的作品吗?她连眉毛都没有,谈得上美吗?而且,画面色彩单调、灰暗,形象朦胧,为什么达·芬奇不画得清晰些呢?

教师继续说道:尽管大家对作品会有不同的看法和判断,但《蒙娜丽莎》在美术史上的经典地位是毋庸置疑的。可如果我们承认这一点,如何让其他人相信我们的判断呢?所以,这节课我们共同寻找说服其他同学的理由吧。(教师向学生分发学习任务书和根据具体的教学目标设计的评价表)

教师接着指出:要认识和判断一幅作品,可以从作品的内容、形式和背景几个方面入手,运用美术、心理、历史、宗教,甚至科技等知识,找到其独特性和艺术价值。因为美术作品不像文字和语言表达那般线性地呈现信息,而是同时呈现全部信息,所以最好设法找到一个欣赏的线性程序,由点到面、由表及里地认识作品。为此,向大家推荐一个行之有效的欣赏程序:描述、分析、解释和评价。

接下来,教师引导学生认真观看和分析作品。大家纷纷描述所见到画面的细节,如构图、色彩和背景等,指出这幅作品采用的是金字塔形构图,人物表情恬静而含蓄,轮廓时隐时现,似乎隐没在空气之中,画面灰暗,但头部、胸部和手部却十分明亮。

然后,教师将学生分成若干学习小组,分配任务,要求学生通过阅读、网络搜索和讨论等方式,了解达·芬奇的生平、时代背景和他对艺术的贡献、对后世的影响等。这些内容有助于确定达·芬奇在美术史上的地位和《蒙娜丽莎》的独特价值。在完成上述学习任务后，各组推选一名学生代表陈述研究成果和见解。

第一组：达·芬奇的生平事迹。达·芬奇是意大利文艺复兴全盛时期博学多才的人物，数学优异，富于科学探究的胆识，精通建筑、解剖学、化学、流体力学，钻研并尝试制作过人类最早的飞行器、潜水艇，设计过桥梁、水坝，对植物有细致的观察。同时，他也是现代解剖学、病理学和医学的先驱。他以理性的态度和科学的精神观察世界，寻找事物本质和自然规律，并依据这些规律设计出一些设备、武器和建筑。他突破神学的禁忌，通过客观地观察和认识现实世界，从而赋予其作品严谨的科学精神。与米开朗琪罗相比，他的作品更加理性和冷静，对事物本质和世界奥秘的探究远远大于个人情感的表达。（学生展示达·芬奇像及达·芬奇绘制的器物和人体草图，并将达·芬奇的作品与米开朗琪罗的作品进行比较。）

第二组：文艺复兴与中世纪的差别。文艺复兴指14世纪至16世纪欧洲人文、科学和艺术全面兴盛的现象。所谓“复兴”，也即“再诞生”，表达的是经过漫长的中世纪，沉睡的人文精神重新复苏，爆发出勃勃的生命力。在中世纪基督教神权统治的时代，由于压抑和禁锢人的世俗欲望，鄙弃肉体，因此一些画匠在描绘圣像时，也尽可能排斥感性特征，避免感官刺激。所以，中世纪的绘画排斥世俗生活，圣像也逐渐被统一成固定的符号，抽象、僵硬，缺乏生命感。（学生出示中世纪绘画作品。）

第三组：人文主义思想对绘画的影响。中世纪后期，商业贸易的发展催生了经商致富的中产阶级，他们对现世生活的热情，冲撞着主张禁欲的基督教思想。这促成了人文主义思想的萌发，形成了培植文艺复兴的沃土。绘画也随着人文思想的发展，发生了一些变化。这些变化在佛罗伦萨画家乔托的创作中得到了清晰的体现。他是以人体解剖学和空间透视法来处理绘画问题的先驱。正因为如此，他被誉为“欧洲绘画之父”。当然，他的绘画成就还没有达到文艺复兴盛期的高峰，描绘的也基本上是宗教题材，但由于渗透了人体解剖知识和空间透视知识，已经显露出“人间烟火”了。（学生出示乔托的壁画作品《诺亚之梦》《基督下十字架》，并与中世纪绘画进行比较。）

第四组：《蒙娜丽莎》的艺术成就。《蒙娜丽莎》的主人公原型究竟是谁？针对这一问题，人们至今依然没有统一的意见，但普遍认为她是一位跟商人或商业有关的女性。在达·芬奇的眼中，她柔美悦目、庄重典雅，其转瞬即逝的面部表情和双手的交叠都显露出她内心的安详。这件作品表现的不是欢快的情绪，反而透露出淡淡的忧伤。她侧身坐在阳台上，后面是山谷、河流、桥梁，小路蜿蜒，延伸向画面的深处……与乔托的作品相比，达·芬奇的《蒙娜丽莎》通过对圆润丰满的人物、自然真实的风景和人物内心情感的细致描绘，在世俗化方面走得更远。而且，在这件作品中，达·芬奇首创并尝试运用了绘画中的"空气透视法"，将各种形体的界限笼罩在一种烟雾中，远山更是朦胧幽渺，与天空融为一体。这种技巧也被称为"无界渐变着色法"。（学生将《蒙娜丽莎》与乔托的作品做比较。）

第五组：《蒙娜丽莎》对后世的影响。这件作品现存于法国巴黎的罗浮宫。诞生后数百年以来，无论是研究者、普通人还是艺术家都对它充满好奇，不断对它进行探索，涉及蒙娜丽莎的身份、达·芬奇创作这件作品时的状态和情境等。围绕这件作品还出现了一些文学和电影作品。受其影响，后期的一些画家在自己的作品中学会了暗色的运用（当时的绘画中明暗是具有象征意义的，明代表善或上帝，暗代表恶，所以当时的画家很少使用暗色。但达·芬奇则根据视觉原理，为突出主体等需要，大胆使用暗色，使画面明暗均衡，完全没有顾及宗教的禁忌）、肖像画的金字塔形构图、空气透视法和无界渐变着色法等。还有一些艺术家用各种方式、媒材和技法变造《蒙娜丽莎》。（学生出示后世对《蒙娜丽莎》的各种形式和材料的变造，以证明其巨大而不衰的影响力。）

…………

教师肯定了学生对资料细致而充分的搜集和整理，并与学生一起归纳了《蒙娜丽莎》之所以被称为经典名作的理由：

1. 通过运用解剖学和透视学原理，描绘了真实的人物和空间，充分肯定了人的世俗欲望，讴歌了人文精神。

2. 通过对人物表情的刻画，揭示了人物内心复杂而丰富的情感世界。

3. 在美术语言和技法上采用了肖像画的金字塔形构图法，运用了"隐没法"和无界渐变着色法，影响了后世肖像画的发展。

4. 数百年来始终受到社会的关注，成为研究、模仿和变造的对象，并衍生出与之相关的文学和电影作品。

教师最后问：通过以上对《蒙娜丽莎》多角度的研究和欣赏，我们找到的理由能够说服我们自己和他人相信《蒙娜丽莎》是一幅经典名作吗？接下来，请大家结合学习任务书和评价要点，综合自己的学习心得和表现，对自己这次学习活动的表现进行评价。

案例2：《父爱》——素描肖像画创作

教师问学生：父亲节快到了，我们应该为父亲做些什么呢？下次课开始，我们将尝试以“父爱”为题，为父亲创作一幅素描肖像作品。接着，教师分发学习任务书和评价表，并要求大家按照学习任务书的要求做相关准备，包括理解什么是父爱，阅读朱自清的散文《背影》，选择和聆听关于父爱的歌曲和乐曲，了解父亲的工作和经历，评价父亲的性格，回忆对父亲印象最深的一件事情，用手机给父亲拍几幅不同角度的照片，并描述父亲的外形特征。

该学习内容采取单元课程形成，分3课时完成。

第1课时：理解创作主题，由感受和认识父爱，激发对父亲的感情。教师让大家讨论什么是父爱，父爱与一般的人类之爱有什么不同，父爱有什么象征意义；引导学生欣赏罗中立的《父亲》，了解罗中立创作这件作品的背景和经过、《父亲》的个性和寓意、《父亲》的形象刻画和表现手法。在背景音乐中，学生观看表现父亲的图片；选择合适的形容词，描述自己父亲的性格和外形特征；思考自己将从什么角度、姿态和表情进行描绘，选择什么样的道具和环境，采用什么表现形式最能表达主题，并与同学讨论和交流。

认识肖像画的内涵，学习肖像画的构图知识并完成构图。通过讲解和引导学生阅读、欣赏优秀肖像画作品等方式，帮助学生认识肖像画的类型（如头像、半身像、全身像和群像等），以及优秀肖像画的标准。以演示和示范、欣赏作品等方式，指导学生学习肖像画的构图知识，进行小草图练习。要求学生尝试为自己的创作构图，并不断与教师和同学交流，完成创作构图。

第2课时：学习并练习线条。通过讲授、欣赏和示范，帮助学生认识线条的种类，如线条的曲直、粗细、虚实、长短，线条的排列与组合，轮廓线与辅助线的运用等，并进行练习。

学习并练习明暗画法。通过讲授、欣赏和示范，帮助学生认识明暗造型的规律、明暗画法的步骤，并进行练习。

第3课时：完成作品，并进行展示与评价。学生独立进行创作，教师巡视指导，并鼓励学生在创作的过程中经常与同学互动交流。作品完成后，进行展示和评价。可以是作品的实际展示,也可以用手机拍照,进行跨班级、跨学校、跨地域的展示,还可鼓励学生将作品带回家跟父亲和其他家人交流,接受他们的评价。根据评价表的要求,引导学生评价作品对父亲外形特征、个性和精神状态的表现,自己对美术媒材和技法的掌握和运用程度,尤其是学生对父爱的理解和情感流露。同时,还要关注学生在每个环节的学习态度以及体现出的独特艺术个性和追求。总之,在解决问题(为父亲创作一幅素描肖像,以颂扬父爱)的过程中,综合评价学生在美术学科核心素养方面的表现。

案例3:旅游中的风景——用平板电脑进行数码绘画表现

国庆小长假快到了,学校准备在节后举办一个主题为“旅游中的风景”的数码绘画作品网络展示和交流活动。为此,教师专门设计了一个单元(3课时)的数码绘画课程,为这一活动做准备。

第1课时:教师设置了问题情境——在旅游中,我们应该如何观察并提炼表达的主题?如何运用平板电脑进行绘画表现?如何在网络上展示和交流,并进行自评和互评。教师要求学生分成若干学习小组,制定学习任务书,上网搜集优秀的数码绘画作品进行鉴赏,相互讨论,引导他们从感性和理性上认识数码绘画。然后,每组选派一个学生代表本组针对优秀风景画的标准、风景画表现的主题、风景画的构图和色调与主题及情感表达的关系、数码绘画的审美特征和技术方法等问题发表看法。在此过程中,教师始终扮演着倾听者和启发者的角色,甚至与学生一道介入具体的学习活动中,不断地提出各种问题,推进学生不断质疑和思考,必要时更正和补充学生的观点。如果意犹未尽,这种讨论也可以在课后通过网络互动平台继续进行。

接下来,教师要求学生通过网络观看数码绘画教学视频,并与同学互相交流,总结数码绘画的程序和要点,为深入学习做好铺垫。为了让学生更好地认识数码绘画的操作要点,教师进一步通过现场讲解和示范演示,引导学生了解平板电脑中绘图软件的基本功能和特点,认识软件界面中的工具栏布局和技术要求,掌握运用该软件进行数码绘画的方法。

教师布置学生课后拍摄校内或校外的风景照片若干,并鼓励他们与教师或同学讨论主题和拍摄的效果。

第2课时:教师指导学生选择合适的照片,将其导入绘图软件,运用内置的画笔、色彩、涂抹等工具对原图进行修改和绘制,并利用各类艺术滤镜进一步提升数码绘画作品的艺术效果，以突出主题和更好地表达自己的情感。当学生通过练习熟练掌握绘图软件的创作技法后，教师鼓励他们选择运用画笔和色彩工具直接在平板电脑上以“旅游中的风景”为主题进行绘画实践，并选用文字工具在画面上分享创作心得。

第3课时：当数码风景绘画作品完成后，教师再引导学生从造型、色彩、构图、技法、笔触和创作感受等方面探讨数码风景绘画作品与风景摄影、风景手绘作品之间的区别，同时要求学生将完成的绘画作品上传到在线协作学习平台上。教师点击展示页面上的作品，检视并进行实时在线评价，从而帮助学生及时修改和完善作品。学生可以发表自己的或分享同学的创作体会和心得，不拘地点和时间相互进行评价。

通过本单元的学习，学生感受了现代媒体艺术的魅力，对这种交互的创作、展示与评价方式产生了浓厚兴趣，期待国庆小长假的旅游和创作，以及节后的数码绘画作品网络展示和交流活动。

案例来源：《普通高中美术课程标准(2017年版)》第66~77页

思考与练习

一、高中阶段的美术教学与初中阶段有何不同？

二、作为一名合格的高中美术教师，需要具备哪些素质与能力？

三、你如何看待高中美术教学中的示范与临摹？

第七章　课外美术教学活动

真正的艺术是人类进步的最强大动力之一。能够使尽可能多的人接近真正艺术的人，是造福于人类的人。

——柯达伊

美术教育既能够陶冶情操、塑造人格，又可以培养审美意识，引导审美价值取向。然而要想真正实现美术教育的教育目的，是不能单纯依靠校内的课堂学习的，更应该要重视课外的美术教育。

第一节　课外美术教学活动类型

课外美术教学活动是指在学校课堂教学计划以外利用课余时间在教师指导下进行的一种有计划、有组织、有目的、有目标的美术教育活动。现行美术教学大纲指出："课外美术活动是学校美术教育的有机组成部分，要积极创造条件，有计划地开展多种形式的课外活动。"

课外美术教学活动和课堂教学相辅相成，与课堂美术教学在教学目标和培养目标上是一致的，但也有着自身的特性。其不同于国家中小学美术课程标准中对教学内容和教学时间的严格要求，课外美术教育活动在教学内容、教学形式、教学方法及教学评价等方面有很大的弹性空间。在教学内容上，不受课程标准与教材的限制，既可根据教师自身的专长，也可根据地域文化，更可根据学生自身兴趣来决定。而在教学形式、教学方法上因材施教，既方便教师充分关注学生个体发展的需求，又让每个学生有宽裕的个性发展空间，呈现出多元化的状态。因此，课外美术教学活动成为学校美术教学的重要组成部分，既是课堂教学的继续和延伸，又是它的变异和拓展，也是学生进行美术创作的有效途径之一，能够充分激发学生的创造力和想象力。此外，对提高学生美术文化修养、提高审美情趣以及丰富学生的课余文化生活有着积极的作用，同时也在无形中对课内美术教学课时的不足进行了补充，对学生美术能力的进一步提高具有极其重要的意义。当然，课外美术教学活动也有助于学生从标准化、城市化的课堂学习和应试氛围中解放出来，既放松身心，舒缓压力，又促进学生德智体美劳的均衡发展。

根据美术教育的活动场域，课外美术教育以学校为界限，分为校内课外美术教育活动和校外美术教育活动两大类。

一、校内课外美术教育活动

本着学生自愿参加的原则，在学校内组建的课外美术活动小组，由学校或校外教育机构领导的校内课外美术教学活动。

优点：能有效地发挥学校自身的综合实力，充分发掘学校自身的美育资源，开展积极有效的美术教育活动，完善校本课程的建设。同时能有效地激发学生的潜能，满足学生的发展需求，正确引导学生的兴趣爱好，培养学生自主学习的能力，有利于学生树立正确的三观。

缺点：由于受到师资、设备、场地乃至学校管理方式等各方面的限制，校内课外美术教育较难有突破。

二、校外美术教育活动

同样是本着学生自愿参加的原则，学校或校外教育机构借助少年宫、博物馆、社区等校外平台开展美术教育活动。其目的在于延续美术文化，提高美育效果。

优点：能够高效整合社会美育资源，举办形式多样的美术学习活动，如学术讲座、主题创作、艺术实践等，既对校内美术教学进行补充与延伸，满足学生对更多美育的追求，又对综合性美术教学进行了探索与尝试，推动了美术教育事业的进一步发展。

缺点：因其承办者多为校外机构，其办学理念与定位从很大程度上决定了校外美术教育的水平，同时其师资队伍相对来说不稳定，缺少专业的管理机制，教学水平参差不齐。

课堂美术教学活动与课外美术教学活动在教学活动的场域、教育目的、教学方法等方面都存在着较大的差异性。（表 7-1）

表7-1　课堂美术教学活动与课外美术教学活动的比较

比较项目	课堂美术教学活动	课外美术教学活动
办学主体	国家 (政府办学、国家办学私人投资)	多主体 (国家、集体、社团、个人)
主管形式	主动接受国家主管部门的监督和指导	自觉进行自我管理和建构
内容依据	国家美术课程标准	素质教育、个体发展需要、社会人才需求标准、学科自身发展特点
课程来源	依据课标编写的实验教科书	学校或教师自编教材
学生构成	按照学校班级开展教学 (同龄、同班、学业要求)	灵活多样的学生构成形式 (近龄、同趣、学生需要)
实施策略	必修、强制	选修、自愿
课堂特征	完整、严格、封闭 (时间、空间、形式)	不完整、开放、多元 (时间、空间、形式)
地位作用	公民美术教育的主阵地,美育普及	学校美术教学的补充与延伸,美育提高

校内课外美术教育活动主要是指学校开设的第二课堂美术兴趣小组的美术教育活动;而校外美术教育活动主要是指少年宫(含青少年活动中心、妇幼儿童活动中心等公立机构)、博物馆或美术馆开展的美术教育活动,社区美术教育活动和社会民间教育机构开展的美术教育活动等。

(一)第二课堂美术教育

第二课堂是相对课堂教学而言的。从教学内容上看,它源于教材又不限于教材;在学校教学计划外组织学生开展有意义的教学活动,是素质教育不可缺少的部分。从形式上看,它生动活泼、丰富多彩。它的学习空间与范围广大,可以在学校、教室、操场,甚至在社会、家庭中开展。(图7-1)

图7-1　美术特色课堂

第二课堂的开设是学校美术教育的重要组成部分之一，是美术课堂教学的补充和延续。实践证明，中学生通过参加各种形式的第二课堂美术教育活动，既能够丰富生活，开阔视野，增加知识，发展智力，又能够丰富他们感知生活的情感，提高艺术表现能力，培养创新和创造性精神，培养奉献、克服困难、团结、合作等良好的人格品质。通过第二课堂的美术教育活动，能够充分有效地探讨第二课堂美术教育与美术课堂教育的关系。同时在建构校园文化氛围、传承传统地域文化、培养教师科研精神与科研能力、提升学生综合素质等方面取得了积极成果。

案例资料

贵州省都匀市第十中学依托第二课堂构建美术特色课程体系

美术课堂上，学生们学习的知识范围有限，往往会忽视学生综合能力的提高和审美情趣的培养，举办第二课堂可以有效补充“第一课堂”的欠缺。第二课堂还可以有效繁荣校园文化、解决学科交叉互补时存在的问题、培养学生的个性特长和能力，提升学生的综合素质。在设计各类美术教育活动时，要立足于学生的精神成长，拓展和延伸课堂，走出校门，站在更高的角度去设计活动。

在新课程背景下，尤其在“双减”政策落地实施后，要勇于开拓广阔的第二课堂，研发具有特色的第二课堂校本课程，构建特色学校。以第二课堂为阵地，准确进行特色定位，是学校特色构建的一个突破口。都匀十中自建校以来，积极构建学校的课程体系，美术课程作为实现目标的主要内容，坚持走“优化课堂，衍生社团，链接活动”的成长之路，培养学生“发现美、欣赏美、体验美”的艺术情操，让每个生命都能在多彩的美术课堂中绽放光芒。

初中美术新教材课程标准根据美术学习活动方式划分为“造型·表现”“设计·运用”“欣赏·评述”“综合·探索”四个实践活动，每一个实践活动相对来说都比较全面和系统。但是在具体实施的过程中会有一些实际操作上的困难，如因教材使用的是浙江美术出版社出版的版本，里面部分内容对西部内陆的学生来说显得陌生，这就造成了大多数学生往往只能接触其中部分课程资源，部分地域性强的内容无法接触。而通过第二课堂的补充，可以弥补这个缺陷，同时也深化了美术活动的内涵。这也符合课标中“综合·探索”实践活动注重通过感受、欣赏和表达等活动方式内化知识、形成审美心理结构的要求。

如何利用优势资源、有效的载体和平台因地制宜，有计划地组织学生开展系列化、特色化的主题性美术教育活动，是迫切需要研究的课题。都匀市教育科研中心提出的“1+X”教学改革模式为学校的第二课堂课程体系提供了合适的土壤，“第二课堂”计划所包含的美术学科，根据美术教育资源性质可以分为显性和隐性两大类。作为学生美术教育活动的主要组织者——美术教师，要对这些资源作一个系统的考察和认证，区分出它们的不同，从而更好使之服务于学校具有特色的美术第二课堂。

都匀十中地处黔南州府都匀，紧邻黔南民族师范学院、三线博物馆，蕴含诸多乡土美术资源，历史人文景观，美术名家、名作等。如百子桥、狮子桥、风雨桥、文峰塔，都匀归兰水族剪纸、水书文化，石板古街、水族民居等。学校谨遵“以人为本”的原则，坚持“生活化”的教育内容，坚持“活动体验”的教育途径，坚持构建特色课程体系，让美术文化长存在学生们的心灵之中。

在实施过程中，学校做到了以下几点：一是特别重视德育的融入，以“道之以德，化之以礼”为办学理念，面向全体，全面发展，立人先要立德，把人立起来，是学校的追求，更是家长的期盼；二是注重团队的引领支持，从校长到美术教师，大力推动，培养教师，加强学习，理论与实践相结合，积极开展美术第二课堂美术探索，打造出了特色美术第二课堂建设团队，以美术备课组为中心，各司其职，加强团队协作，推动第二课堂课程建设、实施；三是坚持“走出去，请进来”原则，学校全力支持和提供各级各类学习与培训机会，让团队与美术教师走出去，接触其他学校更有特色的第二课堂，借鉴其他学校特色经验，研究他们的成功之路，开阔视野，激发创新；四是通过系列特色活动，强化本校第二课堂课程建设，如“学习三线精神，激发学习热情”参观厂址活动，博物馆系列活动、寻访都匀“老八景”活动、都匀水族民族风情探寻系列活动、都匀“寻桥记”活动等，使学校的美术第二课堂逐渐形成特色，从而构建成独具特色的校本课程体系。（图 7-2 至图 7-4）

图 7-2　都匀市第十中学组织学生参观三线博物馆

图 7-3　都匀市第十中学丰富的社团活动

图 7-4　都匀市第十中学发现家乡之美远足活动

教学模式是师生为了共同完成教学内容，通过共同努力采取各种教学手段和方法，并形成一定理论体系的可操作性的知识系统。在少儿主题性美术教育活动中，教学模式是完成教学目标和任务的重要载体。从教育心理学的角度讲，学生的学习方式有接受与发现两种。与之相应,利用第二课堂进行主题性美术教育活动有“走出去”和“请进来”两种主要的活动方式。

在主题性美术教育活动中应尽量提倡多样化的美术学习模式,从学生学习方式着手,形成学生自主参与、激发学生思维、经历实践与追求创新的过程。发现式主题性美术教育活动中又可以运用以下教学模式:自主学习模式、问题解决模式、范例学习模式、合作探究学习模式等。

主题性美术教育活动最主要的一种模式就是“问题解决模式”。美术研究和学习主题的呈现方式就是让学生自主发现,并围绕这一主题展开主动学习与探究。学生亲自体验事物,引发其对所接触的事物提出问题,然后自己收集和处理与问题有关的必要信息,发现解决问题的方案,并尝试解决方案的恰当性,是一种重视过程的教学模式。教师的任务在于创设引发学生主动学习的教育环境,并进行适当引导,培养与生活相关的解决问题的能力。例如进行“西湖山水”“西湖园林”等主题性活动,学生就带上画板、画架走进西湖山水之中,感受西湖的美,取景、创造美。在进行“寻访大师的足迹”主题性美术教育活动中,与唐云艺术馆、潘天寿纪念馆等第二课堂场馆联系,也拓展第二课堂,跟未列入其中的恒庐美术馆等取得联系,带领学生参观场馆、感受名作魅力、聆听专家讲座,通过参观、考察、研究、汇报一系列发现美的活动进行主题性美术教育活动。

高中美术新课程标准要求“传承美术文化,弘扬人文精神”。在注重发现式学习方式的同时,也巧用接收式学习方式,请各个场馆里的专家和大师们走进校园跟学生面对面交流,把美传承给下一代,也使学生能有机会和大师们零距离接触,在思维的碰撞和智慧的绽放中达成主题性美术教育活动的目标。

(二)美术馆美术教育

公立美术馆是政府为纳税人提供公共服务的重要形式和场所,并必将逐渐发展成为政府统筹各类社会资源服务青少年的平台。简单地说,美术馆将是孩子们在闲暇时间学习人文、艺术,认知朋友、家庭和社会,培养兴趣、爱好和情感,进行游戏和锻炼,以及享受青少年相关公共服务的校外教育和活动场所,同时也是各地少先队组织管理、培训和开展活动的主要阵地。

随着政策的变动,美术馆作为校外培训机构典型的同时兼有国有公益事业单位的身份。为助力青少年的成长服务,它建立起了社会公共服务体系,是青少年社会教育的重要基地。其教学上更注重孩子的综合素质的提高,其美术教学弥补了校内美术课堂内容

上的不足，这对学生视野高度和见识层面的广度提高，以及全方位提升个人艺术素养有很大的帮助。(图7-5)

图7-5　美术馆里的美术课

1998年9月，全国第一个“特殊儿童美术实验班”开办，免费接受了十余名不同程度的弱能孩子参与学习。2006年特殊儿童教育中心正式成立，面向2~18岁视力残疾、听力残疾、言语残疾或肢体残疾等残障儿童，或精神发展迟缓、自闭症、唐氏综合征、脑瘫等特殊儿童开展公益艺术教育项目。十多年来，共有近万人次的特殊儿童享受过少年宫提供的免费的高质量艺术教育。同时为那些不方便进入少年宫学习，而又严重缺乏艺术教育资源地区的弱势少年儿童送教上门，输送优质艺术教育。他们努力的方向是把艺术教育和文化参与提高到人权的高度，让每一位孩子都成为艺术教育的受益者。

(三)博物馆美术教育

博物馆是征集、典藏、陈列和研究代表自然和人类文化遗产的实物的场所，并对那些有科学性、历史性或者艺术价值的物品进行分类，为公众提供知识、教育和欣赏的文化教育的机构、建筑物、地点或者社会公共机构。

作为向公众提供部分知识、教育的公共场所，博物馆的重要意义不仅在于展示了人类千百年来所创作出的优秀艺术作品，更在于向大众传递了古代艺术家的创作灵感与艺术品位，其展品也就自然而然地成为我们今天进行课外美术教学活动的母题。而在博物馆中有一个特别的成员——美术馆，它作为艺术类博物馆，是收藏、展示、保护美术作品，以及提供公共教育的专门机构，主要进行现当代文化的传承、保护、收藏、研究，助推当代艺术的发展。中华艺术宫执行馆长李磊指出：“美术馆的第一社会职能是教育，是没有围墙的美院，得让美照进人心。”博物馆内部针对美术知识教育所进行的艺术品展示，更是极具丰富性和多样性，博物馆无疑成了课外美术教学活动优秀的场所之一。而在这一点上，大都会艺术博物馆、故宫博物院、上海当代艺术博物馆、中华艺术宫等提供了可以借鉴的有效经验。

其实，博物馆早期的美术教育形式很单一，只以导览讲解介绍的方式进行，而往往各地的博物馆讲解是针对社会大众的，专门对青少年的导览讲解系统几乎没有，故因受众群体的差异性，导致青少年接受美术教育的效果不理想。而随着时代的发展，科技的日新月异，相关部门的成立，博物馆美术教育开始对青少年教育展开系统性的研究，以教育目的为前提大力开发博物馆的教育资源，由此，博物馆终成为中学课外美术教学活动的重要场所之一。

在博物馆中进行美术教学活动，不但能培养学生在艺术创作中融汇古今的能力，而且有利于民族艺术的传承与发展。虽然我国现有的博物馆资源还未得到充分的开发与利用，但是把博物馆资源引入基础美术教学势在必行，也是我们当前对艺术民族化的践行。在课外美术教育过程中，博物馆使人们更直接地观察与临摹对象，更深刻地体味传统艺术作品的精华所在。

案例资料

馆校合作 文化育人——跨学科探究课程走进嘉定孔庙

2021年12月13日，来自普通小学五年级的“嘉定小先生”“疁城探寻”两个社团的学生一行近50人，在学科老师的带领下，来到嘉定孔庙开展“探寻孔庙里的秘密”——校馆合作探究课程。

初入孔庙，气势恢宏的大成殿、半圆形的泮池、形态各异的72只石狮子引起了同学们的注意，“嘉定孔庙为什么被称为‘吴中第一’?”“石狮子为什么有72只?”“泮池上的石拱桥为什么叫‘状元桥’?”伴随着老师的提问，同学们若有所思，激发起带着问题一探究竟的强烈兴趣。

图7-6　博物馆讲解员为学生作讲解

嘉定博物馆陈列宣教部的袁晔珺老师为孩子们现场讲解嘉定孔庙的历史：它是中国历代人们祭祀思想家、教育家、儒家学派创始人孔子的场所，也是古代秀才读书的学堂，培养出了一大批栋梁之材，“教化嘉定”的美名也由此流传开来。袁老师引导同学们观察大成殿的外观，讲解它的建筑风格和造型结构：外部采用歇山式屋顶、重檐风格，显得高大雄伟；内部采用斗拱结构，体现了中国人的智慧，具有鲜明的中国传统文化特色。袁老师还结合内部陈列描述了古代祭孔仪式的场面。除此之外，孔庙内还有明伦堂、碑廊和当湖书院等建筑，袁老师一一进行了介绍，孩子们热情地与其互动、交流。（图7-6）

随后大家围绕“孔庙建筑”开展自主探究，选取认为最美的部分并用画笔画下来。同学们有的走进大成殿、当湖书院寻宝、画宝；有的走到甬道上，仰望大成殿，将孔庙主体建筑用画笔记录下来；还有的来到泮池边，写生状元桥，并结合课程内容，寻找建筑中蕴含的奥秘。（图7-7）

图7-7　学生画孔庙

接着，同学们进行分享交流，展示、分享了自己笔下的孔庙瑰宝，并运用跨学科知识从文化、艺术、科学、思想等层面展开了深度的讨论。（图7-8）

图7-8　学生分享展示

最后，同学们在孔庙大成殿前合影留念，为探访孔庙秘密的文化之旅画上圆满的句号。

此次活动是嘉定博物馆利用馆藏资源，推进馆校合作，与普通小学共同开展跨学科融合教育的有益尝试，通过调动同学们参与文化探索的积极性，让他们带着问题和思考走进博物馆，寻幽探秘，寓学于游，在亲身实践中学习课外知识，领略传统文化的独特魅力。嘉定博物馆也将进一步健全与区内各中小学校的合作机制，促进博物馆资源融入教育体系。

案例来源：嘉定博物馆

（四）社区美术教育

社区是若干社会群体或社会组织聚集在某一个领域里所形成的一个生活上相互关联的大集体，是社会有机体最基本的内容，是宏观社会的缩影。“社区教育”一词源于杜威所说的“学校是社会基础”之思想，而“社区美术教育”则是近二三十年提出的概念，可以理解为以社区为基础的美术教育。目前，部分社区内设立了学校和教育场所，它们结合自身的特点与社区的特点进行相互的延伸，学校或教育场所开展对社区的认识、社区的服务、社区的美化等学习活动。而学生在这个过程中既能够在社区空间中创造艺术作品，又能够向社区居民传播美术文化。

社区美术教育是以社区为主要活动场所开展的美术教育，以社区美术培训班、美术作品展览、社区美术俱乐部等形式进行。通常这类社区美术教育活动的目的是维护社区和谐、构建社区文化、提升社区居民素质等。

案例资料

车墩镇社区文化活动中心2020年暑期活动

案例1：暑期少儿丝网版画学习体验活动

为了丰富青少年暑期活动，关注下一代健康成长，让他们度过一个愉快、充实、有意义的假期，同时为了使更多的青少年了解优秀传统民间文化（丝网版画），车墩镇非物质文化传承中心在8月举办两期暑期少儿丝网版画体验活动，用讲、赏、动的教学形式，直观地让少儿们感受车墩特色文化。8月7日13时，东门村委会的15位学生通过提前网上报名，来到车墩丝网版画创作基地参加第三期暑期少儿丝网版画学习体验活动。活动伊始，非遗传承人张玉良老师先带领学生们参观车墩镇版画美术馆，目前馆内正在展出“辉煌35”车墩镇历年优秀丝网版画作品展。通过赏析艺术家们的作品，让各位小爱好者感受传统文化的魅力。随后在车墩丝网版画创作基地，张玉良老师为学生们简单地介绍了版画的制作流程，让他们对丝网版画有了一个初步的概念。之后张玉良老师现场演示印刷作品的过程，学生们积极地参与体验其中，通过自己印刷，生动地了解丝网版画形成的原理。本次的暑期少儿丝网版画学习体验活动受到了学生们的欢迎，拉近了非遗文化和青少年之间的距离，让学生们真正体验到了快乐、健康、有益的暑期生活。(图7–9)

图7–9　丝网版画体验

案例2：暑期缠花小蜻蜓手工DIY活动

缠花，顾名思义就是用各种颜色的丝线在提前固定好的坯架上缠绕出各种造型的花卉艺术品。8月12日上午，一场以“缠花”为主题的少儿手工DIY活动在车墩镇社区文化活动中心306教室展开。本次活动共有12个亲子组合参加，由来自车墩镇文体所的小何老师带着孩子与家长一起做缠花，品缠趣，识缠美，开启了一段手工缠花的乐趣之旅。活动开始之前，何老师先向大家简单介绍了缠花的由来：缠花工艺源于明朝，盛于清，现已经被列入非物质文化遗产名单中。其最大的特点就是小而精致，而且缠出来的作品栩栩如生，形态逼真。此次缠花制作主要分成三个步骤：制作蜻蜓的身体、制作蜻蜓的翅膀以及最后的组装。通过老师现场的一步步指导，家长与孩子的通力配合，每一组亲子家庭都完成了缠花小蜻蜓的制作。孩子们纷纷表示，想把蜻蜓发簪送给自己的妈妈，脸上写满了幸福的成就感。孩子们通过此次缠花小蜻蜓手工DIY活动，不仅提升了自己的动手能力，增进了亲子间的感情，也重新认识了缠花这一传承多年的非物质文化遗产。(图7–10)

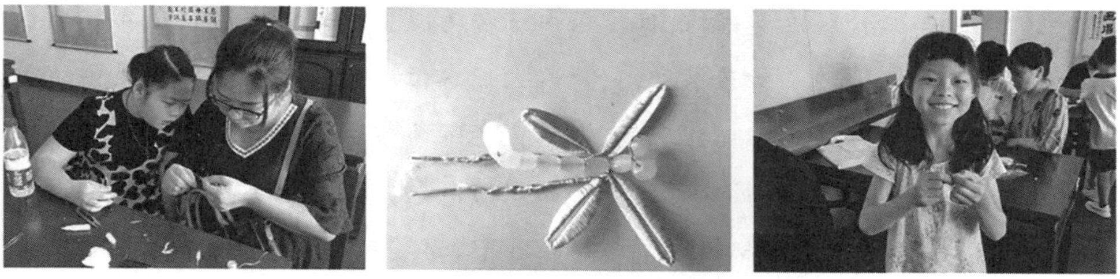

图7-10　缠花手工体验

案例3:“纸短情长”衍纸书签手工活动

衍纸,也称卷纸,是纸艺的一种形式,也是流传于英国王室贵族间的一种手工艺术。8月20日下午,一场以“衍纸”为主题的手工书签制作活动在车墩镇社区文化活动中心306教室展开。本次活动由来自逗泥玩软陶艺术工作室的米范老师为孩子们指导教学,带孩子们领略纸艺的艺术魅力,共有24名来自不同社区的小朋友参加了此次活动。活动开始之前,米范老师先向大家简单介绍了一下缠花的由来:风格奇丽的衍纸艺术起源于15~16世纪欧洲的修道院。当时的修女为了美化宗教性质的用具,曾利用羽翮作为卷纸的道具。容易曲折、有回复力、有弹性、可切割……将纸张的这些特质活用至极致,呈现出来的成品就能从原有的平面扩及至立体世界。此次衍纸制作主要分成三个步骤,即卷、捏、拼贴组合,所用到的工具包括剪刀、白胶、纸、衍纸笔、木质书签等。衍纸做来相当简单,只要抓住了操作要点,没有比它更好学的手工艺了,一点点耐心和创意,就能做出美轮美奂的作品。通过米范老师的讲解以及现场一步步的指导,孩子们都顺利完成了自己的衍纸书签。有的孩子喜欢粉色的花瓣,有的孩子喜欢蓝色的,各有各的美。车墩镇文体所一直以来都希望能通过举办各类少儿活动来培养小朋友的观察力、想象力、创造力和审美力,我们希望车墩镇的青少年和家长在参加活动的过程中能享受到创作、成功的乐趣。(图7-11)

图7-11　衍纸书签体验

案例来源:松江车墩微信公众号

（五）民间美术教育机构教育

民间美术教育机构是指由社会民间资本投资并参与建立的美术教育机构。这类民间美术教育机构往往通过提供有偿的美术教育服务，实现其盈利目的。我国的民间美术教育机构是由经济的迅速发展和社会需求的提高催生的。20世纪90年代，我国发达城市与沿海城市一带的民间美术教育机构已经发展得初具规模，但受经营方式、师资力量、教育理念和监管力度等因素的影响，这些民间美术教育机构的办学水平参差不齐，面临着许多问题。直到2004年《中华人民共和国民办教育促进法实施条例》的颁布才标志着国家开始规范民办教育的管理与经营，也正面肯定并鼓励民间资本参与发展教育和社会培训事业。就目前而言，我们不难发现民间美术教育机构对社会的影响愈来愈大，是一股不可忽视的力量。在当前的大环境下，尽管民间美术教育机构盛行，但其教育与学校美术教育还是存在一定的差异。（表7-2）

表7-2　学校美术教育与民间美术教育机构教育的比较

比较项目	民间美术教育机构教育	学校美术教育
所属管理单位	各级文化及工商管理部门	教育部体育卫生与艺术教育司及各地教育管理部门
教学条件	教学地点和课时相对自由，教学时间灵活多变，学生人数无明显限制，学生自主学习性较高	教学地点和课时相对固定，学生人数受国家规定，授业年限有限制
学习者的意愿	以学生的兴趣为主要出发点，家长经济条件允许的情况下选择参与	学生必须参与
师资来源	师资以人才招聘为主	由《中华人民共和国教师法》规定，教师聘任制，教师享有国家事业单位人员福利
教学理念	受经营者或教学者的理念影响较大	以国家美术课程标准为基础，推行各种教学措施

案例资料

展厅即课堂——陈钧德艺术与文献特展

正逢十一假期，在庆祝祖国母亲72岁生日的同时，东杈艺校的孩子们在刘海粟美术馆享受着一场艺术盛宴。海派油画大师陈钧德艺术与文献特展吸引着众多绘画艺术爱好者，满满四个展厅的精彩展品与画作，从陈老的出身、与国内第一代油画大师的相遇、教学上的钻研、艺术中的自我探索，展现了他一生的风采。造型概括、色彩鲜艳、用笔轻松的作品，值得同学们好好欣赏学习！

图7-12　导览老师为学生讲解

图7-13　学习单

美术馆特地为我们安排了导览老师与志愿者，助力活动有序开展，如图7-12，导览老师正介绍颜文樑、刘海粟、林风眠与关良等中国第一代油画大师。

老师也教了同学们如何更好地观展，每个精心策划的展览，不仅陈列的展品，整个展览本身也是一个完整的艺术品。为什么这面墙上的画作这样安排？需要浏览的文字应该在什么位置？……同学们大呼长知识了！为了大家更好地体验，把最美、最好的展览呈现给大家，幕后的工作是多么不容易！而我们安静、认真地观展，身临其境，就是对艺术、对艺术工作者最大的尊重！

图7-14　学生临摹画作

最后，同学们都摹习了自己喜欢的画作。短短半天的时间非常有限，展馆内的学习很快就告一段落了，留给大家的不仅是这一次观展体验，还有活动卡上关于此次展览的思考与感受，我们将在下一期分享同学们的观后感和作品，敬请期待……（图7-13、图7-14）

案例来源：上海市松江区东权艺术进修学校

第二节　课外美术教学活动的组织形式与特点

一、课外美术教学活动的组织形式

当代社会，人们对中学生美育的重视程度越来越高，要求也越来越高。在课堂美术教学活动之外，为了提升学生的综合素质，课外美术教学活动越来越受到家长的青睐，其涉及领域不断拓展。课外美术教学具有一定的特殊性，在现代艺术思潮和后现代艺术思潮、生源和师资、资源和设备等因素的共同作用下，丰富多样的表现形式、组织形式与教学方法应运而生，不断完善着当前的课外美术教学活动。

（一）第二课堂美术教育

1.第二课堂美术教育的组织形式

①学校艺术节美术展

艺术节是学校每年定期举办的重要活动，主要展现学生在校期间的美术、音乐、舞蹈等成果。其中美术展是重要的组成部分之一，其主要是通过策划、征集作品和展出作品等环节进行美术交流和教育。一般而言，美术展览的策划者和实施者主要是学生，教师是学生们的“助手”，帮助并引导他们完成整个活动。（图7-15）

图 7–15　贵州省都匀市第十中学艺术节美术展

②校园文化建设

一般而言，校园文化建设主要分为三个部分，包括物质文化建设、精神文化建设和制度文化建设。针对美术教育而言，主要是集中在对校园文化环境的建设上，如借助知名书画家或者学生的美术作品进行校园布置，营造良好的文化氛围。这种氛围布置得越精彩，让学生耳濡目染，其美术教育作用就越大。（图 7–16）

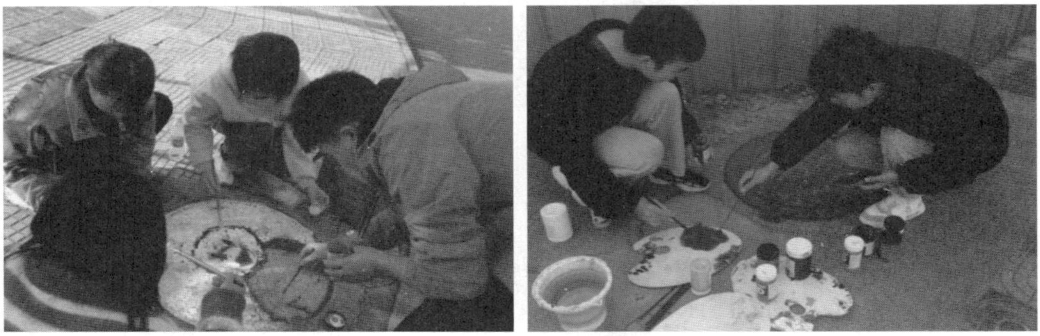

图 7–16　“井”上添花

③美术社团

学校的美术社团一般是由学校或者由相关专业教师组织规划并管理，其以推动学生自主进行美术学习和交流为目的，学生参与美术社团的方式为自行报名参与。该组织形式有老师的指导与约束，但又比课堂教学更具弹性，一般参与的学生都是有美术基础的。美术社团可以举办相互学习与交流的展示活动。（图 7–17）

图7-17　贵州省都匀市第十中学美术社团活动

2.第二课堂美术教育的特点

第二课堂美术教育具有趣味性、自主性、主题性的特点。第二课堂的美术教育提倡寓教于乐，注重对学生进行情感教育和体验式教育，在校园活动中激发学生对美的向往，用美的方式美化校园和生活。自主性的特点体现在第二课堂的美术教育不是强制性的，而是秉持自愿参加、自主合作、自我探究的原则。第二课程的美术教育都有一定的主题，在主题活动中探索、发现、解决学习任务，提升对相关主题的理解。

（二）美术馆美术教育

1.美术馆美术教育的组织形式

①美术兴趣班

美术兴趣班是以学生兴趣、爱好以及需求为前提成立的课外美术教学班级，课程是有计划、有目的、有组织地展开的。以学生的自我意愿为主，根据兴趣班教师制定的活动计划有序展开。但较之第二课堂美术教育，美术兴趣班在教学内容与学生管理方面弹性较大，且教学质量存在不稳定性。

案例资料

栽麻中学少年宫美术兴趣班绘画比赛

为加强校园文化建设，培养喜爱绘画艺术的良好习惯，提高学生的审美能力和鉴赏能力，丰富学生课外生活，栽麻中学少年宫美术兴趣班于2021年11月

8日下午在学校美术室举行了一场别开生面的绘画比赛。

比赛开始前，美术兴趣班指导老师林玉洁在美术室给学生讲解比赛要求，并鼓励学生发挥想象力，画出自己满意的作品。比赛指令一发出，学生们立刻投入绘画中，各种天马行空的想法被呈现在画纸上。比赛结束后，收上来的作品包括铅笔画、水彩画、刻板画、卡通画，各种类型应有尽有。

这次的绘画比赛较好地展示了学生的艺术才华，锻炼了学生的观察能力和创新思维能力，提高了学生的审美能力，激发了学生热爱学校的情感，增强了学生的学习兴趣，也在一定程度上推动了校园文化的建设和发展。（图7–18）

图7–18　学生作品

②公益活动

少年宫美术教育中的公益活动是指以政府为主办单位，美术馆为执行单位，为广大青少年提供的公益性质的美术普及或实践活动，这类活动的受众广、形式多、影响大。

案例资料

美术馆里的美术课

美术馆里的美术课是上海市文教结合的系列活动。自2017年开始，崇明区青少年活动中心与美术馆合作，通过定期在美术馆开设版画、美术欣赏与临摹等课堂，将原本在学校里进行单纯理论讲解的美术课放到美术馆，为学生创造体验式、互动式的美术学习条件，使学生走进艺术殿堂，近距离感受艺术的魅力。（图7–19至图7–22）

图 7–19　艺术作品欣赏

图 7–20　讲解与临摹

图 7–21　艺术家现场指导

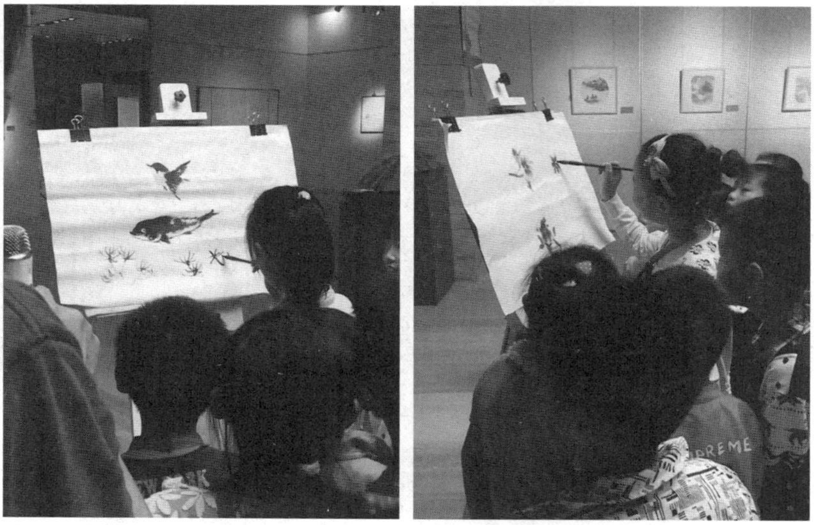

图7-22　孩子们用心描绘

案例来源：崇明美术馆

③儿童作品展

美术馆的儿童作品展一般是有特定的主题，而主题的来源可能是政府、事业单位、银行系统或者企业。这类美术作品展在处事上能培养学生面对主题、解决问题的能力，同时培养其专注力；在创作上可以激发学生的创造力和想象力，且在空间上提供给他们大展拳脚的机会；最后在美术馆中给予儿童作品充分的展示空间，增强儿童的自豪感、成就感和自信心。

案例资料

文教结合支持项目：崇明区学生版画艺术作品展

主办单位：崇明美术馆、崇明区青少年活动中心

承办单位：上海嘉倬文化传播中心

协办单位：崇明区东门小学、崇明美术家协会、崇明区文学艺术界联合会

展览地点：风瀛洲画廊

展览时间：2020年11月1日—11月31日

版画是绘画形式的一种，具有特殊的艺术语言和表达方式。而儿童版画又是少儿美术教育的一个重要组成部分，它是手工和绘画的综合体，对儿童动手动脑及创新能力、实践能力的培养具有重要作用，是其他课业形式所不能替代的。

2020年，为了配合文教结合三年行动计划的落实，为了能够让区内更多的孩子享受到文化艺术教育的成果，能够近距离感受艺术文化、学习专业知识、提升综合素质，崇明美术馆与崇明区青少年活动中心通力合作，组织优秀师资，精心准备并开设了一系列线上和线下儿童版画课程。

通过这些课程的学习，学生们不仅认识和了解了版画相关的历史、知识和创作技法，还在专业老师的指导下亲身参与了版画的创作过程。虽然他们的技巧还比较稚嫩，着色还不够准确，但是他们用自己的童心和童真创作出了一幅幅独特的属于他们自己的版画作品。这些作品或天真烂漫，或绚丽多彩，或离奇曼妙，每一幅画都洋溢着无尽的快乐和幸福。

为了展示活动成果，我们征集了60多幅本区儿童的版画作品，从中评选出了30幅优秀作品，制作成集，并在本区八一广场风瀛洲画廊举办了童心——崇明区学生版画艺术作品展，受到了学生和家长的广泛好评。

接下来，就让我们一起欣赏下这些美妙的画作吧，让我们一起为孩子们加油喝彩。(图7–23)

图7–23　展出学生作品

案例来源：崇明美术馆

2.美术馆美术教育的特点

美术馆美术教育相较于传统的学校美术教育，首先在教学内容上形式多样，在教学方式上灵活机动，在教学目的上更注重培养学生自主学习的能力，在教学场地的选择上也更丰富；其次更尊重学生自己的意愿，有利于教师因材施教；最后在师生关系上处理方式更友好、更平等。

（三）博物馆美术教育

1.博物馆美术教育的组织形式

①导览解说

每一个展馆都围绕着策展人精心讲述的故事展开，沿着一定的逻辑顺序参观更有助于充分地理解整个展览。小型展览只需按照参观路线走即可，但是在复杂巨大的博物馆里走丢，那是常有的事。当然，科技日新月异，导览方式也不断更新换代，由最开始的解说员导览到图纸导览，到声音导览，再到影像导览，导览系统越来越完善。如阿姆斯特丹国家博物馆在近年翻修一新之后，在路线指南方面做得非常出色。参观者可以根据自己的时间和兴趣来选择不同的主题，例如集中了不可错过的经典展品的“highlights”路线，介绍荷兰黄金时代作品的“Golden age”路线等。点进去之后画面上会有一个阴影小人带领参观者走向相应的位置，尽管整个博物馆的建筑非常庞大，但只要跟着这个阴影小人走，到哪里应该下楼梯，到哪里应该转弯，十分明确，仿佛被牵着手一样，很快就能顺利找到目标展品。同时，导览器上还有立体的楼层地图，参观者当前身处何地，下一步要去哪里，都一目了然。

②写生临摹

写生教学是常见的美术教学活动之一，其按不同的方式可以分为以下三类：第一，按场地分，室内写生临摹、室外写生；第二，按对象分，静物写生、风景写生、人物写生；第三，按技法分，线描写生、素描写生、色彩写生。

还有一种是临摹教学，即对着美术作品进行临摹学习的方法，是学习美术的基本方法之一。它较写生教学有所不同：从对作品欣赏的角度看，中学生临摹名作，有利于引导其进一步分析欣赏名作，增加其对名作的理解，拉近人与作品之间的距离；从学习美术技法的角度看，临摹可以让中学生体验绘画技法与表现材料的魅力，也有利于其体验艺术家创作的经验，更有利于拓展其美术视野，并丰富其创作方法。

案例资料

贵州省都匀市第十中学寇华书画社书画临摹教学活动纪实

都匀市第十中学寇华书画社成立于2015年，社团以继承和发扬我国优秀传统文化与书画艺术为基础，以为热爱书画艺术的师生发掘和培养书画才能为服务宗旨。社团通过开展各类书画培训、书画活动与书画展，加深同学们对书法、国画、篆刻等艺术形式的认识，感受传统文化魅力，熏陶高尚的艺术情操，从而更加坚定文化自信。社团主要由具有丰富教学、创作经验的美术教师刘会忠老师负责，自成立以来，一直致力于中国传统艺术的教学和传播，让一批批热爱动漫、卡通的学生逐渐转变到热爱中国传统绘画、书法上来，学校的传统艺术氛围逐渐浓厚，校园文化底蕴也变得深厚起来，形成了独具特色的第二课堂主要课程。

2021年，正值建党百年华诞，为讴歌伟大的中国共产党，弘扬中国优秀传统绘画艺术，坚定文化自信，寇华书画社结合都匀市教育局“红心向党”系列活动，组织开展学生绘画、书法临摹活动，参加人数约80人，年龄在6~14岁。参加该活动的学生主要是都匀十中、都匀三中的中学生，以及部分市内小学学生，他们用稚嫩的小手写出了大气豪迈的字体。书法班的学生们可谓是临出了水平，绘画班的学生们则临出了感觉，俨然是一场场面壮观的儿童当代书法的行为艺术。（图7–24）

图7–24　学生临摹场景与作品

临摹，在绘画中有着不可替代的作用，其有助于学习者全面地理解各种绘画技法，提高自己的书画水平，从而熟能生巧、巧能生精，同时吸收原作所体现的精神特质、审美意趣，为今后的创作奠定良好基础。经过三周的培训，此次活动一共完成了近100张作品，书法作品或者老辣，或者稚嫩，或者童趣，或者劲道，千姿百态、妙趣横生。绘画作品中，学生临摹的宋画小品更是精妙小巧，栩栩如生，色彩绚丽，孩子们在一次次的墨色渲染中，体会了奇妙的水墨世界。这次活动也为学生们留下了难忘的记忆，他们用心灵感悟到了书法、绘画的力量和书法中线条流动的魅力。(图7–25)

图7–25　学生练习书法场景与作品

当今的孩子更多时候面对的是电脑游戏，面对令人眼花缭乱的视觉冲击元素，高科技的发展渐渐使当代的人们忘记了书写，让中国人忘记了曾经引以为傲的书法艺术。本次教学活动不仅是为助力学生的学习、成长，更是为学生提供了返璞归真的快乐。

在上述案例中，博物馆美术教育提供的现场临摹无疑是学生学习美术的一种简单又有效的方法。学生面对艺术作品，怎样观察、怎样理解、怎样临摹、怎样运笔都受到指导老师的影响，因此博物馆艺术作品临摹的同时也是观察、学习、再创造的一个过程，老师适当的指导有利于锻炼学生的创造力，培养学生的学习能力。当然，面对不同基础的学生，老师给予的指导与评价也是不尽相同的。

③学术讲座

博物馆作为一个研究机构，同时基于博物馆美术教育的社会视角，举办相应的学术讲座是让其给公众行之有效地传递艺术信息并进行交流的重要方法。博物馆通过精彩的学术讲座能够自动将青少年吸引，为青少年搭建起了解美术知识的平台，很快建立起演讲者与青少年之间沟通的桥梁。

目前各博物馆、美术馆都看到了青少年美术教育的重要性，纷纷开设了一些通俗易懂的学术讲座。上海美术馆自1999年设立上海美术馆教育部以来，定期举行学术讲座，并针对学生流高峰期寒暑假推出系列针对性讲座。这些讲座，不但让学生获得了美术知识，同时也能激发他们的求知欲和探索欲，对日后的学习有一定的推动作用。

案例资料

“疁城绝技”嘉定竹刻艺术讲座走进德富路中学

为更好地传播嘉定竹刻艺术，促进博物馆资源融入教育体系，2021年9月28日，嘉定博物馆工作人员前往德富路中学，为八年级的同学们带去了一场别开生面的专题讲座——“疁城绝技”嘉定竹刻艺术。（图7-26）

图7-26　嘉定竹刻艺术讲座现场

本次讲座主要分为“嘉定竹刻发展史”“嘉定竹刻的技法”“嘉定竹刻精品赏析”三个部分。先通过时间轴的方式直观地展示竹刻艺术自“明中期创始”，经历“清早期鼎盛”“近代衰变”，至“现代复兴”的变迁之路。

通过讲述明代“嘉定三朱”、清代吴之璠、“封氏三杰”、民国潘行庸、现代王威和张伟忠等不同时期竹人的艺术特色和风格，让同学们对嘉定竹刻的发展史有了一个具体的感知。

接着，从运刀技巧、艺术特点等多方面展开细致讲解，使得同学们对圆雕、透雕、深浮雕、陷地深刻、阴刻、留青等嘉定竹刻的技法有了充分的认识，为赏析作品打下了基础。（图7-27）

以嘉定竹刻博物馆的多件馆藏精品为案例，带领同学们对作品进行深入的探究，从明代圆雕芭蕉叶摆件的缺角中解读出作者藏在设计中的自然意趣，从清代水牛竹刻摆件中体会到作者因势象形，将竹节雕作牛尾的独具匠心……

图7-27　竹刻工具

图7-28　知识竞答获奖学生

讲座结束后，师生们展现了对嘉定竹刻的浓厚兴趣，纷纷表示有机会要到嘉定竹刻博物馆实地参观，更详细地了解嘉定竹刻艺术。讲座时间虽然不长，但已将对嘉定竹刻的向往与审美的种子种进了同学们的心里。

当天，德富路中学还举办了“慧眼识国宝”的知识竞答和演讲比赛。同学们踊跃参与，现场气氛热烈。嘉定博物馆工作人员参与比赛评审，并为获得一等奖的同学们颁奖，鼓励他们在挖掘国宝故事的过程中不断品读中华文化。（图7-28）

嘉定竹刻以其突出的地域性与可贵的原创性在工艺美术界独领风骚，不仅体现了嘉定特有的传统人文底蕴，也是优秀江南文化的符号。2006年，嘉定竹刻经国务院批准被列入第一批国家非物质文化遗产名录。

嘉定博物馆尤为重视嘉定竹刻的推广与地方文化的传承，深耕馆藏实物和研究资料，以青少年学习为导向打磨出了“疁城绝技”嘉定竹刻艺术讲座。

本次讲座进校园的活动受到同学们的喜爱，激发了他们对家乡传统文化的兴趣和认同感，有助于培养让传统文化薪火相传的新生力量，让文化自信扎根于青少年的心中。

案例来源：嘉定博物馆

④工作室教学

动手能力是美术学习中非常重要的技能之一，博物馆可根据美术教育的需要为学生提供艺术实践的场所。有的博物馆配合展览主题，以工作室的教学方式，为学生邀请相关艺术家进行现场示范和教学，这样既可以增加课外美术教育的互动性，又可以提高学生的动手能力。

工作室教学最大的特点是学生的美术活动具有一定的组织安排,学习内容和难度循序渐进,有利于学生系统地学习美术知识。这种形式类似于少年宫之类的美术教育,但不同的是博物馆的工作室教学弹性更大,可以根据展览的内容邀请相关的专家进行教学,学生能接触到各种不同类型的老师,学习到更多种类的美术知识。工作室教学要求博物馆具备相对固定的空间,需要专门的美术教师。这些条件具备了,工作室教学就可以长期稳定地组织开展。

案例资料

都匀市文化馆伍国春美术工作室公益教学培训纪实

为贯彻落实文化惠民工作,进一步提高文化馆服务水平,2021年7月,都匀市文化馆伍国春老师的工作室开展了为期一个月的公益中国画创作培训活动。

一、活动主题

践行社会主义核心价值观,共筑中国梦,同创文明城。

二、上课时间、地点

时间:2021年7月13日—2021年8月10日

地点:都匀市文化馆伍国春美术工作室

三、招生对象

在校中学、大学学生,美术教师,有一点创作经验的社会人员。

四、准备工作和注意事项

此次培训为公益培训,不收取任何费用,产生的耗材由学员自行负责。

此次培训文化馆给予了大力支持,提供了场地、相关设备,使得培训活动得以正常开展。

刚开始,参与培训的学员水平参差不齐,部分是没有绘画和创作经历的,老师根据每个学员的不同特点,量身制定了学习计划和任务,从题材选择到构思草图,每个环节老师都参与其中。由于工作量大,工作室又聘请了都匀市第十中学的美术教师刘会忠参与授课,帮助学员顺利完成学习任务。虽然暑假期间天气炎热,但是学员们热情高涨,非常珍惜此次难得的机会,从早上到深夜,工作室都是忙碌的身影,部分学员吃住都在工作室里。经过一个月的鏖战,培训彰显成效,学员们也初步了解了中国优秀传统绘画的内涵和意义,绘画技法上也得到了明显的提高。为检验培训的成果,特举行了作品回报展,虽然有些作品还不尽如人意，但每一张作品都凝结了师生们的辛勤汗水。总体而言，此次公益培训取得的成效是非常明显的。(图7-29至图7-31)

图7-29　老师示范

图7-30　学员创作

图7-31　展览现场

⑤亲子课堂

亲子课堂在某种意义上也属于工作室教学形式，是让学生在父母的陪伴下，进入博物馆进行美术学习活动。通常博物馆的亲子课堂以不定期的形式进行，首先博物馆通过各种宣传渠道将亲子课堂的招募信息传播发布，父母陪同学生自主选择参与。这种形式不仅仅能让学生体验到参观博物馆的乐趣，学习到一定的美术知识，同时也能将美术知识传播给同行的父母，增进学生与父母之间的感情。

亲子课堂的教学组织形式需要博物馆有专业的团队作为活动的组织者，如素质高能力强的导览员、专业而又风趣幽默的美术教师等。这些都是亲子课堂成功举办的必要条件，他们既能做到知识的传递，又能够协调现场的氛围。当然，相较于严肃的博物馆，举办亲子课堂的时候要注意其对博物馆正常运营秩序的不良影响。

⑥馆校合作

馆校合作，是指学校或者其他培训机构与博物馆联合开展课外美术教育的一种合作方式，也是博物馆青少年美术教育中最常见的组织形式之一。馆校合作有助于博物馆发挥教育功能，与学校优势互补，更好地服务学生。数据表明，近30年以来，欧美等发达国家和地区在馆校合作方面进行了不懈的探索和尝试，为我们提供了宝贵的经验，而馆校合作也成了当下博物馆教育的方向和趋势。关于美术馆与学校合作的类型，有研究学者认为主要分为以美术馆为主体的教育活动、以学校为主体的教育活动、学校与美术馆互动的教育活动、学校与美术馆建立长期合作关系四种。

就博物馆而言，相对于其他组织形式，馆校合作是成本最低、效率最高的美术教育组织形式。但是这样的馆校合作需要双方周密组织，共同协助，共同承担相应的责任和任务，以保障活动的顺利进行，这也是馆校合作面临的最大困难。

案例资料

美术馆活动进校园，孩子与艺术面对面

随着五月的到来，2021年江苏路第五小学紫藤艺术节如约而至。在学校艺术节活动紧张有序开展的同时，上海虹桥当代艺术馆为孩子们带来了美术场馆进校园的版画专题活动，将专业的美术馆资源带进校园中，让孩子们在校园中亲自体验美术馆中的活动与展览，近距离与艺术直接对话。（图7–32）

图7–32　美术场馆进校园活动现场

活动期间，长宁路校区一楼大厅变成校园美术馆，细长的装镜线悬挂了17幅由上海虹桥当代艺术馆提供的版画作品，其中不乏卢治平、徐增英、邹向群等知名艺术家的原作。展览期间，同学们从陌生到好奇，从静心观看到逐渐学会欣赏，这个过程收获颇多。

5月19日，中国美协会员、上海美协会员、上海虹桥半岛版画艺术中心画师邹向群老师，为本次艺术节活动中表现突出的学生带来版画体验课。经历了选材、创作、刷墨、印制的过程，一幅幅精美的实物版画从自己手中诞生，孩子们都兴奋不已，体验了创作的快乐。（图7-33、图7-34）

图7-33　艺术家体验课现场

同时，青年版画家宁帅为学校四、五年级的学生带来版画知识的普及讲座，围绕版画这种特殊的艺术形式讲解，让学生了解版画的制作过程，学会分辨不同的版画种类，感受版画的艺术美感。

展馆进校园的活动，丰富了紫藤艺术节的内涵，拓宽了学生们的视野，让学生们更加自然地养成在学习之余欣赏美术作品、把艺术作为茶余饭后闲聊话题的习惯，从而提升学生们的艺术素养。

图7-34　艺术家与学生共同创作

案例来源：上海市长宁区江苏路第五小学美术教师任伊洁

⑦电子平台信息检索服务

紧随信息技术发展的潮流，多数博物馆推出了电子平台，及时更新展览信息、藏品信息以及相关研究成果，为大众提供了便捷的信息检索服务。通过形式各异的电子平台，学生们可以提前了解展览信息，这有利于其提前规划路线，使参观更有目的性。在参观过程中可以借助电子平台进一步了解展品的相关情况，参观结束后也可以借助电子平台进行回顾，加深对展品的印象。

案例资料

《韩熙载夜宴图》App

中国十大传世名画之一《韩熙载夜宴图》共分为听乐、观舞、暂歇、清吹、散宴五个段落，以“连环画”的构图叙事形式，描述了南唐巨宦韩熙载在家开宴行乐的全过程。但出于对藏品的保护，《韩熙载夜宴图》得以呈现的机会十分有限，这也是故宫博物院推出这一App的主要原因。

据悉，此番制作历时近两年，拍摄、制作素材累计容量将近900G。“高清的文物影像、专业的学术资料、丰富的媒体内容和创新的交互设计”是它最大的亮点。

进入数字画卷，手指左右滑动间便能浏览全卷。因为是高清成像，画面还能随手放大。这就好似在博物馆实体赏画时，凑近身子，近观细节，家伎发髻上的珠钗饰品，衣袖上的图案纹理，乃至家具上的雕刻花纹都清晰可见。其实，App共有三层立体赏析模式：总览层、鉴赏层和体验层，画面精细度从左往右递增。换言之，同样一幅画可被远观、可被近赏，角度完全由观众的手指决定。

而在体验层，若轻轻触动屏幕，指尖所至之处半径五厘米内似有烛光追随，而周围则是一片黑暗。如此，指尖所触的局部画面就被突显出来。只见“烛光”忽闪忽闪，给人一种秉烛夜读且不时有轻风拂过的错觉，伴着悠扬的笛音，颇有古典意境。

有意思的是，若指尖所触为画中人物或器具，稍作停留则可见画面呈现文字示意，部分人物还会呈现“鼓掌”“敲鼓”“洗手”等动态。拥有最丰富文字描述的当属主人公“韩熙载”，奇特的是，每个场景中有关他的文字描述各不相同，或是出身简介，或是仕途遭遇，或是八卦逸事。

据悉，整幅数字画卷中共有100个内容注释点和1篇后记。要知道，《韩熙载夜宴图》本身涉及的画面细节也是历史研究的重要资料。无论是几案坐榻等古时家具，王屋山、李家明等人物身份与关系介绍，还是家伎坐姿、侍女服饰、叉手礼等文化知识，几乎都配有简洁明了的文字说明。出于场景融入，这些说明可比单纯白纸黑字的呈现要生动得多。

除了这些细节，App中也有“有声”文字对画面整体进行“技术”解说，包括画面线条、角度、布局和寓意，内容相当专业，美术或文博出身的人或对此更为偏爱。除了文字与配乐，最好玩的演绎其实是个别场景中的“真人”入画。指尖触碰时，忽然之间画中人“活”了起来，换上了与画面极其类似的衣裳。比如家伎王屋山表演六幺舞，一边是渐变的文字说明，一边就是从画中“舞”出的灵动表演。又比如画中有五位乐伎表演吹笛，突然间就演变为五位真人吹笛演奏，她们的头饰、服饰、人物大小竟都高度吻合，让这样的设计更显巧妙。

App中的乐舞表演，无论乐曲或舞姿都严格还原当时实况，可谓良心之作。此外，原本晦涩艰深的学术内容也化为18段故宫专家的音视频导读。（图7–35至图7–39）

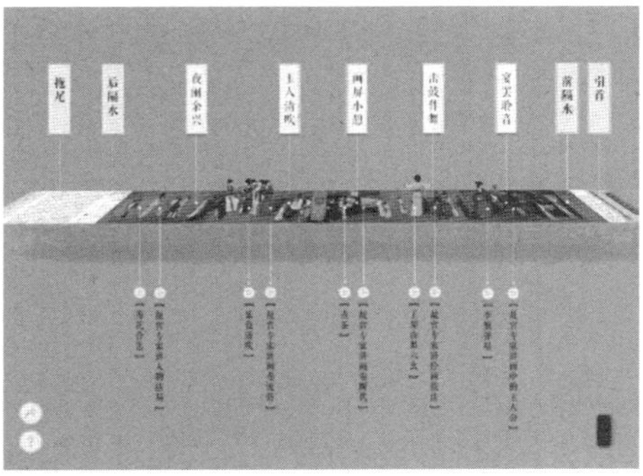

图7-35 《韩熙载夜宴图》App打开后的应用界面

图7-36 长按人物后，3D视效为你献上

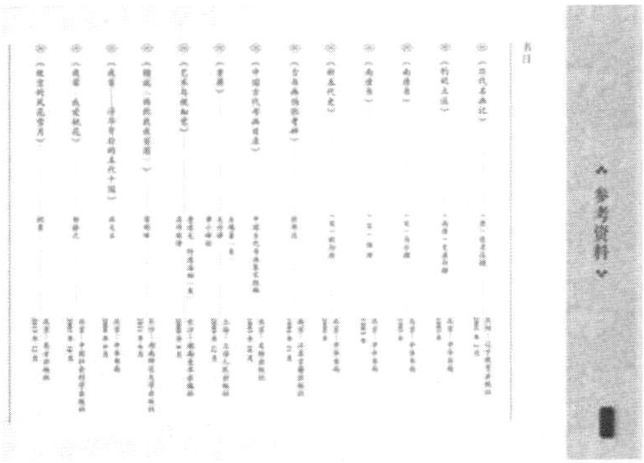

图7-37 App所参考的文献资料

图7-38 停留在画中人物或器具上

图7-39 放大局部，家伎的衣饰乃至文字示意便会显现出来，家具上的花纹都清晰可见

2.博物馆美术教育的特点

博物馆美术教育的形式丰富，普及性广，既可以通过讲座、创作、示范来激发学生的学习兴趣，又可以实现与艺术家的合作。在当前社会大众对博物馆美术教育的关注愈来

愈高的形势下，优秀教育策略的制定有利于吸引中学生主动参与到博物馆美术教育中，并且将家长纳入教育中。

（四）社区美术教育

1. 社区美术教育的组织形式

①社区美术展览

将社区作为美术的展示空间，让“身边的美术展”悄无声息地将“美”传递给社区居民，以达到让社区居民享受艺术熏陶、提升美学素养并传承民族精神的目的。通过社区美术展览的方式，不仅可以将经典美术带到大众身边，而且可以让珍贵、经典的美术作品最大限度地发挥艺术教育价值并提高全民审美素养和人文素养。与此同时，还有利于营造蕴含书香艺术氛围的社会风气，推动社会主义精神文明建设进程。

案例资料

致敬百年路 起航新征程——车墩镇举办庆祝建党100周年主题系列展览

“光辉历程·建党百年”——车墩镇美术作品（版画、剪纸、国画）展于2021年6月28日在车墩镇文化活动中心一楼艺术展厅开展。此次展览作品围绕“中国梦”“重大革命历史”“优秀传统文化”“爱国主义”“上海特色”“社会主义核心价值观”等选题创作，从100件作品中挑选了52幅优秀作品进行展出，同时遴选出66件作品编入作品集，集中展示31位艺术创作者的代表作品。本次展览内容丰富、题材鲜明，彰显了本土非遗版画、剪纸、国画的民间艺术风貌。（图7–40）

图7–40　社区美术展览

2021年6月，车墩镇华欣社区打造了"光辉历程·建党百年"专题非遗文化展示墙，挑选了十幅建党主题丝网版画作品进行陈列。借此引领广大群众回顾党的百年奋斗历程，继承党的优良传统，坚定理想信念，厚植爱国情怀，以饱满的热情迎接党的百年华诞。(图7-41)

图7-41　展出的版画作品

"巧手颂恩·辉煌百年"——庆祝建党100周年剪纸艺术展于2021年7月1日在车墩镇华阳老街朱季恂宅举行。本次展览挑选了32幅优秀剪纸作品进行装框集中展示。遴选作品题材广泛，涉及建党领袖、革命英烈、爱国故事、家乡新貌等主题。(图7-42)

图7-42　展出的剪纸作品

百年华诞之际，车墩镇广大文艺工作者担负着以文艺作品反映光辉历史的使命，用作品讴歌党和祖国、讴歌劳动人民、讴歌民族英雄、讴歌奉献精神、讴歌新时代。通过各类艺术展，让市民感受党的光辉历史是由无数革命英雄在艰难险阻、寻求真理、探索革命之路的道路上用青春的生命和鲜血换来的。文艺作品歌颂了革命先烈至死不渝的革命情怀，同时旨在激发教育广大党员干部和市民群众在党的领导下团结一心，凝心聚力，在建设中国特色社会主义道路上砥砺前行、再创辉煌。

案例来源：松江车墩微信公众号

②社区美术班

丰富的社区文化活动是居民快乐的源泉，社区美术班的举办得到了社区居民的认同，使得社区居民在感受文化魅力的同时，促进社区营造和谐氛围。社区美术班的形式多变，教学内容多样，艺术氛围强烈，虽然并不是系统性的美术教育，但是学员的习作充满着本土的人文风情，展现了社区的文化和自然生态。

案例资料

车墩镇非物质文化遗产传承中心举办2021年暑期少儿丝网版画学习体验活动

为了丰富青少年暑期活动，关注下一代健康成长，让青少年度过一个愉快、充实、有意义的假期，同时为了更多的青少年了解优秀传统民间文化（丝网版画），车墩镇非物质文化传承中心在8月6日举办了一期暑期少儿丝网版画体验活动，用讲、赏、动的教学形式，直观地让少儿们感受车墩特色文化丰厚的底蕴。（图7–43）

图7–43　少儿丝网版画体验活动

8月6日上午9时，米市渡村、华阳村、联民村、南门村、东门村、华源居委会、华欣筹备组的十三位学生通过提前网上报名，来到车墩丝网版画创作基地参加2021年暑期少儿丝网版画学习体验活动。活动伊始，非遗传承人钱斌老师先带领学生们参观车墩镇版画美术馆，通过赏析艺术家们的作品，让各位小爱好者感受传统文化的魅力。（图7–44）

图7-44　非遗传承人授课

随后在车墩丝网版画创作基地，非遗传承人张玉良老师简单为学生们解释了整个版画的制作流程，让他们对丝网版画有了一个初步的概念，并现场演示了印刷作品的过程，学生们跃跃欲试地参与到体验制作过程之中。学生们在老师的帮助下体验印刷过程，每人印完一幅小作品并带回家。通过自己印刷，学生们生动地了解了丝网版画形成的原理。

案例来源：松江车墩微信公众号

2. 社区美术教育的特点

社区美术教育的特点主要在于其教育目的是通过吸引青少年参与社区的相关美术活动，将美术教育作为一种途径，从而树立社区文化，打造和谐的社区氛围，提升社区居民的综合素质。在实施美术教育的过程中，主要强调文化、社区、生活三者之间的关系，在现代美术教育的各种取向中关注文化与学生的生活、关注社区生活。

（五）民间美术教育机构教育

1. 民间美术教育机构教育的组织形式

①常规教学

学校与民间美术教育机构的美术教育可以有各自的倾向性，但是其主要教学任务都是围绕办学宗旨、教学计划和教学目的展开的常规性美术教学。应充分考虑美术课程的特点，结合学生及家长对培养目标的需求，让学生习得相关美术知识和技能技法，全面提升综合美术素质，促进学生个体的多方位发展。

案例资料

民间美术教育机构——东权艺术进修学校

上海市松江区东权艺术进修学校，是一所秉持公益性与学术性的社会服务机构。始终以追求学校内涵发展为重点，以高质量的课堂教学为中心，以弘扬学校文化为目标，培养“专注、严谨、勤奋、创新”的学习习惯，践行“纯真、智慧、热情、平和”的处世态度。设有适合三至八岁孩子的美术启蒙类课程，适合九至十八岁学生的进阶与融合类课程，以及各类美术考核的培训课程，成人自我提升、赏析与创作课程。（图 7–45）

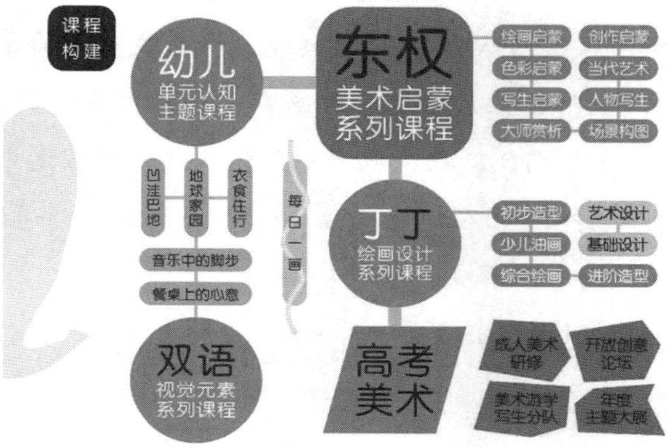

图 7–45　东权艺术进修学校课程建构

且看东权艺术进修学校的课程构建，从东权美术启蒙系列课程出发，经过若干年的绘画熏陶和练习，最重要的目标之一是建立自主观察的能力。用自己的眼睛去看，这是写生教学的核心。用自己的耳朵去听，这是听画教学的核心。摸画、默写，锻炼触觉与记忆……以此类推，方法不胜枚举。

东权艺术进修学校的课堂十分重视感受力的培养，这在回家习作与课堂习作的集体讲评与互评环节，尤其是在“小构图与命题”和“我感觉/我喜欢”问答区块中尤为明显。

这些都关乎首要的事——认识自己。

接下来，无论是平面画面的构成，抑或是项目式的引导，东权艺术进修学校的教学注重“整体到局部，并不时纵览全局”的观察和表现方式。尹东权老师课堂上的口令如“最高点最低点，一分为二找中点”“大纸画大画，小纸画小画”之类的，都在提醒观者需要有“顾全大局”的思维和“胆大心细”的操作。

诸如“凹洼巴地”“地球家园”“衣食住行”等课题，亦是全景思维的产物。“餐桌上的心意”将课程对象设为整个家庭，“音乐中的脚步”将艺术学习的视野从视觉艺术扩大到表演艺术，通过音乐和舞蹈为视觉艺术注入时间的维度。

这就是学校简介中最后一句话所说的——了解世界。

案例来源：上海市松江区东权艺术进修学校

②美术写生

美术写生是美术教育中不可或缺的一种教学组织形式，是指从大自然中取景、物、元素展开美术创作，它涵盖风景色彩写生、生活速写、素材收集、摄影、创作练习与构图练习等。这种教学组织形式在教学中能最大限度地培养学生动脑、动手、思考的能力，拓展学生的创新意识、创新思维、创新方法、创新能力。同时有利于引导学生观察和体验生活，有利于强化学生的基本功，有利于激发学生的学习兴趣，有利于开阔学生的创作视野。美术写生在校内教学中因受多方面因素的限制，故较难展开，效果也不理想，民间美术教育机构则能更好地开展并实施美术写生活动。在美术写生结束后，民间美术教育机构可以策划相关写生作品展，以这种形式来促进学生之间的创作交流，实现其教学目的。（图7-46）

图7-46　美术写生

2. 民间美术教育机构教育的特点

民间美术教育机构的特点需要与学校美术教育进行比较分析：首先受地方特性、教师个性、文化内容等的影响，其教学内容、教学方式和教学目的都更灵活多变；其次受学校和教育政策的约束较小，相对而言拥有独立自主的教学空间；最后受资金来源和经济效益的影响，民间美术教育机构具有复杂性、不稳定性。

思考与练习

一、在你的中学美术学习经历中，哪些课外美术教学活动让你印象深刻？

二、说一说课外美术活动的意义。

三、组织课外美术教学活动应该注意哪些问题？

第八章　中学美术说课活动与实践

教学必须从学习者已有的经验开始。

——杜威

课程教学改革的方向，可以概括为：使学习者从被动地接受知识转向有效地运用各种资源，与他者展开交流合作，从而形成解决现实、复杂问题的能力。其中，学习者个体、学习伙伴、教师之间的不同思考方式，而非见解、观点本身的交互作用，对实现学习方式的转型而言，至关重要。

第一节　说课的内涵与意义

一、何为说课

说课是20世纪80年代我国教育改革中新出现的一种教学研究形式，是备课基础上的一种理性思考和教学预演。说课由于其省时、便利、可预见等诸多优点引起了国内教研部门的高度重视，但目前教育研究领域对“何为说课”的意见并不统一。大多数人较为认同的定义是：说课是教师面对同行（包括领导、专家、同一教学领域的教师等），在规定的时间内，针对某一具体课题或课程，采用讲述为主的方式，系统地分析教材和学情，并阐述教学目标、教学策略、教学过程及理论依据，且在阐述中要说清楚教什么、怎么教以及为什么要这样教。在说课活动中，教师是说课主体，客体则是所要教的课程，方法以教师口头讲述为主。

二、为何要说课

说课是介于教学的准备阶段和实施阶段之间的一个相对独立的教学活动环节，时长一般在15分钟以内，既能简约地表达教师的教学思路、教学设计、教学认识，又能融备课、上课、评课于一体，提高课堂的教学效率。说课能集中而简明地反映说课教师的教学设计、教学技能、教育理念，强化教师的理性思考，也使教师的教学系统更具开放性，为考察教师的素质提供了一种便捷、有效的方式。

由于教师说课后，听课者往往会针对说课部分进行交流、评议或研讨，因此说课可以实现教师之间的互相交流、共同提高，对教师的理论水平、科学水平、教学水平都是一种提升，同时也能在一定程度上丰富教研内容，提高教研活动的实效性、针对性和科学性。

对新手美术教师而言，说课这一活动尤为必要。一方面，说课可以敦促教师思考：我为什么要这样教？我所采用的教学方法是否符合美术教育教学理论？符合哪些理论？另一方面，可以从经验较为丰富的教师的说课中，集中地汲取卓有成效的教学方法、教学经验，如教学环节设计的意图，处理教材的方法和目的，教学主题如何做到明确，教学重点如何突出，等等，从这些细节中体会到自己的不足，从而对美术教学中的问题有更深入的认识和更全面的评价。

三、说课评价

说课评价即评价说课者对说课中各个教学环节的认识和操作。教学评价主要从以下几个角度衡量，首先从说课内容上来看，说课评价包括教师对教材的理解是否正确，教学目标和重难点的设定是否合理，教学过程中涉及的知识与技能是否存在错误，举例、分析是否恰当，教学目标能否有效实现，教学思路是否清晰等。其次，从教法学法方面评价，则包括教学策略、教学方法是否达到最优化组合，是否能激发学生对所学知识与技能的兴趣，是否符合学生、教师的实际情况，讲解分析是否清楚，如有技法演示，则要评价演示指导是否能促进学生对技法的观察、掌握和理解，学法是否与教学高度统一，是否能预见学生在学习过程中可能存在的问题等。最后，从教学程序的设计来看，评价标准包括教学过程各环节安排是否严密、系统，教学实施环节是否具有可操作性，是否强化重点、突破难点，学生是否基本掌握所学知识与技能等。

第二节　说课的内容

一、说教材

在说课活动中，教材是教师首先需要分析和理解的。说教材与教案中的教材分析并不完全相同，因为说课中教师不仅要思考教什么、怎么教，教材各知识结构的内在联系，各单元、课题在教材系统中的地位和作用，还要从教学实际出发，阐述教师对教材的整体把握和理解。大体而言，说教材需要说清楚三个方面的内容：

第一，说教材内容，包括所说课题的主要知识点，如专业概念、设计原则、作品特征、观点、作品评价等，以及需要指出课标对这些知识的目标要求、技能训练等。

第二，说教材的地位和作用，也就是教师所讲内容在教材、单元中的地位和作用。

案例资料

下面是一位同学的说课稿中对教材的描述：

《中国民间美术》选自义务教育教科书九年级下册第三单元，本课属于“欣赏·评述”范畴。中国民间美术产生于我国各民族劳动人民的日常生活，以广大劳动人民为主体，具有悠久的历史和独特的民族风格，饱含丰富的语言和强烈的民族情感。通过本课的学习可让学生开阔视野、了解我国民间美术与民俗的关系，从而丰富学生的知识面。

很明显，这样说教材是不到位的，“中国民间美术产生于我国各民族劳动人民的日常生活，以广大劳动人民为主体，具有悠久的历史和独特的民族风格，饱含丰富的语言和强烈的民族情感”这句话是对民间美术内涵的界定，而非本课所讲之教学内容、知识点；此外，对教材的地位和作用的分析是不够的，甚至可以说完全没有涉及。本课处于哪一单元、第几课这样的描述，仅仅指示本课的地理位置，而本课在本教材、本单元中的地位，应该包含本课之前已学习了哪些基础知识和技能，本课所学内容与前面所学内容之间有何关联（主要从对之前所学内容的总结、拓展或运用的方面进行阐述），以及与后续内容有何联系等。本课在本教材、本单元中的作用则体现为本课所学内容对学生的综合学习、全面发展有何作用，或对学生的学习方式有哪些重要意义等。

第三，说对教材内容的处理，也就是说教师对教材内容的取舍、增减，对教材内容在教学程序上的调整以及重点的选择，具体而言就是要说明哪些内容详细讲，哪些内容粗略讲，增加或省略了哪些内容，并说明这种处理的依据是什么（依据主要是课标、教材特点、学生实际等）。

教材处理能够展现教师对教材的全面驾驭能力，很多新任教师或准美术教师在说教材时，往往完全依照教材进行照本宣科式的阐述，这就是教师对教材缺乏全面分析与驾驭能力的表现，尤其是在美术鉴赏教学中，这种对教材亦步亦趋的阐述很难使学生从多角度、多层面理解美术作品。因为较学术研究成果的前沿性和即时性而言，教材对作品的阐释、评价等难免有些滞后。但也不能完全脱离教材，既要符合教学具体要求，又要体现教师创新意识。

范例资料

本课《绿洲》是湘美版初中七年级下册第三课。主要是利用超现实主义绘画的表现方法，学习超现实主义画家的思维方式，结合体现环境问题的图形创意设计，来进行教学活动，所以是“造型·表现”与“设计·应用”的综合课。本课旨在让学生打破惯性思维的束缚，展开丰富的联想，走进超现实的世界里。本课涉及的超现实主义表现手法有时空重组、异形同构、比例逆反，这么多知识点容易使学生抓不住要点，所以我的设计以时空重组为重点教学，再拓展到其他方法，并以环境问题为主题，可以引发学生对社会生活、生存环境的积极关注与思考，并引导学生用超现实的组合方式创造出不一般的艺术作品来传达自己的思想。

二、说学情

学情是指学生在学习某一内容时已有的知识结构、在学习时的个性差异以及特定年龄段的心理特征等。学情分析，既是教学设计的前提，教学目标设定的基础，也是说课的重要依据。在说课时，要注意对学情的分析是基于对所授班级基本情况、学习态度等方面的了解之上的，切忌不落实处、不着边际的分析。如：“本课教学对象是八年级学生，现阶段的初中生充满着对新鲜事物的好奇心，随着知识的增长和认识能力的提高，他们有一定的美术基本素养，学习兴趣较浓。但是初中生两极分化比较严重，各方面的能力都有待提高，所以我将利用课堂创建轻松的氛围，让学生在轻松的气氛中积极地发挥个性思维。”在案例中，有对新鲜事物的好奇心、有一定的美术基本素养、兴趣较浓、各方面的能力都有待提高等的分析，但这样的学情分析是不完整的，因为没有显出所教班级的特点，不论是心理特点，还是针对所教课程内容的知识水平和能力状况，都没有进行分析。

范例资料

高中阶段的学生具有更强的探究精神，思维比较活跃，见解独到，同时观察能力与感知能力增强，在美术学习中也希望了解更多本质性的、美术理论方面的知识。但是对大部分学生而言，他们对美术作品的判断标准普遍都只有一个标杆——“像”或者“不像”，所以吸引学生兴趣点，使学生以客观的态度学习欣赏意象艺术是教学中值得注意的问题。

三、说教学目标与重难点

前述美术教学设计中，已详细阐明美术学科的三维教学目标及三者之间的关联，需要重点指出的是：情感、态度和价值观目标不宜设定得太过空泛，需要落实到每一节课的课堂教学之中。在说知识与技能的培养目标时，应根据新课标要求和学生实际情况，主要说清楚哪些知识是学生了解的，哪些知识是学生要理解的，哪些知识是属于掌握和运用范畴的，同时说清楚要求学生掌握哪些美术学科的基本技能。说过程与方法目标则要从学生学习的角度出发，说清楚学生在自主、合作、探究的学习中，总结和掌握美术知识与技能的方法。要突出强调学生的主体性，简单地说，就是说清楚学生通过什么样的途径、手段和方法探究和获取知识与技能。说情感、态度和价值观目标，应说明根据教学内容的特点和学生实际情况，说清楚培养了学生怎么样的情感和哪些积极良好的态度，树立了什么正面的价值观。说教学难点要依据教材知识体系、学生认知能力和教学条件，并且要注意重点与难点之间的关系。

范例资料

辩一辩：这样说教学目标是否符合要求？

教学目标必须从学生角度出发，同时结合教材，联系生活，我设置以下三个目标：

知识与能力目标：能够表述中国画的主要特点以及中国画表现意境的主要元素；

方法与过程目标：能够运用中国画的基本知识分析具体作品；

情感与态度目标：能够通过短文描述自己对具体作品的理解和真切感受。

四、说教法与学法

说教法即说怎么教，并且要说这样教的理论依据。教学方法及其理论依据，是完成教学目标的基础，也能体现出教师对所授课程的理解程度及是否能够激发学生的学习兴趣和积极性。理论依据主要有中学美术课程标准、教材内容特点、学生身心特点及知识结构、教师及教学条件等。并需要进一步说明运用某种教学方法时，需要哪些相关因素和方法的配合，也就是实现教学方法的多样化与最优化。说学法即说学生学习的方法方式及其理论依据。新课标倡导的中学美术课堂学习方法有自主学习、合作学习、探究性学习、体验式学习等。

范例资料

为了真正让美术课活起来，结合初中二年级学生的认知及思维特点，在教学方法的设计上，我预备采用“直观教学法”“情境教学法”“启发式教学法”以及“示范教学法”。在学生的学法指导上我采用“观察法、讨论法、实践练习法、比较法”，充分调动学生“眼、手、脑”多种感官参与学习。同时，我还用生动有趣的教学媒体吸引学生，通过这些教法、学法，指导学生更快、更好地掌握本课重点，既提高学生的学习爱好，也培养学生的能力，更增强美术课的综合性和个性化特点。学生们通过学习，制作出自己喜爱或自己的生肖造型，充分享受到成功的乐趣。

五、说教学程序

教学程序是指完整教学过程的系统展开，是教学活动的时间性推移。说教学程序是说课的核心环节。因为教学程序能在直观层面上呈现教师的教学安排是否合理，教学思想是否符合教育理论和课程标准的要求，教学风格是否能与教学实施相匹配。完整的教学程序包括如何导入、新课如何进行、教学内容及重难点如何体现、作业的布置、教学双边活动的组织与调控、教学方法、教学技术手段的运用及学法指导的落实等，同时针对性地阐述教学实施的理论依据以及教师自身的理解，尤其要说清楚教师在教学重难点及其具体安排上的基本思路，力求层次分明、条理清晰。现代教育教学理论与新课标都要求教师在教学过程中注重师生之间教与学的互动，强调情境创设和情感体验。因此，在说教学程序时，要将这些设计都考虑在内。

六、说课堂总结与拓展延伸

课堂总结是完整教学流程不可缺少的一个要素，拓展延伸则能够引导学生举一反三地思考如何学以致用，是教学的延伸与补充。因此，在说课活动中，课堂总结与拓展延伸也是不可忽略的。课堂总结与拓展延伸是说课活动的最后一个环节，简明扼要即可，教师说清楚如何归纳课堂所学知识要点，准备以怎样的形式和方法实现学生对知识、思维的拓展与延伸。

范例资料

我认为小组归纳不应仅仅是知识的简单罗列，而应该是优化认知结构，完善知识体系的一种有效手段。为充分发挥学生的主体作用，从学习的知识、方法、体验各个方面进行归纳，我设置了“本节课你学会了关于版画的哪些知识？你最大的体会是什么？你掌握了单色版画的哪些制作方法？”这三个问题促使学生巩固所学知识。然后进行总结：版画并不是专属于艺术家表达个人情感的方式，在我们的生活中，版画随处可见，有人用它来记录讲述身边的故事，也有人用它来制作挂历，实用又美观。大家回家后用今天学习的版画知识和方法，为你的家人或朋友制作一幅小版画，然后你们会发现：让生活充满艺术其实很简单，让你的家人感到幸福也是一种创造。

七、说板书设计

在多媒体设备已普遍地使用于中学美术课堂教学的情况下，板书是一个很容易被忽略的环节。因此在说课活动中，很多教师就直接省去了这个环节。作为中学美术教师，板书的重要性无须赘言。即便教师是用多媒体演示教学内容，板书设计也必须予以考虑。一般而言，说板书设计就是说清楚板书设计有哪些内容、如何安排等，从这个意义上而言，板书是讲授内容和教学思路的体现。其设计原则是巩固学生对知识点的记忆、突出重难点以及强化直观形象。提纲式板书是教学中最常见的板书形式，即呈现出课题、知识点之间的结构关系、逻辑顺序等。板书以精简为要，知识点一般为所学课程中的核心词汇、关键词等，忌长句、大段的板书。中学美术课尤其是技法实践类课程，往往需要教师以板绘的形式进行教学示范，因此教学过程中如果涉及板绘，同样需要将其纳入整体的板书设计中。也有些说课评比活动中，板书是在说课环节中直接演示于黑板上。

第三节　说课的三要素

一、说“教什么”

说“教什么”即说明课的结构和教学内容。在说课内容的处理上，要注意分清主次关系，教学重点要突出，对于非重点部分只需要说清教学内容以及依据，教学过程则需要说课教师重点阐述。说“教什么”既体现在说课一开始的“我今天说课的题目是……”“这节课主要介绍……”，也贯穿于说讲授新课的环节里，如“理解意象艺术是本课的重点，也是学生鉴赏意象艺术的根本要求。这一环节中，我主要以画家的生活经历和内心世界为切入点，引导学生理解意象艺术的特点”。

二、说“怎么教”

说“怎么教”不仅包括教师的教学方法、教学策略，以及学生的学习方法，还包括课堂作业或课后作业的安排与要求及评价与反馈。在常规说课活动中，“怎么教”很大程度上展现出不同教师教学观念、教学水平、教学风格的差异。“教无定法，贵在得法”，总体而言，教师应根据不同的教学内容选择不同的教学方法。但也并不绝对，因为即便是同一种教学方法，不同的教师也会有不同的表现。如同样是以教学模型展示作为导入的教学方法，有的教师是直接将教学模型置于讲台上让学生观察，也有教师事先给教学模型蒙上一块布，将学生的好奇心最大限度地调动起来后，再让学生观察。二者的教学效果自然也会有差异。说课中的“怎么教”与课堂中的教法与学法本质上是一致的，但说课则需要将课堂中隐性的环节层次说出来，更偏重教法与学法的预设，而上课则是这种预设的具体实施。如：为了激发学生的学习兴趣，在课堂的开始我将采用视频导入播放某电视台的新闻报道，并提出问题：人们通常是以哪些渠道获取信息的？

三、说“为什么要这样教”

即说“为什么要这样教”的原理、道理。主要是从课程标准、教材、教参、教育理论、心理学等方面，对这些原理、策略的理论依据进行阐述。一般说来，人的行为背后都有特定观念的指引，这种观念往往以潜移默化的形式影响着人们的言与行，因而在日常生活中，人们很少会对习以为常的行为、话语进行意向性的思考或反思。而当人开始这种不含价值判断的意向性思考时，能在更深的层面理解自我。在中学美术的课堂教学中，教师的教学方式、教学理念看似是教师个人风格的体现，其实同样有潜藏于其后的隐性观念为支撑。说“为什么要这样教”就是迫使教师发现自身教学行为所体现的教育观念，并思考这些观念与课程标准的要求是否契合，有没有未经独立思考而仅是鹦鹉学舌式的教学方式，教育理论界倡导的教育观念在日常的教学中是否可行或在何种程度上可行，等等。因此，说“为什么要这样教”，即是指明教学是理论指导下的自觉有效的实践。这就要求教师掌握成熟的教育学、心理学基础知识和原理；理解中学美术课程标准中的理念和要求，并以此为自己的教学原则和教学方法的出发点；对当下中学美术教育中存在的问题有清醒的认识；对国内中学美术教育界讨论的热点问题、改革动向都有一定的了解。可以说，说课是基于教学实践和经验的理论反思，能在一定程度上反映出一个教师的理论素养、理论水平。如：通过对两幅作品进行形式对比分析，引导学生探究、发现两幅作品在布局与结构上的差异，培养学生独立学习、发现问题、解决问题的能力。

第四节　如何说好课

一、说课的原则

由于说课的对象是教育领域的同行，且因时间限制，不宜将教学过程中的每一个细节都说得面面俱到，要思路清晰、详略得当，把握说课过程中的重点，即教学过程的实施，引导学生掌握概念、规律等的方法，培养学生三维目标与教学效果的途径。说课的要点可以总结为：重点内容重点说，难点内容突破说，理论依据合理说，创新之处强调说。

另外，说课根据不同类型、目的在一些细节上会有不同的要求，但不论是何种形式的说课都要求用说的形式对说课要素进行表述，因此，说课教师要掌握说课的方法：第一，要注重“说”的训练，在语气、语速、语调上根据说课情况进行灵活变化，注意节奏，且要体现出说的语气，而非背的语调，阐述设计意图时用说明性的语气；第二，要掌握适度的原则，不宜如会议般严肃，同样也不能如闲聊般随意；第三，具备可操作性与现实性，也就是说，教学构思和设计是切实可行的，而不是脱离教师教学环境、教学对象的凭空设想，教学设计的理论依据也是与教学实践密切相关的,是经过理论与实践检验的,而非凌空蹈虚的套话和大话。

二、说课稿的撰写

一般而言,说课前应该准备说课稿,然后在说课稿的基础上进行说课练习。说课稿的准备也有一定的程序。对准美术教师或新任教师而言,按照一般的程序进行说课稿的撰写,是准备说课的第一步。概括来说,说课稿的准备可按以下程序进行:首先,厘清所授课的基本结构和知识点,也就是说,把教学过程中的中心和主线先确定下来,中心是学生在课堂学习中需要掌握的,主线是教师在教学过程中的隐形思路,确保教师在教学过程中思路清晰、条理明确。其次,初步撰写说课稿,需要强调的是:说课是在教学设计方案的基础上进行的,说课不能停留在框架式的教学构想上,还要考虑这些构想在教学过程中的实施情况,也就是说,撰写好说课稿的前提是一份在教学目标、教学方法、教学程序、教材处理、师生活动设计等方面都恰当全面的教案。将教案按照说课要素和教什么、怎么教进行概括、提炼和总结,对教学策略、教材处理、教学方法等的理论依据与缘由进行说明。最后,在初稿基础上完善"说"的程序,即处理说课稿中各环节、内容之间的关系,思考先说什么、后说什么、强调什么、简略什么能使课堂教学效果达到最佳。说课稿本质上是文稿,也就是说要有文章的统一性,说课稿各部分内容之间要有整体与呼应,前后连贯自然,而不是对说课内容进行提纲挈领式的标注。

说课稿的撰写灵活,除了说课必备的几大要素之外,并无固定的标准格式。但通常有以下两种写法:一是套写,即在每个重要的教学设计后,写出设计意图;二是表格式,即用表格的形式将教学设计与理论依据进行统一化处理,使之一目了然。

三、说课应注意的问题

由于新任教师、实习教师对说课没有深入的认识,而且缺乏实际教学经验,在说课中往往会出现各种各样的问题。下面罗列几个准美术教师、新任教师、实习教师在说课中最常见的问题。

首先,将说课理解为读或背说课稿,认为说课就是将事先写好的说课稿甚至于教案念出来,这是很多实习教师说课时最常出现也是最为严重的问题。说课,落脚点在说,不论是教材、学情、教法、学法，还是教学思路、教学过程，都要说清楚如何教及其理论依据。清晰地说明自己的教学设计，明确地阐述自己的教学依据，这不仅是说课的基本要求，也是一个合格的中学美术教师必须具备的技能。

其次，生搬硬套，对准美术教师而言，生搬硬套主要体现在两个方面，第一个方面是硬套说课模式，就是将网络或教学资料上的说课范例生硬地移植于自己的说课之中，既没有考虑教学设计是否适宜于说课的课题，也没有顾及教法、学情、教学目标等因素。说课没有一成不变的内容和形式，对于网络或教学资料上的优秀范例，可以参考或借鉴其教学思路、教法学法，但不能不加思考、不顾实际地一味照搬。第二个方面表现在对一些教育教学理论、专业术语的套用，为什么这样教也即理论依据或设计意图是说课不同于备课和上课的特点，有些准美术教师在准备说课时，在并未完全理解国内外盛行的一些教育理论的情况下，就想当然地将其作为说课的理论依据，觉得这些看似高深的专业术语自然能提高说课的理论水准。说课虽然理论性较强，但这种理论是源自课堂教学实践的理论，是教师根据自身的教学经验，对教育教学理论的认识和思考。

最后，理论依据过于空泛。由于理论依据的来源主要是课标、大纲中的指导思想，教参中的具体要求以及教育教学原理等，但有些教师对课标缺乏必要、深入的了解，就空泛地指出"根据新课标要求和学生特点，我设计了同桌互相观察、表现的创作练习……"，这样的理论依据就过于空洞，说课中的理论依据不仅要指出其依据的来源，还需要说出具体的依据是什么。如"新课标中明确指出：教师应注重培养学生的美术实践能力，通过各种美术活动，引导学生动手实践，在美术活动中提高观察、构思、创意、造型、表现、设计和工艺制作的能力。因此我设计了同桌两人为一组互相观察对方的面部特征，并用简笔画的形式进行创作练习，以提高学生动手实践的能力和观察能力"。这样的理论依据则更为具体、合理。

四、如何提高说课的有效性

（一）说亮点

在说课活动尤其是说课评比中，重复雷同的说课往往是因为教学设计、教学思路的因循守旧所致。因此，要想在说课中脱颖而出，教师就需要在这两个关键点上有亮点。说亮点，具体而言就是在说课活动中重点说明教师在教学内容、教学手段、教学方法等方面的亮点，如对教材内容的重新组合，新的教学模式、对教学内容进行创新处理的设计思路、对突破重难点的独到见解等。需要指出的是，这种亮点绝非评比前的临时构想，而是建基于教学经验积累之上的创见。

突出“说”，抓住说课的基本环节和基本要素，把课说清楚，说准教材、说明教法、说清教学设计意图、说会学法，不能拿着事先准备的说课稿读或背，说课中除口述之外，可结合教学多媒体、教学模型、挂图、视频等辅助说课，这些教具在说课过程中要根据需要做必要的介绍和演示。

（二）实事求是地说

说课最终是要落实到教学实践中的，因此说课中的每一个环节、每一个安排在课堂教学中都要具有可操作性。这包含两个方面的要求：首先，不要仅仅考虑说课效果而说一些在教学实践中难以实施的形式，或超出于教学实际资源的教学安排；其次，说课中提到的教法、学法等在教学过程中要确保实行。如有的教师在说教法时提到“我运用了启发式、情境式教学法”，但在具体的教学过程中却并未提及如何启发学生、创设了怎样的情境。

突出重点地说，对教学中的重点部分突出强调，如导入的方式、过程及依据，教学重点、难点的处理方式等。而有些不太重要的教学内容则尽可能地简略，这样才能尽可能地提高说课的实效。因为说课的对象是教学领域中的同行，并不是课堂中的学生，所以不必将内容展示过细，要重点突出设计思路，凸显实施主线，明确教学过程中的切入点、如何展开、如何深入等。

（三）思路清晰，语言流畅

在说课过程中，教师保持思路的清晰和明确是非常重要的，清晰流畅的说课有一气呵成之感。新任教师尤其需要避免思维无限跳跃、延伸而完全失去教学中心与重点。那么，教师在说课活动中如何保持思路清晰呢？准备完整的说课稿是必需的，在说课练习前，不妨捋清思路，先说总的教学环节，然后分说具体的教学环节，也就是教学过程中关键的知识点，如“教学过程可以说是本次说课中最为重要的环节，整个教学过程可分为四个环节，分别是导入、探究新知、课堂实践和课堂小结”“在探究新知这一环节中，我主要从色彩三要素、色彩的搭配方法两个部分展开教学，首先是色彩三要素……”。为确保说课时的思路清晰，教师也可以使用多媒体课件、教学模型等手段或者在黑板上进行教学演示，以增强说课的直观性。在环节过渡地方，要注意语言的流畅和自然，比如说完教材分析后，要确定教学目标时，可以说“基于以上对教材的理解和分析，我将本课的教学目标设置为……”，在即将进入说重点难点时，不妨这样说：“下面我侧重谈谈对本节课重难点的处理。”

（四）有层次地说

在说课过程中要做到精神饱满，语气得当，语速适中，语调有节奏变化，语言表达流畅简练，力求声情并茂、抑扬顿挫，使听课者既能感受到说课者的自信和能力，也能从语调中反映出说课教师说课活动中的重点部分和亮点环节。同时还要注意说课过程中前后部分的过渡流畅、整体连贯，切忌如念提纲般生硬地说每一个环节，也不要试图用一个模板套用所有的篇目，这样会显得死板，不合逻辑。

范例资料

各位老师好，我是××。今天，我说课的题目是《和谐温馨的生活空间》。

1.说教材

《和谐温馨的生活空间》是贵州省人民美术出版社出版的义务教育《美术》教科书八年级下册第四单元第1课时，本课属于“设计·运用”范畴，本教学活动安排1课时。本课的主要教学内容是通过辨别各种不同的室内设计风格的特点和熟悉室内设计的基本要素以及设计原则，使学生认识色彩与室内设计的搭配有着紧密的联系。建议采用讨论绘制的方法，以小组合作的方式组织学生临摹室内效果图。本课旨在引导学生认识设计艺术所运用的色彩语言及表达方式，激发学生的探究欲望与学习动力，培养学生的设计能力、创新能力，倡导学生形成关注人与自然的生活方式。

2.学情分析

八年级的学生，兴趣广泛，思维活跃，知觉和表达的准确性都有了较大发展，能够精确地感受和分辨不同色相、不同明度、不同纯度在视觉呈现上的细微差异，对物体的形状、体积、明暗、空间关系等有较好的感知力和判断力。这一阶段的美术教学着重于培养学生运用色彩搭配空间。通过组织学生讨论、交流等活动，使学生积极主动、大胆自由地设计独特和谐的温馨空间。

3.教学目标

《义务教育美术课程标准(2011年版)》指出，要注重美术课程与学生生活经验紧密关联，使学生在积极的情感体验中发展观察能力、想象能力和创造能力；还指出，“设计·运用”学习领域注重让学生了解设计与工艺知识、意义与价值以及“物以致用”的设计思想，知道设计的基本程序，学会设计创意与工业制作的基本方法。根据课程标准的要求，结合教材的特点，我制定了如下三维教学目标：

(1)知识与技能：辨别室内设计的不同风格和特点，熟悉室内设计任务和基本要素。掌握家居色彩搭配知识，运用相关知识进行设计应用。

(2)过程与方法：通过欣赏优秀作品，观察画面空间关系，思考和讨论如何完成一个具有空间关系且色彩和谐的室内设计，最后让学生以小组的形式临摹家居设计图，再自行设计自己居室的局部室内效果图。

(3)情感、态度和价值观：提高学生的动手能力和色彩搭配能力以及实践能力，让学生关注生活中家居色彩的和谐搭配，从而使学生认真观察生活，体验色彩在生活中的运用，感受艺术的魅力。

4.教学重难点

根据教材特点和学生情况，在以上教学目标的基础上，我将教学重难点设定如下：

(1)教学重点：能运用室内设计相关知识并结合色彩搭配知识，表现出室内设计的色调、空间、明暗、体积关系。

(2)教学难点：如何根据室内空间和环境设计出和谐舒适的居室设计效果图。

5.说教法

依据本课性质及学生实际情况，我将主要采取“欣赏—启发—引导法”，以实例为线索，充分使用教具，不断采用欣赏、启发、归纳相结合的教学方法。在实例的引导下，调动学生的积极性和自觉性，使他们对“设计·运用”领域的理解、意义及功能的认识由感性认识上升到理性认识，使每个学生都能参与积极动脑的过程。

此外，我还将运用投影、导出设计图片等教学方法来优化课堂教学，激发学生兴趣，提高课堂效率，并提问不同层次的学生。这样多法并用，既培养了学生分析设计的能力，又启发了他们的思维。

6.说学法

设计手稿的功能、用途很强大，要让学生在短时间内勾勒出脑中所想的设计手稿是很难的事，因此我将利用实例和手绘过程的演示，引导学生采用欣赏分析法为主、练习法为辅的学习方法，自主探索、交流合作，达到优化教学的课堂效果。

7.说教学程序

下面我将重点陈述我的教学程序。对于本课的教学，我将通过1课时来完成。具体来说，我将通过五个环节来展开教学。

(1)引入新课

俗话说，好的开始是成功的一半。作为一节课开始环节的新课导入是相当关键的。组织教学，创设情境，激趣导入。

老师：播放各种室内设计图片并提问：这些居室设计属于哪种风格的室内设计？它们分别有什么特点呢？下面我们就来学习和谐温馨的生活空间。

引出课题《和谐温馨的生活空间》。

这种体验式的导入，不仅可以激发学生的兴趣，活跃课堂气氛，还可以让学生与手绘线条图像进行初次接触和尝试，更使新课的导入顺理成章、水到渠成。

(2)传授新知

①室内设计除了有不同的风格还有它的任务和基本要素。

空间要素、色彩要素、光影要素、装饰陈设要素、绿化要素。

②展示不同色调的居室设计图片并提问：你喜欢哪种色调的居室？谈一谈你对它的理解。

让你设计书房，你会如何运用色彩搭配？

③居室的色彩还可以怎样搭配？图片演示。结合图片观察、分析、总结。

④对比欣赏讨论居室色彩的不同搭配，冷色调给人沉稳、安定的感觉；暖色调给人热烈、奔放的感觉。

⑤学生对居室色彩搭配有了深刻的体验。通过对图片的分析，学生能探究出居室色彩搭配的基本规律，使本课的重点得以有效解决。之后运用已知，进一步引导学生探究居室基调形成的原因。

在学生掌握这些要素、色彩搭配的含义和分类后，我会引导学生通过阅读课文总结基本要素和色彩搭配的功能和用途，以及应用领域。

到此，我完成了传授新知的过程。之后，我会从先前的课堂引导者位置上退下来，变身为课堂参与者，把课堂还给学生，让他们进行体验和活动。

(3)体验和活动

在这一环节中，我会让学生根据自己的兴趣爱好自选类别进行室内色彩搭配的独自创作。在学生创作的过程中，我会在教室中巡回走动，对需要帮助的学生给予指导，并对学生的积极表现给予鼓励与表扬。

①老师强调手绘室内效果图的原则：真实性、科学性、艺术性。

手绘室内效果图的重点：立意构思是其灵魂，准确的透视是其形体骨骼，色彩明暗是其血肉。

②学生以小组为单位，对准备好的室内居室效果图进行临摹，理解室内冷暖的不同颜色效果，学会运用颜色表达空间的关系和色调。同时掌握室内设计的画法要领。学生思考：通过临摹效果图，熟悉色彩搭配和室内设计的基本要素。

将上一环节中得到的感性认识提升为理性认识，巩固了所学，体验到了室内色彩搭配和基本要素表达的乐趣。这样就在学生实践体验的过程中，顺利地解决了本课的教学重难点。

(4)拓展与延伸

在这一环节，我会通过学生们最喜欢的Flash动画的展示，引入室内设计的介绍。在欣赏动画的过程中，我会引导学生去观察、去发现、去思考、去讨论探究，最终得出结论：动画中的每一个定格画面，其实就是通过色彩搭配以及基本要素的配合去表达、表现事物。

(5)小结与作业

在这一环节我将采用知识性小结，再次强调“设计·运用”的领域、意义及功能。我的结语如下：

通过本堂课，学生能初步了解室内设计的基本概念、不同的居室风格、任务、基本要素，能够根据手绘室内效果图的原则对室内设计效果图进行临摹，同时设计出自己理想的居室设计效果图。与此同时，引导学生加深对室内设计的认识，激发学生潜在的学习能力。

课堂小结之后，我会给学生布置作业：设计一幅自己的居室设计图。

思考与练习

一、你如何理解说课在美术教学中的意义?

二、影响说课效果的因素有哪些?

附　录

附录一

贵州省中学美术优质课比赛 高中组教案《新的实验》黔南州都匀民族中学：苏静文

课　题	《新的实验》	教材版本	湘教版	年级	高一
单元章节	第二单元第七课	课时安排	一课时	课型	鉴赏课
教材分析	本课是现行普通高中实验教材（湘教版）第二单元《辉煌的美术历程》中的第七课《新的实验》。第二单元以时间为线索，以人类文明发展的足迹为背景，从宗教的礼仪教化、从不同国家的审美自律、从传统到现代的不同视角，呈现出艺术形式的多样性。《新的实验》是本单元最后一课，这课的教学内容与前面几课内容相比较，最大不同就是反传统性，艺术特征有强烈的实验性。要通过适当的讲述来解决学生对作品鉴赏的困惑，使其对绘画艺术产生实验、创新兴趣。主要是让学生在认识这些作品的同时，认识其创新之处，同时也要保留评价的权利。				
教学内容分析	内容概要：现代实验性艺术的发展步伐明显加快，在各个领域都出现了很多新的艺术现象。大致从五个方面进行分析：1.新的创作方法——美国艺术家波洛克的“滴洒画”；2.新的形体理解——对古典主义绘画的挪用和修改；3.新的创作主题——以美国艺术家安迪·沃霍尔为代表的波普艺术；4.新的材料新的技术——①安迪·沃霍尔的作品制作运用了丝网印刷；②蔡国强的火药画；5.新的空间——纪录片《天梯：蔡国强的艺术》。这些艺术家从不同的角度对传统的绘画创作方法进行了突破。 教育功能分析：美术的教育功能不同于理论的说服，而主要在于通过形象的感染与激发效能，启发观者的意识与情感活动，从而达到提高思想、品德和情操的目的，使学生树立正确健康的审美情趣、审美标准、审美理想，让学生热爱美、发现美、创造美。				
学情分析	高中美术鉴赏是学生运用自己的视觉感知与生活经验以及审美知识对美术作品进行赏析从而获得审美享受。而贵州大部分学校对艺术教育课程重视不够，加上很多山区学校由于受自身办学条件和历史传统影响，美术课程自然被列为副科，或者未开设。学校缺乏一套科学有效的考核方案，导致高中生美术教育的缺失。而本课所涉及的美术流派类型较多，如果讲授太多，会变成教师一言堂，所以我只选择了有代表性且学生易懂的作品来体现五个“新”。最后加入十分钟的学生体验活动，使他们充分感受“新”艺术特征，这样安排会较适合贵州学生的接受能力。				

<table>
<tr><td rowspan="3">教学目标</td><td colspan="3">知识与技能：
了解20世纪50年代以来艺术发展的新动向，特别是艺术家对艺术的看法和艺术作品的创作方法与技巧、使用材料等方面的变化。能分析一些现代艺术作品的构思及其表达的内涵；会利用新材料，表达学生想要表现的内容。</td></tr>
<tr><td colspan="3">过程与方法：
通过自主学习、小组合作学习、探究学习等方法，使学生积极参与课堂活动，培养探究学习的自主、互助意识。</td></tr>
<tr><td colspan="3">情感、态度和价值观：
了解20世纪实验性艺术不同的表现形式及艺术风格，形成健康的审美情趣和审美观念；形成尊重世界多元文化的情感和态度；树立理性对待现当代实验艺术的态度。</td></tr>
<tr><td>教学重点</td><td colspan="3">20世纪实验性艺术的艺术观念、探索角度与材料方法。</td></tr>
<tr><td>教学难点</td><td colspan="3">20世纪实验性艺术的内涵及其价值。</td></tr>
<tr><td>教法指导</td><td colspan="3">启发式、问题法、对比法、实验法等。</td></tr>
<tr><td>学法指导</td><td colspan="3">自主学习、小组合作实践学习。</td></tr>
<tr><td>教学准备</td><td colspan="3">教具：多媒体课件、丙烯颜料、硅油、油画板等。
学具：材料不限（学生在课前自主寻找具有新意且可作画的材料）。</td></tr>
<tr><th>教学内容</th><th>教师活动</th><th>学生活动</th><th>设计意图</th></tr>
<tr><td>导入</td><td>1. 提问：同学们课余喜欢看实验类的节目吗？比如《加油向未来》？
2. 出示图片及视频：这个节目有一期介绍了“闪电雕塑”，如何把瞬间的电光艺术变为永恒呢？来看一段实验视频。
同学们平时有做过化学物理实验，但有在艺术上做过实验吗？
引出课题——《新的实验》。</td><td>看图片及视频说出自己的想法。</td><td>用学生较熟悉的中央电视台制作的青少年大型科学实验节目来导入，既能第一时间引起学生的兴趣，也能让其各抒己见。</td></tr>
</table>

一、新的创作方法	①概念：让学生通过课本、导学案寻找实验艺术的概念（所以，今天我们从新技术新材料、新的创作方法、新形体、新主题、新空间这五点去学习）。 ②新的创作方法：欣赏波洛克的《秋天的节奏》。 [思考]如果是你，会用什么方法来完成这幅作品呢？（波洛克开始用“滴洒法”创作，将油画颜色调稀或者直接用笔或勺滴洒在画布上，人称“行动绘画”。） [提问]此作品体现了新的什么？	◆学生从导学案中找到概念并回答。 ◆思考波洛克的行动绘画和传统绘画在创作方式上的区别。	培养自主学习的能力；用导入未完的话题继续探究学习。
二、新的形体理解	①委拉斯贵支的《教皇英诺森十世》，1650年。 对比：毕加索的变体画，培根的《号叫的教皇》。 教师鼓励学生畅所欲言。 [提问]培根是如何对古典主义作品《教皇英诺森十世》进行挪用和修改的？ 教师小结。 ②欣赏：委拉斯贵支的《宫娥》，1656年。 [思考]画面描述了什么内容？画家是怎样创作的？ 古典的创作方法——画家对着对象进行写生，每一个形象都很真实。 [思考1]艺术是否只能比较客观地记录物象？ 对比：毕加索的《宫娥》。 [思考2]艺术的创作形体发生了怎样的变化？ ③出示毕加索《公牛的变体画》，展示艺术家怎样从具象逐步抽象出物体的最简练外形。他所处的时代，相机的发明，视觉审美的转变，从具象审美到心灵审美，用减法对事物进行概括，如今所见的商业标志都受之启发。（举例）	◆学生思考《号叫的教皇》这幅画有哪几处的挪用及修改，并回答。	由感性到理性，由形式到内涵，由表及里的探究性学习，是高中生美术鉴赏需要掌握的方法，通过比较鉴赏，让学生加深对现代实验性艺术特征的理解。

三、新的创作主题	[思考] 在我们的现代生活中充满了各种大众文化，比如明星、广告、速食等题材，这些可不可以作为艺术创作的主题？你是怎样认为的？(可以，艺术来源于生活，体现现代的大众文化也是艺术的手段) 欣赏：安迪·沃霍尔的波普艺术。 传统的艺术创作的主题多为人物、风景静物、历史事件、宗教等，而在现代实验性艺术创作中，艺术家多用流行的、通俗的、大家都熟悉的形象来创作艺术作品，让人们用全新的眼光来看待这些形象，以此来证明艺术存在于一切生活之中。	◆学生思考教师的问题并回答。	
四、新的材料新的技术	[提问]作品是怎么被制作出来的？ 采用丝网印刷技术制作的。 这样的技术可以让同一幅作品被成千次地加以复制，完全取消艺术创作中手工操作的因素。 教师小结。	◆学生思考教师的问题并回答。	
五、新的空间	火药是中国的四大发明之一，其产生的“爆破”艺术也被纳入美术创作中，请大家带着问题欣赏一段视频(蔡国强的《天梯》)。 [思考1]作品运用了哪些新技术、新材料？ [思考2]这件作品与我们传统的美术作品有哪些不同？	◆学生思考教师的问题并回答。	传承文化艺术，弘扬人文精神。
归纳	[思考]试归纳你理解的传统、现代实验性艺术品的区别。 传统艺术：具象、再现、客观。 现代实验性艺术：抽象、表现、主观。	◆小组讨论后派出代表上讲台试归纳。	加强对现代实验性艺术的理解。

感受	1. 播放视频，一起感受现代实验性艺术的魅力。 2. 图片展示教师收集的学生的实验性艺术作品。	通过视频介绍带领学生再一次走进创意无穷的现代艺术，加深感受，理解实验性艺术不同的表现形式以及艺术风格、形式。养成尊重多元文化的情感和态度。
课堂活动	1. 分小组创作完成一幅具有现代实验性艺术“新”特征的美术作品。 2. 展示作品，相互自评。	通过学生动手实践，进一步切身感受理解现代实验性艺术的创新思想。小组合作，探究学习，鼓励学生求异创新，培养学生的审美能力、团结协作意识及动手能力，所学即所用，挖掘学生的创造力。
课堂小结	在当代，似乎什么都可以成为艺术，艺术的概念在不断扩张，我们认识到它们的创新之处，也保留我们评价的权利，因为能否成为经典的艺术，需要经过时间的洗礼。	
课外拓展	上网查阅相关资料，全面地了解现代实验性作品，并做出你的评价。	
板书设计	《新的实验》 一、新的创作方法 二、新的形体 三、新的主题 四、新的材料新的技术 五、新的空间	

设计反思	由于20世纪中期以来的实验性艺术涉及科技、社会、历史、宗教等各方面知识较多，内容繁而杂，因此本课教学要全面涉及有一定难度。在教学中我采用谈话式教学，努力做到内容简练、要点明确。采用范画实验、作品解读、小组合作、多媒体辅助、多元互动评价等教学手段和教学方法，使本课的知识变得直观、形象、生动，使学生易懂易会。不奢求学生深刻理解现代主义艺术，只要求他们初步了解现代主义艺术有别于传统艺术的实验性、反叛性特点，及其因此呈现出来的丰富的艺术形式、手法、材料等，并引导学生感受和体验创新的快乐。 考虑学生的兴趣和课堂时间的有限性，在一节课内既要欣赏了解，又要加以实践活动似乎很难两全。

附录二

黔南州中学美术优质课比赛高中组教案《战争与和平》都匀四中：郑俊

<table>
<tr><td>课程内容</td><td>战争与和平——社会变革与美术作品的关系</td><td>课程类型</td><td>美术鉴赏</td><td>教材版本</td><td>湘教版</td><td>单元章节</td><td>第三单元第六课</td><td>课时安排</td><td>一课时</td></tr>
<tr><td>教材分析</td><td colspan="9">本课题选自义务教育课程普通高中新课程标准实验教科书《艺术鉴赏》(湘教版)的第三单元第六课《战争与和平》，探讨的是一个凝重的话题——战争与和平。
本课包括三个方面的内容：1.战争在美术作品中留下的痕迹；2.通过美术作品对战争进行反思3.赏析美术作品表现的和平观念，并参与维护世界和平。</td></tr>
<tr><td>学情分析</td><td colspan="9">高中学生正值意气风发、血气方刚的年龄，具有一定审美能力、荣辱观、世界观，以及人生观。本课通过作品赏析，让学生可以感受战争的残酷，人民对和平的祈祷，同时可以了解美术作品对战争的表现，并能用一定的绘画语言表现战争，呼吁和平，树立和平意识，还可以激发学生勿忘国耻、奋发图强、强我强国的思想情感。</td></tr>
<tr><td rowspan="3">教学目标</td><td colspan="9">1.知识与技能：欣赏中外优秀艺术作品，感受艺术家源于战争的艺术表现形式以及流露出的悲壮、崇高的感情，能运用合适的手法及元素表现对战争与和平的理解。</td></tr>
<tr><td colspan="9">2.过程与方法：创设情境，引导学生探究作品内容、形式和风格特点以及创作的背景，提高对美的鉴赏和表现能力。</td></tr>
<tr><td colspan="9">3.情感、态度和价值观：通过学习，让学生正确认识战争正义与否的评价，培养学生爱国、爱和平的美好情感，同时要有“落后就要挨打”“少年强则国强”的紧迫感，努力学习。</td></tr>
<tr><td>教学重点</td><td colspan="9">通过欣赏不同作品对战争与和平的不同表现，让学生们知晓战争的残暴与破坏性，以及和平的可贵。</td></tr>
<tr><td>教学难点</td><td colspan="9">对战争本质的评判，让学生勿忘国耻，激发学生爱国、爱和平的美好情感，拥有“落后就要挨打”“少年强则国强”的紧迫感。</td></tr>
<tr><td rowspan="2">教学策略</td><td colspan="9">1.知识点的学习，讲学结合。</td></tr>
<tr><td colspan="9">2.课堂以学生欣赏体验为主，教师讲解为辅。</td></tr>
</table>

课程内容	教师活动	学生活动	设计意图
导入	出示中秋、国庆图片。 当我们还沉浸在双节同庆的喜悦与幸福中时……而世界的另一端却是这样的景象……(非洲视频) 是什么造成如此的景象? 导入课题 小结:战争是人类社会的一个沉重而又无法回避的话题,它影响了人类社会的许多方面,包括美术创作。 今天我们要探讨的课题是:《战争与和平——社会变革与美术作品的关系》。 请同学们打开课本,翻到第三单元第六课。 板书课题《战争与和平》。	◆看视频说出纪录片里记载的景象…… ◆战争造成的惨状。	反差极大,调动学生情感,把学生带入沉重的战争课堂中来。
一、战争与美术 ◆建筑	展示长城图片。 提问: 修筑长城的目的是什么?现在还有这功能吗? 小结:长城是中国古代军事防御工事,用于抵御北方游牧民族侵扰,为封建社会农业经济的生存和发展创建了相对和平的生产环境。现如今长城已不再是军事意义上的堡垒,而是历史的见证者,是中国古建筑艺术的杰作是中华民族智慧与血汗的结晶,也是世界建筑史上的伟大奇迹之一,1987年被联合国教科文组织列入《世界遗产名录》。 战争留下并影响了很多建筑艺术…… 战争也破坏毁灭了很多宏伟建筑…… 战争对美术的影响非常深远,能成为世界奇迹的不仅仅有长城,还有很多,诸如…… 播放《秦始皇兵马俑》。	长城——古代军事防御工事。	引导学生感受社会变革中战争产物转化为艺术作品的过程。

◆雕塑	从视频中我们知道： 没有秦兵强悍的战斗力就没有如此威武雄壮的秦兵马俑。 兵马俑不是战争的工具，却是战争的产物。战争的载体是军队，军队进而成为权力和安全的象征。正是这种观念造就了秦始皇强大的地下军队。 表现战争的雕塑有很多，展示不同雕塑图片。	学生看视频了解战争的产物“兵马俑”。	了解秦雕塑的精湛技艺，弘扬传承中国美术。
◆绘画	战争是历史的重要组成部分，艺术也反映着历史，几乎在每个时代都有艺术品在体现那段历史。 展示南京大屠杀资料图片并提问：画家是怎样用绘画的语言表现这一事件的？ 带领学生赏析画面，学习欣赏表现。 整幅画分三部分，提问：怎么分？分别表现什么？ 交流活动 1. 画面的上方，低矮灰暗的天空几乎被遇难者的尸体占满，给人一种什么感觉？暗无天日和世界末日的绝望之感。 2. 画面的下方，满地散落着被日本侵略者用屠刀砍断的中国人民的头颅、手臂、身躯和鲜血，体现了一种什么样的场景？残酷、凄凉的场景，令人触目惊心、神经紧绷、毛骨悚然、过目不忘、刻骨铭心…… 日本侵略者占据的一角象征着黑暗、邪恶、凶残、暴力和魔鬼；沾满鲜血的屠刀、狰狞的面孔以及冷酷的狞笑等细节和证据，充分说明刽子手就是魔鬼的化身，他们把原本生机勃勃的人间天堂南京变成了阴森恐怖、惊悚苦难、凄惨悲凉的人间地狱。（屠）	欣赏讨论： 1. 屠 2. 生 3. 佛	让学生学会读画，感受绘画语言传达的信息，从而提升学生的审美思想。

◆绘画	趴在母亲尸体上哭喊嚎叫的幼儿，让人们仿佛听见了那撕心裂肺、声嘶力竭、撕裂耳膜的尖锐声音，令人哀怜心碎、刻骨铭心。同时，这个昂首挺胸的哭童又象征着当时中华民族虽然弱小，但是拥有不怕牺牲、前仆后继、决不向侵略者低头屈服的英雄气概和民族精神，从而激发起人们反抗侵略、反对邪恶、制止暴行的抗争精神和正义感。(生) 出家人占据的一角象征光明和善良，体现出画家对人性和佛教大慈大悲普度众生的美好寄托和希望。(佛) 整个画面动与静、生与死、善与恶之间形成了鲜明的对比、呼应、转换和戏剧冲突，具有深刻、强烈而凝重的艺术表现力和艺术感染力。联合国第七任秘书长安南在观摩了李自健的画展后，提笔写信给画家：你对世界和平所做的努力，体现在你以“人性与爱”为主题的环球巡回展览中，这对你的艺术和你的国家都是一份献礼。		
◆媒体艺术（影视）	同一历史战争，艺术家们有不同形式的表现，如果说绘画表现我们还需要解读才能理解，那么，有什么更为直接的表现方式能让我们身临其境地感受战争的血腥与残酷呢？ 导出媒体艺术。 播放有关南京大屠杀的电影片段。 艺术家们相同的艺术手法：同一历史战争事件，不同的表现方式，艺术家们真实、客观、具体而直观地展现和揭露了日本侵略者践踏生命、野蛮凶残的丑恶暴行。	让学生感受不同的艺术表达形式。	教会学生赏析不同的艺术表现。解析艺术家的思想情感。
◆招贴	《胜利》招贴画。 画面是怎么描绘“战争胜利”的？谁胜利了？ 这种简洁明了，以宣传鼓动、制造社会舆论和气氛为目的的绘画形式叫作招贴画，是户外广告的主要形式。	认识招贴画的概念及特点。	为后面招贴设计活动作铺垫。

小结： 战争的本质	在战争中燃起战火的人必将惹火烧身（展示广岛长崎原子弹爆炸照片）。讲解日本瓦木夫妇《原爆图》及墨索里尼图片。 诠释战争的本质。 战争的本质是什么？ 不管基于什么目的出现的战争，无论你是对还是错，是胜还是败，战争都只会导致一个结果——毁灭、破坏和持久的痛苦，都会将民众带入灾难的深渊中。	思考战争本质，让学生明白战争没有输赢，结果就是给人类带来毁灭、灾难。	使学生树立和平意识。
二、反思战争	战争引起社会的动荡，给广大民众以深重的灾难，破坏了平静的生活环境，也破坏了许多正常的艺术活动，毁坏了艺术珍品。但战争同时也造成了艺术家精神上的矛盾冲突，促使一些艺术家反思战争，反思人生和整个人类世界，从而创作出了许多感人至深的作品。 正如： 《内战的预言》，达利。 达利以超现实主义的手法反映西班牙内战，画面中人物的器官四分五裂，再组合成一个触目惊心的梦中幻象，以蓝天白云作背景，表明这一罪行是在光天化日之下进行的，揭示出战争的荒谬和残酷。 《格尔尼卡》，毕加索。 创作背景：1937年初，毕加索接受了西班牙共和国的委托，准备为巴黎世界博览会的西班牙馆创作一幅装饰壁画。1937年4月26日，发生了德国空军轰炸西班牙北部巴克斯重镇格尔尼卡的事件。三个小时的轰炸，使格尔尼卡化为平地，平民百姓死伤无数。德军的这一罪行激起了国际舆论的谴责。毕加索义愤填膺，决定以这一事件作为壁画创作的题材，表达自己对战争罪犯的抗议和对死难者的哀悼。绘画史上的杰作——《格尔尼卡》就这样诞生了。	学生分组讨论，赏析阐述《格尔尼卡》	学会对画面的理解和分析，以致会运用具有象征意义的形象。

二、反思战争	分组讨论，尝试赏析阐述毕加索的《格尔尼卡》。 1.牛的表情怎样？它代表什么？ 2.马代表什么含义？ 3.母亲发出了怎样的声音？这一切都说明了什么？ 4.战士的手里拿着什么？他的表情是怎样的？ 5.灯在这里象征什么？ 6.举灯的女人象征什么？ 7.跳楼的人发出怎样的喊声？ 8.奔跑的人营造了怎样的气氛？ 《格尔尼卡》小故事：谁的杰作？ 在巴黎毕加索艺术馆，毕加索站在门口，给每一个进入艺术馆的德国军人一张《格尔尼卡》复制品。德国军官说："这是您的杰作吗？""不，"毕加索说，"是你们的杰作。"		
三、和平的祈祷	战争虽然不可避免，但是人们仍然在不断努力阻止战争，祈愿世界和平。 展示不同形式的作品，传达同样的思想——"对和平的祈祷"。 重点在"招贴画"，为学生课堂活动——招贴画创作练习埋下伏笔。	赏析作品。	树立和平意识。
四、世界和平 人人有责（招贴画创作）	和平是世界人民共同的心愿。可战争却频频发生…… 插入叙利亚战争视频。 让我们行动起来，以"呼吁和平，禁止战争"为主题创作一幅招贴画。 创作要求： 1.招贴画的基本构成：色彩、图形、文案（一般带有醒目的、号召性的、激情的文字标题）。 2.招贴画的特点：形象醒目，主题突出，风格明快，富有感召力。	思考设计招贴画，创作独特画面，明确主题思想。	招贴画创作练习。提升动手能力、审美能力，树立和平意识。

五、前事不忘，后事之师（拓展）	叙利亚战争给我们什么启示？ 中国有句古话是这样说的："前事不忘，后事之师。"记得一位哲人也说过："忘记耻辱的民族，是悲哀的民族！"今天，我们要牢记中华民族曾经受到的欺压、屈辱，同学们，少年强，则国强，我们正值青春年少，我们该怎么做才能让历史不再重演？ 唯有发愤图强才能振兴中华！谢谢。	让学生不忘国耻，树立强我意识。	勿忘国耻，振兴中华，义不容辞，树立自我强大意识，奋发图强。
板书设计	战争与和平 一、战争与美术 ·建筑 ·雕塑 ·绘画 ·媒体艺术（影视） ·招贴 小结：战争的本质 二、反思战争 三、和平的祈祷 四、世界和平 人人有责 五、前事不忘，后事之师		

附录三

美术核心素养本位的教学情境设计

——名师示范课 以《隶书的点画之美》为例

《隶书的点画之美》教学反思（刘清峨）

随着核心素养课程理念的推进，重视真实的教学情境，整合学生感兴趣的话题或活动，在课堂教学中有序开展教学情境设计，已经成为一种教学常态。我们已经认识到这对培养学生核心素养尤其重要。教学情境不单单是一个教学活动，更多意义在于把教学的基本问题带进来，给学生一个学习“场”。笔者尝试着设计贴近学生既有经验又符合他们当下兴趣的特定环境，整合真实情境，让学生善学、乐学，并尝试举一反三。本课例从教学情境设计、教学基本问题确立、如何以问题链带动教学进行了尝试，一点粗浅的认识与大家交流，抛砖引玉，以期得到大家指导。

一、明确基本问题，设计教学情境

《书法的点画之美》是湘教版初中七年级上册美术教学内容，本节课是第二课时，选择隶书为主要教学内容。教学中，如何将知识技能放在解决问题的环境中加以选择、获取和运用？如何把握核心问题？在怎样的教学情境中引导学生的学习？基于核心素养理念的课堂教学设计——以教学情境设计为核心内容，吸引学生关注教学基本问题，是笔者尤其关注的。

1.明确基本问题：

·我们每天都在写字，写字就是书法吗？

·隶书的点画有什么特征？书写时要注意什么？

·教学拓展：学书有“法”。课后继续了解“法”是什么？

【感悟】基本问题的确立，给学生一个学习定位。思维起于问题，止于结论，只有带着问题去学，让孩子们有事情可做，这样的课堂才不至于务虚，学生在逐步学习中，形成解决问题的能力。

2.设计教学情境。

(1)发放学习卡，学生书写自己的姓名。

设计教学活动，请同学们在学习卡右上角书写自己的姓名，同时抽查几位同学上台书写。师生共同关注此次书写，就学生的字体展开互动与交流。

“你是用什么书体书写的?”师生谈话引发大家对自己书写的关注和思考。

教师提出问题:“我们每天都在写字。同学们,写字就是书法吗?”因为全员参与了书写,这个提问对所有的同学都有特殊的意义。随着书写工具的改变,毛笔淡出我们的视线,我们对书体的关心已经不那么多了。

【感悟】从教学中发现,八年级的中学生,在书写自己的名字时表现出书写的随意性。老师提问“你这是什么书体?”三位同学回答了三个答案:“草书”“楷书”“行书”。这个三个答案,是学生对书法知识的“全部了解”。孩子们书写态度不一,有的一丝不苟,有的草率,最重要的是,从师生互动交流中发现,孩子们对书写不太感兴趣。

(2)教学活动:你的书写传递了什么?

老师选择了毛主席写给齐白石等先生的回信(图片见PPT),对比一个微信截图,教学资料呈现,随机提出问题:“我们习惯了键盘书写的方式,看到主席的书写,你有什么感受?你见到哪些师长有这样的书写习惯?”

学生坦言,今天已经很难看到这样的书写形式了。现代人们语言文字传达交流的方式越来越简单。我们从对比中感觉到一种距离,从主席的书写中能看见的力量,其内涵、品格和格调之美让我们动容。学生表示今天的键盘书写确实很方便、很快捷,但似乎缺少了什么。

教学小结:我们从主席的书写中能感受到一种力量,感受其内涵、品格和格调之美。作为一个中国人,应该了解和传承我们的传统文化,这对我们意义重大。

【感悟】我们不得不承认,在现代社会高速发展的今天,学生对中国传统文化的认识,已经引起了我们的警觉。孩子们需要传统文化的影响,需要中国传统文化滋养我们的精神。认识到这一点,如何去做呢?

(3)辨认校训字体

校训“学会生存,学会关心”,这是学生最熟悉的文字,老师请学生辨认“这是什么书体”,导入课题。

板书课题:《隶书的点画之美》

【感悟】先让学生书写。有的在讲台前,有的在座位上。学生写出了一些歪歪扭扭的名字……在学生书写之后,老师问:“你是在用什么书体书写自己的名字?”学生说出了他们断断续续了解的文化碎片:草书、楷书、行书。学生其实并不了解这些字体的笔画,他们只是知道这些名词。老师了解了学生的实际情况,给了学生一个“台阶”,不让学生难堪,不让他们觉得难、反感,而是以良好的师生关系带动学生愿意进一步去了解。

二、以问题驱动带动教学

《隶书的点画之美》这一主题教学，在教学研讨课中，几位老师进行了同课异构教学。首先，老师们以传递书写技能技巧为主，注重学生的自主临摹与练习。我们发现，在这一传统的教学模式之下，学生作业完成情况比较好，技能技巧传递到位，但是学生并不了解其中的缘由。而在本节课中，以问题驱动带动教学，在明确基本问题的同时，结合学生熟悉的校园生活和文化氛围，围绕基本问题设计一系列的问题链，围绕教学目标展开教学。本节课的学生作业完成好，同时，学生能结合实际生活中的问题，从文化的角度展开讨论，相较于前一种教学方式，对学生的综合素养有拓展提升的空间。

1. 什么是点画？

教师板书课题，同时提出了问题——什么是点画？明确问题，将知识传递到位。引导学生了解中国书画艺术的主要造型语言是线的艺术，点画泛指书法作品中的线条，线条的力度、厚度、韵律、节奏等能传达神情意趣。

教学中以汉字“鱼”在不同书体变迁中的点画特征，引导学生初步了解和感受中国书法字体的演变过程。

汉字“鱼”在不同书体变迁中的点画特征（PPT）。

【感悟】教学中，当老师把“点画之美”聚焦在一个汉字，学生看到在不同书体中，“鱼”字的笔画线条变化，大家深受感染。学生从最初上课时的“以为很简单”，一步步跟进，单从一个汉字而言，其“点画”有这么多学问！孩子们越来越专注，尝试从点画中看出历代书法的变迁和发展历程，千年书法，翰墨精神，有待我们去揣摩和感受。教学的意义在这里呈现。

教学小结：中国书法在这个世界上是独一无二的，在黑与白、点与线的千变万化中完成人的精神创造和情感宣泄，它所表现的精神内涵是与中华传统文化一脉相承的。

2. 你了解隶书的来龙去脉吗？

请一个有书法基础的同学展示自己的隶书作业。简单介绍自己学书法所临写的碑帖，简单介绍书写隶书的感受。

【感悟】教学不是说教。这节美术欣赏课，让学生在动手实践中体会隶书的点画之美。教师小结中强调了关于书法的相关知识，带给学生自主探究的想法，让孩子们有兴趣在课后去探究。隶书有“秦隶”“汉隶”等，是在篆书基础上，为适应书写便捷的需要产生的书体。东汉后期的碑刻，是汉隶书法艺术的主要遗存。著名的碑刻有《西狭颂碑》《张迁碑》《曹全碑》《礼器碑》等。这些碑刻是汉隶成熟繁荣期的主要标记。隶书无声地支援了两个时代，成为其中的重要过渡。

3. 教学微课：隶书的历史变迁（节选自《千年书法》1分20秒）

微课解说词：沿着古中国文字的发展脉络，我们发现了这样一个问题：那就是传统书法的体例被依次划分为真草隶篆，其中的篆书就包括大篆和小篆两种书体。既然作为汉文字源头的甲骨文和钟鼎文都被划属大篆书体的范畴之内，那么我们是不是可以由此推断，得出这样的结论：那些刻在甲骨和钟鼎上的文字正是中国书法的开山之作。或者说，中国书法的产生就是伴随着古代文字的产生而同步出现的？尽管存在着种种不同的观点，但是不可否认：在中国书法漫长的发展历程中，甲骨文、钟鼎文是迈出的第一步，是当之无愧的中国书法长河的“三江之源”。在秦朝通行小篆的同时，隶书在社会下层悄然而生。到了汉代，隶书取代了小篆，上升为主要通行字体。隶书的出现是中国文字史上的一次重大变革，它使汉字告别了已经使用三千多年的古文字，彻底摆脱了古文字那种象形的特点，所以汉代人称隶书为“今文”。到了汉代末期，隶书向正书、行书、草书三个不同的方向演变，形成了中国书法最主要的三种书体，这就是文字史也是书法史上著名的“隶变”。如果说汉字自身的逐渐演变为中国书法展开了广阔的发展空间，那么书法工具的逐步完善无疑又起到了推波助澜的作用。中国书法艺术不能脱离文字基础而存在，不能脱离笔墨工具来表达，但是仅仅是有了文字和工具就称得上是书法吗？中国书法能延续千年之久，至今依然散发着无穷的艺术魅力，支撑它艺术价值最为根本的东西是什么？

【感悟】强化问题，给学生一个思考的平台。“中国书法能延续千年之久，至今依然散发着无穷的艺术魅力，支撑它艺术价值最为根本的东西是什么？”也许现在学生还说不出什么，但是随着时间的推移，他们会逐渐体悟到一些文化层面的东西，这只是时间问题。

4. 从小篆到隶书，笔画线条有何变化？

图像识读：对比《峄山碑》和《曹全碑》，理解其不同的笔画特点。

提出问题：从篆书到隶书，笔画线条发生了什么变化？

小训练——选择钢笔，对比临写“止”字的不同笔画特点，体会用笔转折、连断、粗细、提按以及藏露变化，书写体会篆书和隶书各自的笔画特点。

通过临写例字，直观感受小篆笔画的粗细均匀、变连为断、改转为折，而隶书只是线条会有粗细变化。

【感悟】让学生提笔感受小篆的笔画特点，与隶书的笔画特点有不同。这里只要感受一下，用铅笔或钢笔就可以。学情分析：一线教学发现，学生真的不了解毛笔，学生对写字真的很陌生。该如何做呢？说教无益，只有慢慢引领，给学生兴趣，再强化课程。建议通过拓展课的形式来给学生加以强化。

5.汉隶名帖赏析

图像识读:对比分析《张迁碑》与《曹全碑》的艺术风格。通过名帖识读,引导学生感受虽然都是汉隶名帖,却有不同的风格。

对比赏析名帖,找出隶书横画的典型特征。

《张迁碑》碑高九尺五寸(2.92 米),宽三尺二寸(1.07 米)。碑阳十五行,行四十二字,共五百六十七字。碑主张迁,字公方,陈留己吾(今河南宁陵境内)人。碑文系故吏韦萌等为追念其功德而立。《曹全碑》全称《郃阳令曹全碑》。碑阳共二十行,满行四十五字,现保存较完好。碑文的内容为曹全的属下为他歌功颂德的文字,言辞多溢美,记载了东汉末年曹全镇压黄巾起义等事件。

通过对比赏析,感受不同碑帖的特点:《张迁碑》方正浑厚,质朴厚重;《曹全碑》圆润平滑,灵动秀美。细心品读、揣摩,自有不同的美。

【感悟】致敬经典,对名帖的选择和推介,可以更多一些。让学生知道,中国文化的博大精深不是一句空话,而是通过千年传承的文化载体。

6. 以《曹全碑》为例,找出隶书横画的典型特征。

观察例字“生存”,找出有特点的笔画:波形和“蚕头燕尾”是隶书笔画的典型特征。学生尝试临写,教师指导。

“同学们在临写的过程中遇到了什么问题?”师生互动,教学难点突破:横画的勾线法,通过双勾,体会波画的动势。了解逆锋起笔,露锋收笔。加强教学示范和演练,教学中强化横画示范,引导学生体会笔画的书写,逆锋起笔,中锋行笔,体会其快慢、浓淡干湿、藏锋露锋的变化。

教学示范,学生作业。

7.加强教学检测。

学生口头作答。一般来说笔画线条________起笔,________收笔(露锋、藏锋);用笔________(方、圆);一个以横笔为主笔的字中,波画有__________个(一个、两个、三个及以上)。

【感悟】流程性检测,有必要通过这些问答的方式,强化知识点。当学生能说出来答案的时候,学生感觉到了成功,“成功”是最好的强化。有的学生“做题”的能力不错,动笔就出现了问题。让学生自主总结,发现问题,有利于学生认识自己。

8.临帖与交流。

端正坐姿，注意执笔方法，例字对临。

强化练习：临写例字（各、孝），体会线条的提按和形态；纵向笔画一般较短，横向笔画多朝左右伸展，有翩翩飞扬之势。

9.学生作业展评，让学生自己发现问题，相互交流，及时反馈。

学生自主练习，作业展示，小组同学交流，教学总结。

通过以上的小训练步骤，在问题驱动下不断发现问题，通过图像识读，了解隶书的点画特点，层层递进，在小训练中得到技能技巧的训练。

学生作业

教学小结：中国书画主要都以线条表现，所用工具都是毛笔，要使书画的线条点画富有变化，首先讲究执笔，在运笔时掌握轻重、快慢、偏正、曲直等方法，我们称为“笔法”。中锋用笔是中国画用笔方法的首要特征，在书写的过程中中锋用笔的笔力饱满，外柔内刚，极富表现力，还有待于大家课后多练习。

10.教学拓展。

“学书有法，这里的法是指什么？”今天的课我们了解了隶书的点画之美，在书写的过程中初步感受了笔法的重要意义。在中国艺术中，无论是中国画还是书法，都十分重视对墨的驾驭，从古今书论中对墨的规定和各种传世墨迹来看，墨的使用与技巧问题一直是我们关注的重要问题之一。尝试运用浓墨、淡墨、焦墨、宿墨等书写，感受用墨之法，并与同学交流你的感受。

【感悟】教学实践环环递进，以小训练带动学生的尝试与探究，通过学生自主感悟，得出“最难的是用笔”这一结论。在教学启发和教学环节推进的过程中，老师直面问题，以解决问题的态度，直面教学问题的策略，帮助学生进行笔画练习和例字练习。

三、问题反思

课堂教学可以直观地展示教学理念和课堂教学效果，这有利于加强我们对教学的进一步思考。基于核心素养本位的教学情境设计是否把基本问题有效地融合？在教学中是否得到了学生很好的回应？学生在核心问题引导的思考和学习实践中表现如何？践行核心素养本位的美术课程，有无更好的教学设计建议？怎样更好地设计相关的教学体验？如何评估教学的效果？这一系列的追问，都有利于我的教学改进。

核心素养本位的“教学情境”，要准确地选择问题，将问题植入“情境”，通过一系列相关的问题设计成问题链，表达思想、情感和意图。这些问题是否合理、准确，在教学情境中如何实现，以及在实现学科核心素养中存在的问题，如何搭建学生所处日常生活实践与学校课程领域学习之间的桥梁，赋予学生学习活动以意义，使得学生的学习可以举一反三，并使实践反思与社会互动变得有必要和成为可能，恰恰是最难的。

【附】教案：

《隶书的点画之美》教案

学习目标：通过教学引导学生欣赏以《曹全碑》为代表的汉隶碑刻的整体风格；在认识隶书笔画典型特征的同时，能按照点画的书写要求临写例字，感受隶书的点画之美，以及书法所表现的精神内涵。

教学重难点：在认识隶书笔画典型特征的同时，能按照点画的书写要求临写例字，感受隶书的点画之美，以及书法所表现的精神内涵。

学习材料准备：学习卡；书写所需要的工具材料，如毛笔、墨汁、毛边纸等；作业展示板。

教学过程：

一、设置问题情境，以问题带动学生的学习。

1.请学生书写自己的名字，师生互动。提出问题："写字就是书法吗？学书有法，那么其中的'法'是指什么？"

2.认识毛笔、执笔以及正确的书写姿势。

3.隶字名称的由来。

4.了解隶书在书法发展阶段中的作用；了解点画的概念。

方法与策略：以学生最熟悉的文字为内容，教学导入：校训"学会生存，学会关心"图片，提出问题：校训这8个字带有什么样的书体意味？

板书：隶书的点画之美。

隶书：是古代文字与书法的变革；点画的概念：泛指书法作品中的线条。

教学小结：书法是中国传统文化的瑰宝，是中华民族悠久文化发展历史的缩影。纵观大千世界，在流传下来的这么多种文字当中惟有汉字兼具了实用和审美的功能，衍生出了独具魅力的书法艺术，其中除了历代书家们的笔墨功夫外，和汉字本身的特点是否也有着密不可分的关系？

二、对比欣赏

教学环节：小篆《峄山碑》与隶书《曹全碑》；《张迁碑》与《曹全碑》；通过对比欣赏重点学习《曹全碑》的点画之美。

1.图片展示并提出问题：从篆书到隶书，笔画线条发生了什么变化？

学生回答，教师小结。

2. 对比分析《张迁碑》与《曹全碑》的艺术风格。

引导学生欣赏点画之美。

三、临写体验

通过几个小训练环节，层层递进。

1. 学生观察“生存”两字找出有特点的笔画；教师引出波形与“蚕头燕尾”是隶书的典型特征这一知识点。

2. 教师提问：在书写这一横画的时候遇到的困难是什么？

3. 通过微课示范横画的两种笔画以及“生存”两字。

四、课堂练习，作业展示

主要环节：书写例字；规范书写方法；讨论交流。

1. 临写前完成选择填空题加深记忆。

2. 临作展示：出示课堂学生临作作品，展示并互评，老师指出优点和不足之处，并加以鼓励，进一步激发学生的学习热情。

课堂总结：对《曹全碑》的书写体会，学会欣赏汉隶碑刻中风格秀丽多姿的一类，课后希望同学们选择自己喜欢的汉隶碑刻作为范本，自觉地规范平时的书写方式，打下坚实基础。

五、教学拓展

引导学生在课后关注今天所学的相关内容。

【感悟】“学书有法，除了今天讲的笔法，还有什么？”传承中国传统文化，致敬经典，建立文化自信，这是本课的初衷。

（作者简介：刘清峨，美术名师工作室首席名师，长沙市美术学科带头人）

案例选自长沙麓山国际实验学校刘清峨美术名师工作室，有删改。